让人人都懂金融

翟山鹰　沈 健 ◎ 著

中国商业出版社

图书在版编目（CIP）数据

中国金融操盘百科全书 / 翟山鹰，沈健著. -- 北京：中国商业出版社，2016.10

ISBN 978-7-5044-9592-1

Ⅰ. ①中… Ⅱ. ①翟… ②沈… Ⅲ. ①金融—基本知识—中国 Ⅳ. ①F832

中国版本图书馆 CIP 数据核字 (2016) 第 226070 号

责任编辑：常 松

中国商业出版社出版发行

010-63180647 www.c-cbook.com

（100053 北京广安门内报国寺 1 号）

新华书店总店北京发行所经销

北京市庆全新光印刷有限公司

*

850×1168mm 1/16 25.5 印张 360 千字

2016 年 10 月第 1 版 2016 年 10 月第 1 次印刷

定价：98.00 元

* * * *

自序

在今天的中国，“金融”已经成为一个热词，太多的人希望从门外挤进来，迅速成为“金融人”。几乎每次在饭店、茶馆逗留的时候，我都能听到身边的人在谈论基金、股市之类的话题。但是，这些对金融超级热衷的“粉丝们”却未能意识到——没有深厚的知识和高超的技术做保障，通过“金融”赚钱永远都只能是个梦想而已。

相信很少有人会愚蠢到认为自己学了三天的医学就可以上手术台给病人做手术，但是确实有很多人认为自己学了三天的金融就可以看懂项目。殊不知在我这个略通医道的人看来，看懂金融项目绝对要比给病人做手术难度更大。

对学医的人来说，三天的时间大约可以让他做到一张嘴满是专业的医学名词，但除此以外，这个人是无法在这么短的时间内掌握任何真实医学本领的。甚至于自己说出的这些医学名词的真实含义，他可能都没有真的搞明白。

近十年来，在接触了一些目前在中国金融市场上纵横的所谓“专家”“大师”以后发现，有些急于让自己成为社会大众眼中金融“名医”的人们，应该是连三天的专业书籍都没有好好看过。

俗话说：内行看门道，外行看热闹。据此，2009 年我在自己的实名博客里曾经胆大妄为、指名道姓地揭示了中国金融圈的一些专家、大师是骗子的事实，我告诫大家，这些人发表的言论和他们的思想恰恰证明他们是不具备任何金融常识的“白丁”，他们只是利用了大家的贪婪和恐惧在兜售自己。尽管当时我因此受到了很多不明真相人士的排挤、辱骂，甚至是造谣中伤，但是随着时间的推移，最终的事实还是证明了我当年的判断是完全正确的。

2015 年在深圳的一次活动中，凤凰卫视的某著名主持人问我：“既然您 2009 年就可以准确判断出当时中国金融市场上哪些人是骗子，能不能说说现在中国金融市场上还有谁是骗子？”我当时的回答是：“说不了，没法说。”因为，我看到的专家、大师几乎都是骗子，不骗的人，很少。

就在那次活动之前，我刚刚因为业务需要与广东某股权协会的首席专家进行了沟通，结果发现这个连“买老股”和“增资扩股”这种基础金融常识都分不清楚的专家，却是这个协会下属五百多家企业股权投资和融资业务的操盘人。这些被操盘企业的命运可想而知。

紧接着，在这次活动之后，我又接触了深圳某私募基金协会的秘书长，也是该协会首席专家，再次发现这位连“基金”“基金会”“基金公司”“基金管理公司”和“私募股权基金（有限合伙企业）”这五种不同的金融法人、非法人机构的差别都不明白的秘书长，竟然是深圳市政府基金发展规划的方案主笔之一。我已经不敢想象这份政府基金发展规划会写成什么样子了。

从上世纪 80 年代开始，30 余年的改革开放让中国经济整体呈现了跨越式发展的局面，但也带动着社会变得格外浮躁和虚夸。愿意认真学习、踏实研究，在某个领域持之以恒、坚持不懈地钻研的人数比例相比之前少了很多，这也同时造成了金融领域不可避免地出现大量“假、大、空”现象。

金融作为中国未来商业发展的重要助推力量，必然成为、也必须成为中国可持续发展的重要环节之一，而塑造这个环节的坚韧性和延展性的工作，是需要大量有真才实学和实践经验的金融专业人士来完成的。

为了让中国有更多的有志之士了解什么是真正的金融，同时能够快速入门，规避风险，我与抱着共同振兴中国金融产业梦想的沈健老师、于允老师探讨之后，决定从研发中心 10 余年来研发的上千种金融操盘流程中，选择 100 种最基础的标准操作流程，编写成这本《中国金融操盘百科全书》奉献给大家。希望能帮助大家在进入金融领域的时候，有章可循，不再被骗。

2016 年 9 月

知其然，知其所以然

纵观整个金融行业，相对于日益增长的市场需求而言，专业人才的储备严重滞后。从某种角度上看，金融教育培训的定位偏差是造成这一局面的根源。反观中国金融学近几十年的发展历程，这些建立在西方金融体系之上的理论，逐渐为越来越多的人们所诟病，照本宣科般的移植明显表现出了“水土不服”。

专业类的图书，是教育培训最基础的工具，市场上的金融类图书大多偏重于理论阐述，实操性差，读起来晦涩难懂，反而成为制约金融人才培养的负面因素。

多年来，翟山鹰老师秉承“知其然，知其所以然”的宗旨，致力于在金融培训领域推广“知行合一，学以致用”，为了培养更多理论与实践相结合的金融人才，改善中国金融培训教育领域理论与实践脱节的现状，翟山鹰老师带领我们这个团队从目前市场上的金融操盘实际情况出发，结合金融学的现状和发展趋势，在经过了大量的调研与总结的基础上，历经数载，终于在 2016 年 9 月推出了这部耗费了众多工作人员心血的《中国金融操盘百科全书》。

《中国金融操盘百科全书》是一部集理论性、实践性、实用性于一体的图书。本书既解决了一般金融教材、工具书在金融词条收录、定义等方面的局限性，又回避了各种金融百科全书在定位上的单一性。这本书既可以作为金融市场从业者的操盘工具书，也可以作为金融知识学习者的教材，还可以作为普通金融参与者的拓展读物。

《中国金融操盘百科全书》分为公司初创、起步阶段的操作，公司的债权融资操作，公司的股权融资操作，类金融机构设立及业务开展，其他金融操作共五大章节 100 个词条科目。到目前为止，是市场上收录词条最权威、最专业、最广泛的金融操盘专业辞书。

全书主要体现以下几大特色：

第一，权威性。主要体现在学术知识、观点方面。主创团队里，翟山鹰老师拥有二十余年的金融市场实操经验，其他参与到图书编写的成员们也都在中国金融市场摸爬滚打多年。本书所有结论都基于多年来大量的实践和调研，保证了所有知识的权威性。

第二，严谨性。本书主创团队耗时数年，对所有的金融操盘流程进行了反复论证、打磨、删减、补充，力求做到真实可靠。

第三，创新性。与一般纯理论的图书不同，我们为每一种操作绘制了流程图，对部分核心环节进行了标注和解析，并对具体操作方法进行了简要说明。此外，我们还根据中国金融市场的现状，为每一种项目操作做出了精辟的点评。本书每一条洞察都可以帮助读者更好地理解、掌握实践技能。

需要说明的是，我们在选择词条时，从实用的角度出发，有一些金融领域很少出现的金融项目我们并没有收录。

《中国金融操盘百科全书》传授的不仅仅是一种理论与实践相结合的思维方式，更是一种追求真理、崇尚真理的精神。无论是世俗的权贵还是神圣的权威都不能代替真理，更不能阻碍人类对真理的追求。

中国有句俗语“临渊羡鱼，不如退而结网”，金融行业的从业人员也应该如此。《中国金融操盘百科全书》正是一本授人以渔的工具书，愿我们能够帮助所有中国金融市场上的操盘者“知其然，知其所以然”，读得懂，学得会，用得上。

2016年9月

目录 Contents

目录 Contents

目录 Contents

第一篇

法人治理结构操盘流程

001 商业法人的注册流程

商业法人的注册流程是指有限责任公司、股份有限公司等商业法人在工商部门注册的流程。商业法人是指能够独立承担民事责任，经主管机关核准登记取得法人资格的社会经济组织。

一、关键点解析

流程图中红色标注的是核心环节，除此之外还有一些需要特别注意的关键环节，用序号标注，下面对这些环节进行详细的解析：

（1）拟定公司设立方案，包括：

①公司注册地；

②注册资本；

③股东出资额、出资方式、出资时间；

④经营范围；

⑤公司名称；

⑥确定法定代表人。

（2）企业名称核准受理方式：需在国家、省、市或区工商局窗口或网络办理，注册资本金在 5000 万元以上且企业名称不含行政区划的企业应在国家工商总局办理。一般办理期限为 5 个工作日，所提交材料有：

①《名称（变更）预先审核申请书》；

②股东资格证明：自然人提供身份证及其复印件；企业法人提供营业执照及其复印件；

③《指定（委托）书》；

④指定委托人身份证复印件。

（3）外资审批的受理窗口：国家商务部、省、市或区对外经济贸易合作局。办理期限一般在10个工作日内。需要提交的材料有：

①设立外资企业申请书；

②可行性研究报告；

③外资企业章程；

④外资企业法定代表人（或董事会人选）名单；

⑤外国投资者的法律证明文件和资信证明文件；

⑥拟设立外资企业所在地的县级或县级以上地方人民政府的书面答复；

⑦需要进口的物资清单；

⑧法律、行政法规和国家产业政策另有规定及审批机关认为必需的材料；两个或两个以上的外国投资者共同申请设立外资企业，要将签订合同副本报送审批机关备案。

（4）以拟成立公司法定代表人的身份与办公场地业主草签合同，并抓紧办理租赁合同备案手续。

①受理窗口：提交至办公楼物业；

②办理期限：一般在2～3天；

③提交材料：房屋所有权证及复印件；租赁合同；申请人身份证及复印件；委托他人办理须有委托代理公证书。

（5）有限公司选举董事会成员或执行董事、监事会成员或监事，股份有限责任公司选举董事会成员及监事会成员，通过公司章程。

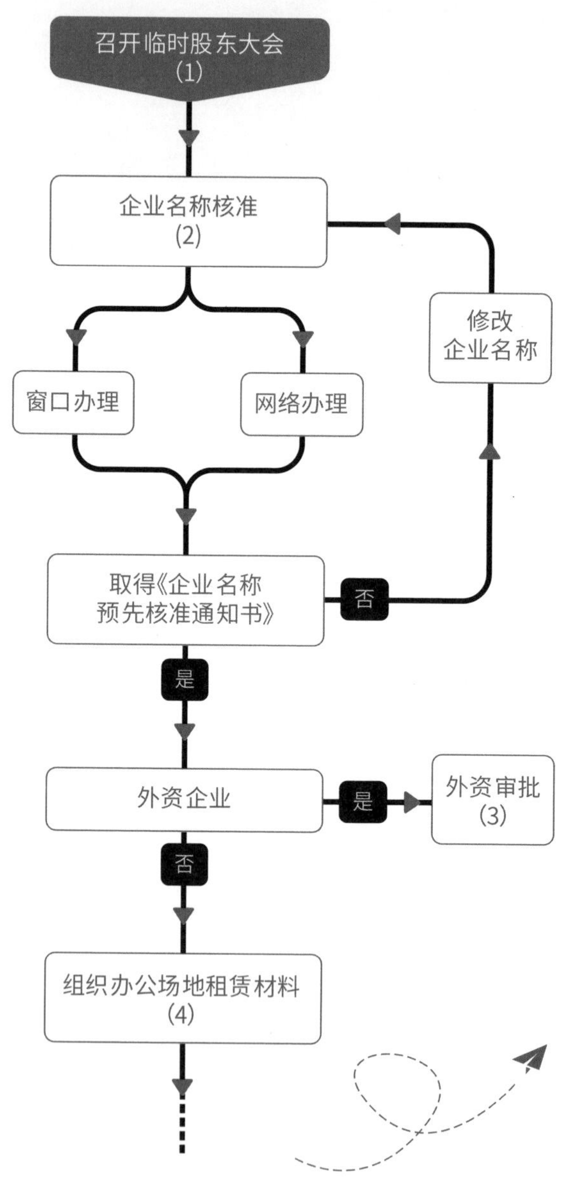
召开临时股东大会
(1)
企业名称核准
(2)
窗口办理
网络办理
修改
企业名称
取得《企业名称
预先核准通知书》
否
是
外资企业
是
外资审批
(3)
否
组织办公场地租赁材料
(4)

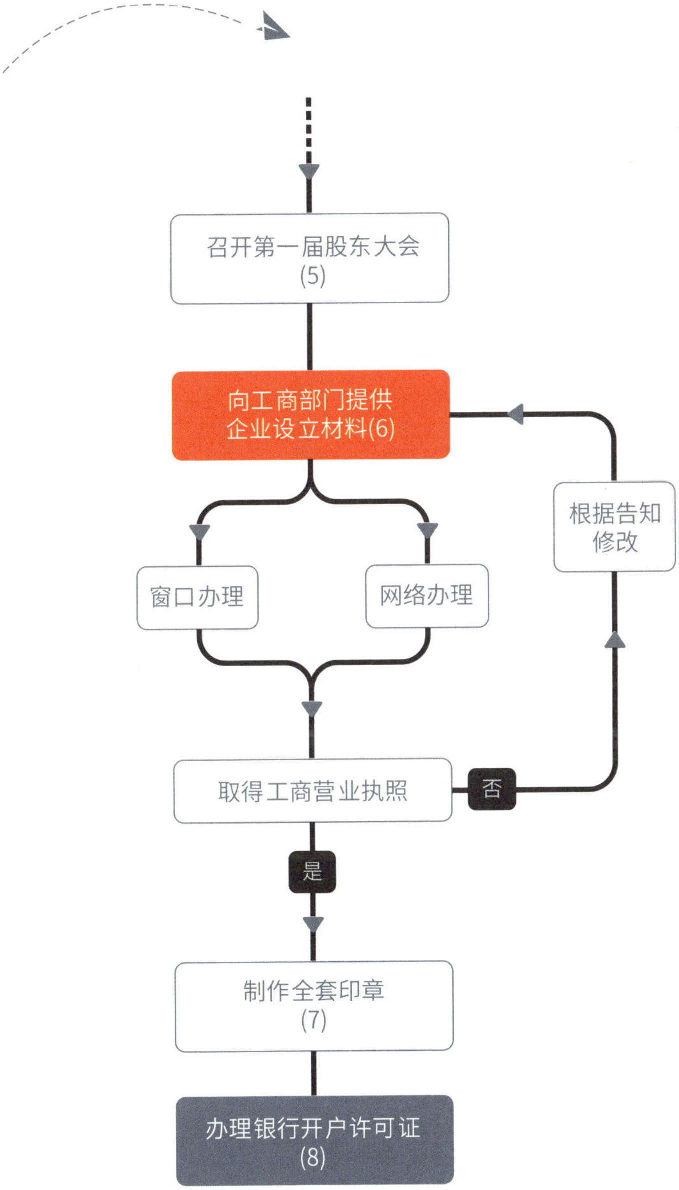

召开第一届股东大会(5)

向工商部门提供企业设立材料(6)

窗口办理

网络办理

取得工商营业执照

否

根据告知修改

是

制作全套印章(7)

办理银行开户许可证(8)

（6）受理方式：国家、省、市或区工商局窗口办理或网络办理。办理期限：窗口办理根据当地工商局规定，有的地方当即办理，个别地方需要 3 ～ 7 天；网络办理国家工商总局 20 个工作日左右；网络办理地方工商局 3 ～ 7 个工作日左右，最多不超过 15 个工作日。提交材料包括：

①工商法定代表人签署的《公司设立登记申请书》；

②全体股东签署的《指定代表或者共同委托代理人证明》；

③指定代表或委托代理人的身份证复印件；

④全体股东签署的公司章程；

⑤股东资格证明或者自然人身份证明复印件；

⑥董事、监事和经理的任职文件；

⑦董事、监事和经理身份证明复印件；

⑧法定代表人任职文件；

⑨法定代表人身份证明复印件；

⑩公司住所使用证明；

⑪《企业名称预先核准通知书》；

⑫全体股东签署的股东会或股东大会会议纪要。

（7）在营业执照签发当天，即可办理刻章工作：

①受理部门：当地公安局指定的刻章中心；

②提交材料：营业执照原件及复印件、法人、委托代理人身份证原件及复印件；

③印章类型：公章、发票章、合同章、财务专用章、法人人名方章；

④受理期限：2 ～ 3 个工作日。

（8）凭相关证件到银行办理企业开户许可证，开户费用：100 ～ 200 元，开户期限：一般在一周左右。提交材料包括：

①企业营业执照副本及其复印件；

②企业银行预留印鉴（需提供财务专用章及法人人名方章）；

③开户申请书；

④企业法人身份证复印件；

⑤非法人办理的，开具委托办理开户事宜的法人授权书；

⑥委托人身份证复印件；

⑦企业公章；

⑧其他银行所需资料。

二、普华商学院提示

（1）操作周期

一般为 7 个工作日。

（2）操作费用

官方无费用。

2015 年 6 月，国务院印发《国务院办公厅关于加快推进“三证合一”登记制度改革的意见》，注册公司更加简单和便利，三个证件将合为一个证件和编号。加之取消了注册资本实缴制，实行注册资本认缴制，不再需要验资，注册公司创业将真正简单起来。

目前，部分地区对公司注册地址也放宽了要求。不用租赁商用地址，在家就可以注册公司。注册公司不需要提交场地证明，只需要确保通过注册地址能够联系到，能够接收工商部门邮寄的信件就可以了。

002 非商业法人的注册流程

非商业法人在民政部门注册的过程即为非商业法人注册的流程。非商业法人是指不以营利为目的，主要从事非生产经营活动的法人，主要包括公益慈善类基金会、工会、协会、商会以及其他民办非企业单位。

一、关键点解析

流程图中红色标注的是核心环节，除此之外还有一些需要特别注意的关键环节，用序号标注。下面对这些环节进行详细的解析：

（1）组建筹建小组，召开会员大会需要确定法定代表人；拟定企业注册名称；拟定企业注册地点；拟定开设银行账户；拟定章程草案；拟定引入会计师事务所。会员大会要有 50 个以上的个人会员或者 30 个以上的单位会员；个人会员、单位会员混合组成的，会员总数不得少于 50 个。

（2）名称一般由四部分依次组成：行政区域 + 字号 + 行（事）业或服务领域 + 组织形式。向民政局窗口提交登记申请书，立项报告等批复证明。

（3）至银行开设临时账户，应提交：成立批复证明书；法人及经办人身份证原件及复印件；法人私章；法人签署委托书。开户即时办理，费用 200 元。

（4）引入会计师进行验资并开具验资报告，所需材料：临时账户存款凭证（法定代表人签名）；成立批复证明书、法人及出资人身份证（法定代表人签名）；单位章程；成立登记申请书；房屋使用证明。以上原件及复印件各一份，受理期限一般为 3 ～ 5 个工作日，所需费用 1200 元。

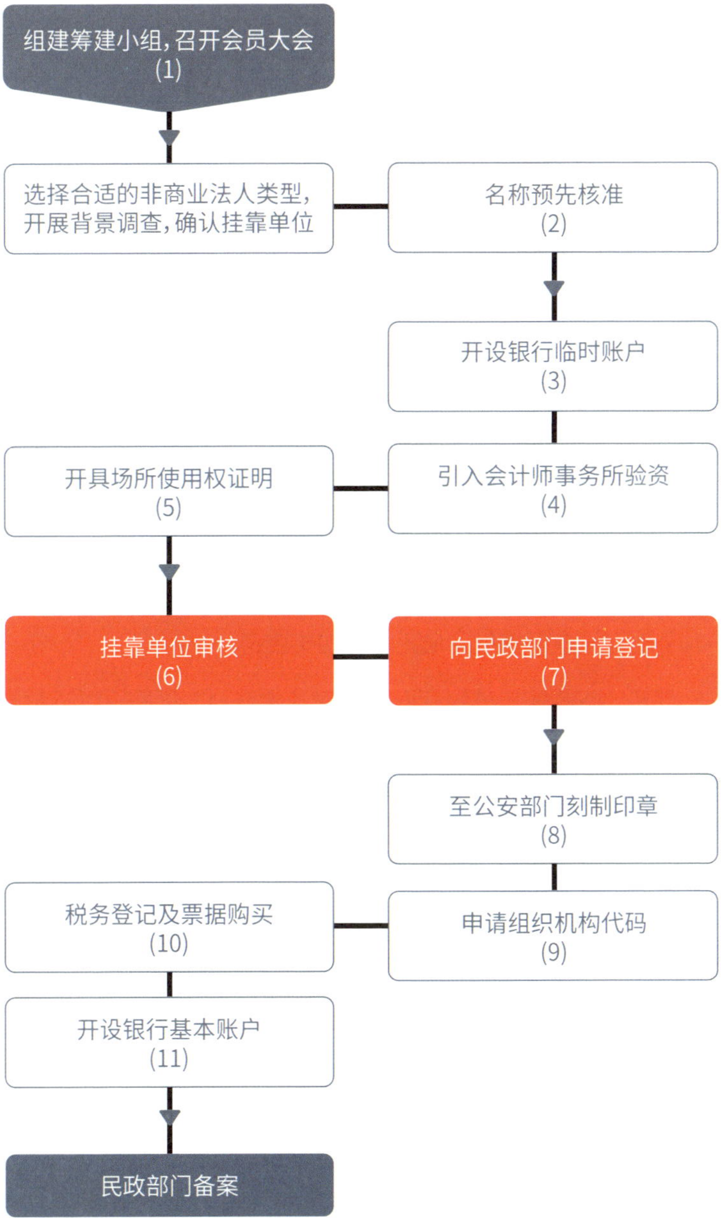

组建筹建小组，召开会员大会（1）

选择合适的非商业法人类型，开展背景调查，确认挂靠单位

名称预先核准（2）

开设银行临时账户（3）

引入会计师事务所验资（4）

开具场所使用权证明（5）

挂靠单位审核（6）

向民政部门申请登记（7）

至公安部门刻制印章（8）

申请组织机构代码（9）

税务登记及票据购买（10）

开设银行基本账户（11）

民政部门备案

（5）自有房产提供房产证或房产买卖合同复印件。非自有房产，以法定代表人身份与办公场地业主草签合同，办理租赁合同备案手续，提交以下资料至办公楼物业：房屋所有权证及复印件；租赁合同；申请人身份证及复印件；委托他人办理须有委托证明。

（6）筹建小组或法定代表人向业务主管部门提出关于资格审查的申请报告。

（7）向民政部门提交登记材料有：登记申请书；业务主管部门的批准文件；名称核准批复文件；验资报告；办公场地证明；《民办非企业单位登记申请表》；《民办非企业单位法定代表人登记表》；《民办非企业单位负责人备案表》；《民办非企业单位章程核准表》；《民办非企业单位印章备案表》；《民办非企业单位银行账号备案表》；《民办非企业单位内设机构备案表》；理事会及监事名单。5日内作出登记决定。

（8）持介绍信至当地公安局指定的刻章处办理刻章，需提交以下材料：登记证书原件及复印件、法人、委托代理人身份证原件及复印件，委托书。刻制印章有：公章、私章（法人代表）；财务专用章；党章（若有党组织）；发票专用章。

（9）持登记证书至行政部门办理组织机构代码。

（10）至地税局办理税务登记证，并购买票据。

（11）至开设临时账户的银行开设银行基本账户，需提交以下材料：登记证书及其复印件；银行预留印鉴（财务专用章及法人人名方章）；开户申请书；法人身份证复印件；非法人办理的，开具委托办理开户事宜的法人授权书；委托人身份证复印件；公章。

二、普华商学院提示

（1）操作周期

一个月左右。

（2）操作费用

官方无费用。

非商业法人在国家层面申请发起的，可以向国家工商总局出具资料，做行业职业认证。非商业法人的注册通常用于特殊目的机构的搭建。非商业法人是整合资源、集聚资源的平台。非商业法人的股东人数可以无限多。

非商业法人是依照《社会团体登记管理条例》的有关规定设立的民间组织，属于非营利性社会团体法人，接受业务主管单位和国家民政部的业务指导和监督管理。

003 商业非法人的注册流程

商业非法人，指经工商行政管理机关登记注册，从事营利性生产经营活动，但不具有法人资格的经济组织。商业非法人工商注册的过程即为商业非法人注册的流程。

一、关键点解析

流程图中红色标注的是核心环节，除此之外还有一些需要特别注意的关键环节，用序号标注，下面对这些环节进行详细的解析：

（1）股东大会形成股东会决议和任命书；确定法定代表人；拟定注册名称；拟定注册地点；拟定开设账户银行；拟定章程草案；拟定引入会计师事务所。

（2）名称组成一般为“从属企业名称 + 行政区划或地名 + 字号（可自主选择）+ 行业 + 组织形式”。至工商局窗口或网站领取表格，提交申请材料并等待名称预先核准通知书。

（3）自有房产提供房产证或房产买卖合同复印件。非自有房产，以法定代表人身份与办公场地业主草签合同，办理租赁合同备案手续，提交以下资料至办公楼物业：房屋所有权证及复印件；租赁合同；申请人身份证及复印件；委托他人办理须有委托证明。

（4）至银行开设临时账户应提交：名称预先核准通知书；法定代表人身份证原件及复印件；委托书。开户即时办理，费用 200 元。

（5）引入会计师进行验资并开具验资报告，所需材料：临时账户存款凭证（法定代表人签名）；名称预先审核通知书；法人及出资人身份证（法定代表人签名）；单位章程；房屋使用证明。以上原件及复印件各一份，受理期限为3～5个工作日，费用1200元。

（6）向工商部门窗口或网站提交的申请登记材料包括：法定代表人签署的商业非法人设立登记申请书；加盖公章的上级公司章程复印件；加盖上级公司公章的上级公司营业执照复印件；企业名称预先核准通知书；加盖上级公章的指定委托书；住所使用证明；许可项目审批文件；补充信息登记表。

（7）持介绍信至当地公安局指定的刻章处办理刻章，需提交以下材料：登记证书原件及复印件；法人及委托代理人身份证原件及复印件；委托书。刻制印

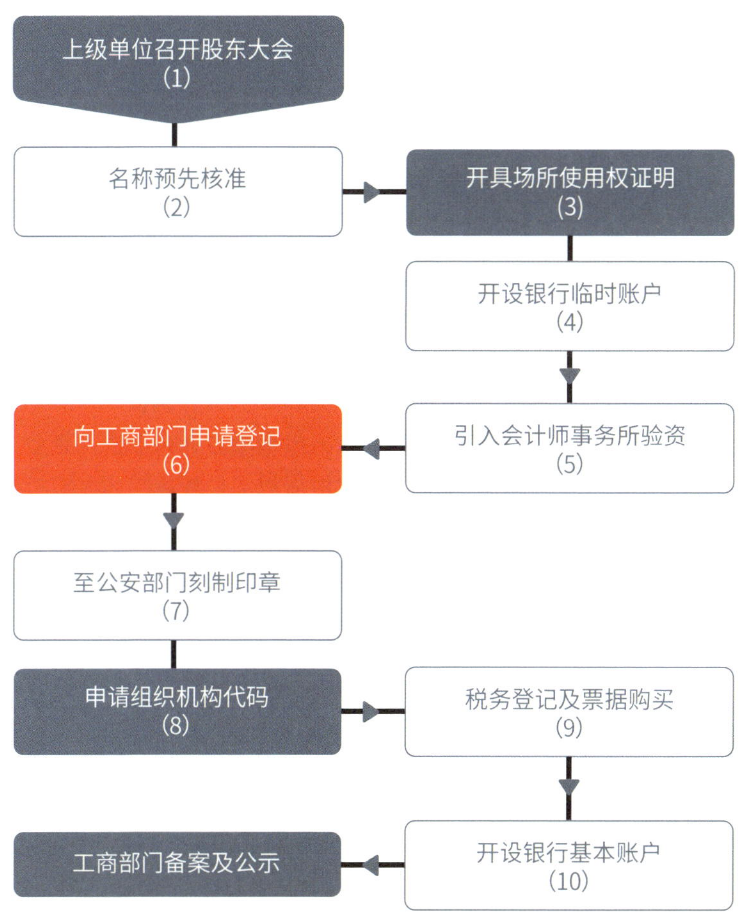

章有：公章；财务专用章；合同章；发票专用章。

（8）持登记证书至行政部门办理组织机构代码。

（9）至地税局办理税务登记证，并购买票据。

（10）至开设临时账户的银行开设银行基本账户，需提交以下材料：营业执照副本及其复印件；银行预留印鉴（财务专用章及法人人名方章）；开户申请书；法人身份证复印件；非法人办理的，开具委托办理开户事宜的法人授权书；委托人身份证复印件；公章。

二、普华商学院提示

（1）操作周期

7个工作日左右。

（2）操作费用

官方无费用。

设立商业非法人企业时，根据投资者主体的实际情况确定，在不考虑企业所得税优惠的情况下，对个人投资者而言，如果投资成立为商业法人企业，那么首先需要就企业的生产、经营所得按照《企业所得税法》规定的25%的税率缴纳企业所得税；从企业税后利润分得的利润，还必须按照《个人所得税法》的规定计算缴纳20%的个人所得税，需缴纳两种税。

如果直接投资成立个人独资企业或者个人合伙企业，只需要缴纳个人所得税。因为个人独资企业与个人合伙企业适用5%～35%的五级超额累进税率，因而个人投资者的最高收益率为95%，最低为65%。因此，就一般情况而言，选择成立商业非法人企业对个人投资者更为有利。

如果考虑到企业所得税优惠，情况可能有所不同。

004

企业集团的注册流程

企业集团是以资本为主要联结纽带的母公司、子公司为主体，以集团章程为行为规范的母公司、子公司、参股公司及其他成员企业或机构共同组成的具有一定规模的企业法人联合体。本词条讲的就是企业集团的注册流程。

一、关键点解析

流程图中红色标注的是核心环节，除此之外还有一些需要特别注意的关键环节，用序号标注，下面对这些环节进行详细的解析：

（1）召开股东大会主要拟定企业集团注册地；拟定企业集团注册行政级别；拟定企业集团名称；确定法定代表人；拟定集团章程；拟定准入子公司名单。审核是否符合对应的集团公司设立条件。

（2）企业集团名称的构成由“行政区划＋字号＋行业＋集团”四部分依次组成。向工商部门提交的资料包括：①《名称（变更）预先核准申请书》；②企业集团成员的法人资格证明；③母公司（核心企业）对集团成员企业的持股证明或出资证明；④《指定（委托）书》。

（3）向工商部门提供的材料包括：①母公司法定代表人签署的《企业集团设立登记申请书》（领取）；②母公司法定代表人签署的《企业（公司）申请登记委托书》（领取）；③集团章程，母公司盖章；④集团成员申请加入集团、承认集团章程的文件；⑤母公司对子公司的持股证明：子公司登记主管机关出具的证明或国有资产产权登记表复印件或子公司出具的股权证复印件；⑥集团成员的法人资格证明复印件，加盖本单位印章；⑦国务院批准的试点企业集团需提交有关

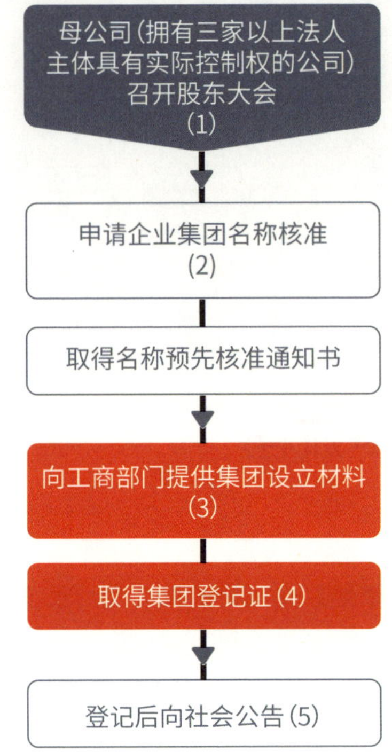

批准文件。

（4）登记机关自接到集团设立登记申请之日起 5 日内做出是否予以登记的决定。

（5）集团成立后，应当进行公告。

此外，为了方便您的学习应用，我们将各等级企业集团的注册条件附在下面：

注册全国级企业集团的条件为：

①企业集团的母公司注册资本在 5000 万元人民币以上，并至少拥有 5 家控股子公司，必须是实物或者货币出资，不动产以及在建工程不得作为出资；

②母公司与其子公司的注册资本总和在 1 亿元人民币以上；

③集团成员单位均具有法人资格；

④子公司没有行业限制；

⑤集团公司要求的控股标准。这里所指的控股是指绝对控股，即 51% 以上，成立集团公司，控股关系只能是资本控股；

⑥使用国内的企业名称进行注册，须经国务院批准。

注册省级集团公司的条件为：

①母公司的注册资本在 3000 万元以上；

②有三个子公司（即控股企业）；

③母公司的注册资本与三个子公司的注册资本总和在 6000 万元以上。

注册市级集团公司的条件为：

①母公司的注册资本在 1000 万元以上；

②有三个子公司（即控股企业）；

③母公司的注册资本与三个子公司的注册资本总和在 2000 万元以上。

二、普华商学院提示

（1）操作周期

15 个工作日左右。

（2）操作费用

无。

集团公司会把具体的业务下放到子公司来做，母公司只保留核心的管理职能。在实际运营过程中，集团公司的运营条件和有限责任公司、股份有限公司完全不一样，一旦在企业的内部形成集团公司，财务的结账机制不一样，母公司和子公司的纳税就分开了，所以说，集团公司的注册有利于公司的税务筹划。

此外，集团公司内部的资金流转有利于集团公司内部各个子公司提高银行的信用评级；还具备条件设立财务公司，有利于企业的资本运营。

005 商业法人股东的入股流程

商业法人是指能够独立承担民事责任，经主管机关核准登记取得法人资格的社会经济组织。

入股流程即指在有限责任公司、股份有限公司等商业法人中采用增资扩股的方式进行入股的流程。

一、关键点解析

流程图中红色标注的是核心环节，除此之外还有一些需要特别注意的关键环节，用序号标注，下面对这些环节进行详细的解析：

（1）选择入股机构并对其进行尽职调查，进行入股事项工作的协商。

（2）对入股机构进行洽谈。

（3）审核股东合法身份，自然人股东提交身份证，法人股东提交营业执照。

（4）讨论公司章程修正案，形成股东会决议，同意新股东入股。国有企业涉及到股东入股的依据《公司法》和公司章程的规定和程序，提交国有资产监督管理委员会的决议或董事会决议。全体股东签字或签章。

（5）按照商议的入资方式入资，涉及到货币出资的转账时需备注股本金，涉及到非货币入资的提供资产评估报告。

（6）召开新股东会讨论公司章程修正案，形成股东会决议。

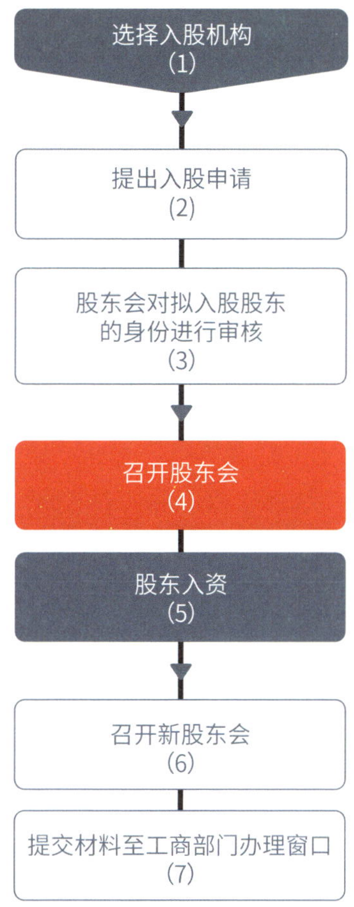

（7）工商部门办理窗口需要提交的资料有：

①《公司变更登记申请书》（公章）；

②《公司股东（发起人）出资情况表》（公章）；

③《指定代表或者共同委托代理的证明》（盖章）及指定代表或委托代理人的身份证复印件（签字）；

④公司章程修正案（公司法定代表人签署）；

⑤新股东或发起人的主体资格证明或自然人身份证明；

⑥公司《企业法人营业执照》副本。

此外还要注意：

①企业集团子公司提交《企业集团登记证》复印件；

②参股公司提交企业集团管理机构同意证明；

③法律、行政法规规定公司名称变更须报批准的，提交有关的批准文件或者许可证书复印件；

④股东或发起人名称或姓名变更证明。

企业提交名称《准予变更登记通知书》复印件；民办非企业单位提交有关登记机关准予变更的证明；自然人提交公安部门的证明。

二、普华商学院提示

（1）操作周期

一个月左右。

（2）操作费用

无。

投资者对于拟入股企业，应该进行比较详细的尽职调查，对原有企业的股权价值进行评估，在对企业的股权价值进行对价后进行出资。目前商业市场中入股的方式未按正规流程进行，可能带来潜在的法律风险和麻烦。

商业非法人合伙人加盟的流程 006

商业非法人包括个人独资企业、合伙企业、分公司、驻外办事机构等。加盟上述机构的流程即为商业非法人合伙人加盟流程。在公司业务开展过程中，最常见的商业非法人加盟形式为合伙企业入伙。此处重点介绍合伙企业入伙流程。

一、关键点解析

流程图中红色标注的是核心环节，除此之外还有一些需要特别注意的关键环节，用序号标注，下面对这些环节进行详细的解析：

（1）投资者向执行事务合伙人提交入伙申请和认购意向书，提交的材料包括：

①《认购意向书》及附件；

②入伙申请材料；

③自然人投资者需提交经签名的本人身份证复印件；

④法人或其他机构投资者需提交加盖公章的营业执照副本复印件；公司认购出资的股东会或董事会决议。

（2）新合伙人入伙除合伙协议另有约定外，应当经全体合伙人一致同意，依法订立书面协议，确认合伙方式。

（3）合伙企业对投资者资料汇总，确认投资者的入伙资格。出具《同意出资确认书》。

出资方式可以分为无形资产出资、固定资产出资、劳务出资和资本出资，涉

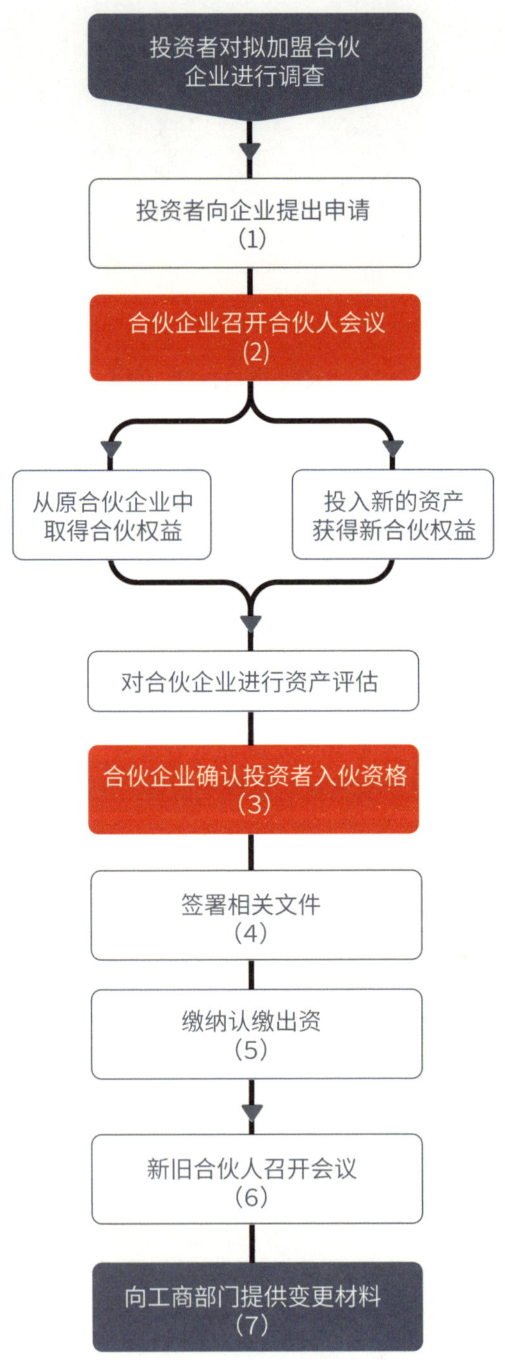
投资者对拟加盟合伙企业进行调查
投资者向企业提出申请（1）
合伙企业召开合伙人会议（2）
从原合伙企业中取得合伙权益
投入新的资产获得新合伙权益
对合伙企业进行资产评估
合伙企业确认投资者入伙资格（3）
签署相关文件（4）
缴纳认缴出资（5）
新旧合伙人召开会议（6）
向工商部门提供变更材料（7）

及非货币出资方式的需对非货币资产及劳务贡献进行评估。

（4）合伙企业将通知投资者签署《入伙风险申明书》，并阅览相关合伙协议。

（5）投资者可按合伙企业签发的《缴付通知书》及合同规定将认缴出资转入到合伙企业在银行开立的临时账户。

（6）全体合伙人签署新订立的《合伙人协议》。

（7）向工商部门提供的变更材料应该包括：

①执行事务合伙人或者委派代表签署的变更登记申请书；

②全体合伙人签署的变更登记决定书；

③全体合伙人签署的新订立合伙人协议；

④委托代理人身份证复印件。

二、普华在线提示

（1）操作周期

15 个工作日左右。

（2）操作费用

官方无费用。

在加盟商业非法人机构时，要对加盟的商业机构进行充分的尽职调查，以免财产受到损失。

普华商学院提醒您，商业非法人企业不具有法人资格的法律地位，不能独立承担民事责任，不能独立支配和处分所经营管理的财产，但经营单位可以刻制印章、开立往来账户、单独核算、依法纳税，也可以签订商业合同并作为执行人。

公司注册实缴资本金入资的流程 007

公司注册实缴资本金入资的流程即为公司注册环节实缴资本金入资的流程。

一、关键点解析

流程图中红色标注的是核心环节，除此之外还有一些需要特别注意的关键环节，用序号标注，下面对这些环节进行详细的解析：

（1）召开股东会，讨论入资额度、入资时间并形成股东会决议，编入公司章程，由股东盖章（单位股东）或签字（自然人股东）。

（2）股东可以通过网银转账入资，转账须备注股本金入资。

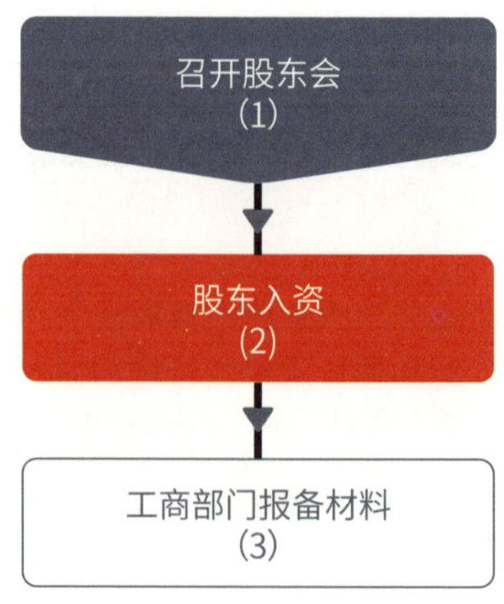

（3）向工商部门窗口提交营业执照、企业设立登记申请书、股东会决议、章程，等待通过后领取营业执照。

二、普华商学院提示

（1）操作周期

7 个工作日左右。

（2）操作费用

官方无费用。

新的《公司法》规定，公司注册资本金实行认缴制。但部分行业仍须按照国家相关规定实行实缴资本制度。包括但不限于以下行业：房地产开发、物业管理、小贷、典当、担保、保理、融资租赁、保险等。金融类企业实缴只能以货币的形式出资。

公司注册认缴资本金入资的流程 008

公司注册认缴资本金入资的流程是指公司注册过程中认缴资本出资的流程。

一、关键点解析

流程图中红色标注的是核心环节，除此之外还有一些需要特别注意的关键环节，用序号标注，下面对这些环节进行详细的解析：

（1）形成股东会决议，并编入章程，由股东盖章（单位股东）或签字（自然人股东）。

（2）携带营业执照、公章、法人章、财务专用章、发票专用章到银行开立入资账户。

（3）股东按章程约定分期分批入资，货币出资可以通过网银转账入资，转账须备注股本金入资；非货币出资需出具资产评估报告。

（4）聘请会计师事务所出具验资报告。

二、普华商学院提示

（1）操作周期

7个工作日左右。

（2）操作费用

官方无费用。

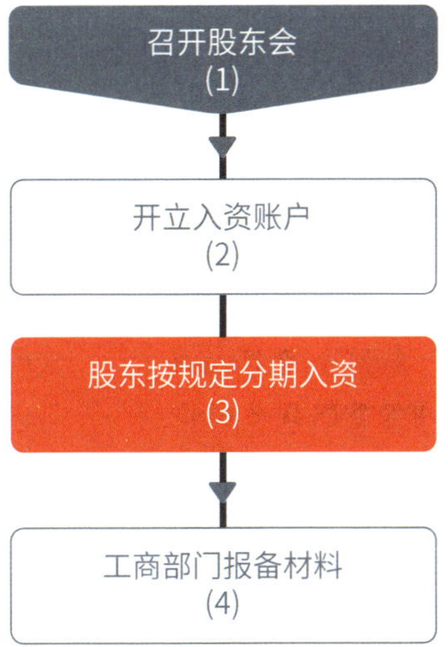

新《公司法》第三条规定，有限责任公司的股东以认缴的出资额为限承担有限责任。股份有限公司的股东以其认购的股份为限对公司承担责任。填写认缴出资额需在约定的时间内完成。认缴不等同于不交，如果发生破产清算及法律债务，以实缴资本额承担责任。

009 有限责任公司增资的流程

有限责任公司增资的流程指公司由于特定的原因增加注册资本金的流程，资本金投入可以选择货币入资或资产入资，注入注册资本金后均显示为资本金。

一、关键点解析

流程图中红色标注的是核心环节，除此之外还有一些需要特别注意的关键环节，用序号标注，下面对这些环节进行详细的解析：

（1）股东同意此次公司增资，并出具股东会决议、章程（或章程修正案），由股东盖章（单位股东）或签字（自然人股东）。

（2）有的企业可以直接增资，有的企业在增资前会对企业重新进行资产评估。

（3）向工商部门报备所需材料：授权委托人委托书、营业执照正副本、企业变更登记申请书、股东会决议、章程、增资验资报告。

二、普华商学院提示

（1）操作周期

15 个工作日左右。

（2）操作费用

无。

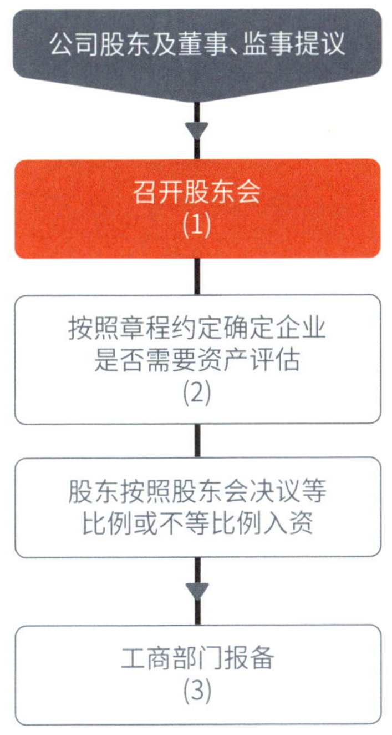

公司增加注册资本金的过程中，有的企业选择直接增资，有的企业会在增资前对企业重新进行资产评估。

公司增加注册资本金既可以以货币形式出资也可以以经过评估的无形资产或固定资产的形式出资，不管是用何种形式出资，在公司资本上均显示为实缴增资，没有太大的区别。但不同属性的增资进入公司资产负债表后由于公司的项目和业务不一样，最终在资产负债表中表现出的资金数额和形式会有差异。

有限责任公司减资的流程 010

有限责任公司减资的流程是指有限责任公司因为特殊原因减少注册资本金的流程。

一、关键点解析

流程图中红色标注的是核心环节，除此之外还有一些需要特别注意的关键环节，用序号标注，下面对这些环节进行详细的解析：

（1）股东大会做出减少注册资本的决议，确定减资金额、减资方式、减资方案，修改公司章程。

（2）公司在做出减少注册资本决议起 10 日内，应该书面通知已知联络方式的债权人，公告（省级以上报纸）无法联络的特定债权人和不特定的潜在债权人。

（3）债权人在接到通知书之日起 30 日内，未接到通知书的自公告之日起 45 日内，有权要求公司清偿债务或提供相应担保。

（4）自公告之日起 45 日内需要申请工商变更。

工商变更申请时需要的签字、盖章文件包括：

①公司变更登记申请书；

②投资者申请书；

③董事会及股东大会决议；

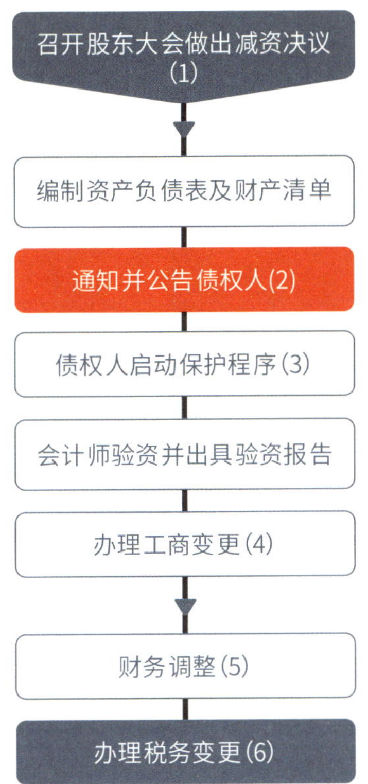

④公司章程修正案。

工商变更申请时需要准备的材料包括：

①营业执照正副本；

②注册会计师验证的审计报告；

③验资报告复印件；

④代理人身份证原件及复印件；

⑤省级以上报纸刊登的减资公告；

⑥公司债务清偿或者债务担保情况证明；

⑦通知债权人回执；

⑧上年度经审计的企业财务报表；

⑨原企业合同章程及批复。

（5）财务部门调整减资后的账务及会计报表。

（6）办理税务变更应该先提交材料，经主管税务局初审同意之后，再到税务大厅打印新证。

办理税务变更所需材料包括：

①税务变更登记表；

②新、旧验资报告；

③原税务登记证正副本；

④公章、法人章、发票购买本第一页复印件；

⑤国税、地税部门出具的正常纳税情况证明。

二、普华商学院提示

（1）操作周期

60 个工作日左右。

（2）操作费用

官方无费用。

公司注册资本金关系到股东认缴的资金额，股东按其认缴资金额承担相应的责任和义务。公司出现重大危机的时候，需要控制减少资本金，其目的多是为了减轻股东相应责任。

减少注册资本金意味着公司对外偿债能力的削弱，不利于公司业务的扩展，所以有限责任公司是否减资要根据公司发展情况谨慎决定。

011 有限责任公司改制股份有限公司的流程

有限责任公司改制为股份有限公司是指公司股份制改造，也就是我们俗称的“股改”。通常情况下，在企业进行重大战略调整或者企业上市时，都需要开展此项工作。

一、关键点解析

流程图中红色标注的是核心环节，除此之外还有一些需要特别注意的关键环节，用序号标注，下面对这些环节进行详细的解析：

（1）股份制改造聘请的主要中介机构包括律师事务所、会计师事务所和资产评估机构等。因为工作班子需要合作一年以上，所以中介机构的实力、投入本项目的精力和相关机构之间的配合协调对企业改制、辅导、发行和上市至关重要。

（2）会议确定工作计划、工作内容、工作分工等，着手进入实质性的操作阶段。

（3）尽职调查的内容主要包括：对公司设立登记情况的调查，对公司结构方面的调查，对公司业务的调查，对公司经营现状与可持续发展的调查，对公司财务状况的调查，对公司资产状况的调查，对公司重要合同、知识产权、诉讼等方面的调查，对公司纳税、社保、环保、安全等方面的调查。

（4）确定发起人、出资形式、签订发起人协议，并拟订公司章程草案。

（5）进行审计、评估，并出具审计报告、资产评估报告等相关报告。

（6）如公司以全部净资产进行折股改制，则由公司原股东共同签署发起人

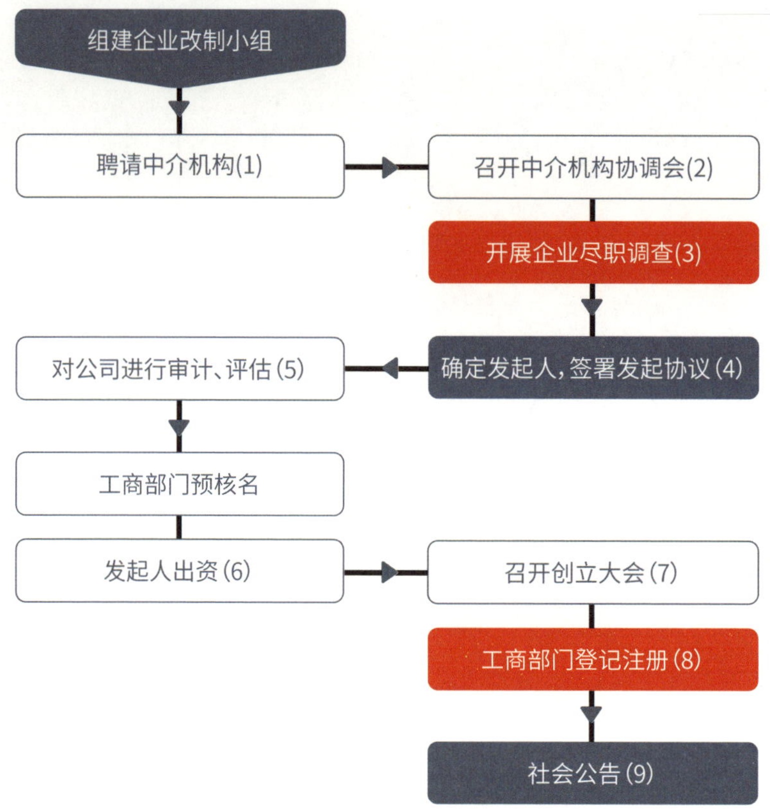

协议书，并由具有证券从业资格的会计师事务所验资，并出具验资报告；如公司整体改制的同时吸收新的股东增加注册资本，企业应当设立验资账户，新股东在签署发起人协议后，应缴纳全部货币出资；以实物、知识产权或者土地使用权等非货币资产出资的公司，应当依法办理其财产权的转移手续。出资完毕后，由具有证券从业资格的会计师事务所验资，并出具验资报告。

（7）发行股份的股款缴足后，发起人应当在 30 日内主持召开公司创立大会。创立大会由认股人组成，发起人应当在创立大会召开 15 日前将会议日期通知各认股人或者予以公告。

（8）到工商部门登记注册需要申报的资料有以下几种：

①有关主管部门的批准文件；

②创立大会会议记录；

③公司章程；

④筹办公司的财务审计报告；

⑤验资证明；

⑥董事会和监事会成员姓名及住所；

⑦法定代表人的名称和住所；

⑧其他需要补充的材料。

（9）公司登记机关自接到股份有限公司设立登记申请之日起 30 日内做出是否予以登记的决定。对符合《公司法》规定条件的公司，予以登记，发给公司营业执照；对不符合本法规定条件的公司，不予登记。公司营业执照签发日期为公司成立日期，公司成立后应当进行公告。

二、普华商学院提示

（1）操作周期

20 个工作日左右。

（2）操作费用

官方无费用。

公司进行股份制改造后，一般股权将交由当地的股权登记中心托管。

有限责任公司的管理运营流程遵循公司章程，公司章程是管理公司的最高指导思想之一。而股份有限公司遵循的是《公司法》，一般来讲，股份有限公司是法定的，有限责任公司是章定的，所以股份有限公司的章程中如果有与法律相背的地方，依照法律为准，法律没有明确规定的地方也以法律为准。两种形式的公司在宏观上有根本的区别，所以公司做股改前一定要认真研读《公司法》。

012 公司资产评估的流程

公司资产评估的流程是指由专业机构对公司资产进行评估的过程。

一、关键点解析

流程图中标注序号的位置均为操作流程中需要特别注意的关键环节，下面对每个关键点进行详细的解析：

（1）召开股东会或董事会研讨资产评估事宜，形成决议，签字或签章。

（2）甄选资产评估公司、会计师事务所进行洽谈，根据业务需要寻找合适的机构，洽谈合作事宜，对项目进行初步报价。

（3）成立项目小组，负责沟通和组织企业资产事项。

（4）资产评估工作方案即资产评估工作计划，工作计划应包括评估综合计划和评估程序计划。

（5）清查核实资产主要针对营业执照、代码证书、固定资产相关账册、企业内部财务管理制度等内容，一般包括：

①了解企业的财务会计制度；

②了解企业内部管理制度，重点了解企业的资产管理制度；

③对企业申报的各项资产清单进行初审，与有关会计账表进行核对；

④对企业申报的各项实物资产进行实地勘察；

⑤对企业申报各项资产的产权资料进行验证，确认其合法性；

⑥对企业申报评估的资产中用于抵押、担保、租赁、诉讼等特殊用途的资产进行专项核查；

⑦清查中发现申报有误的资产、负债，根据清查结果和有关制度进行清查调整；

⑧搜集评估所需的相关资料。

（6）进行现场了解和核查。

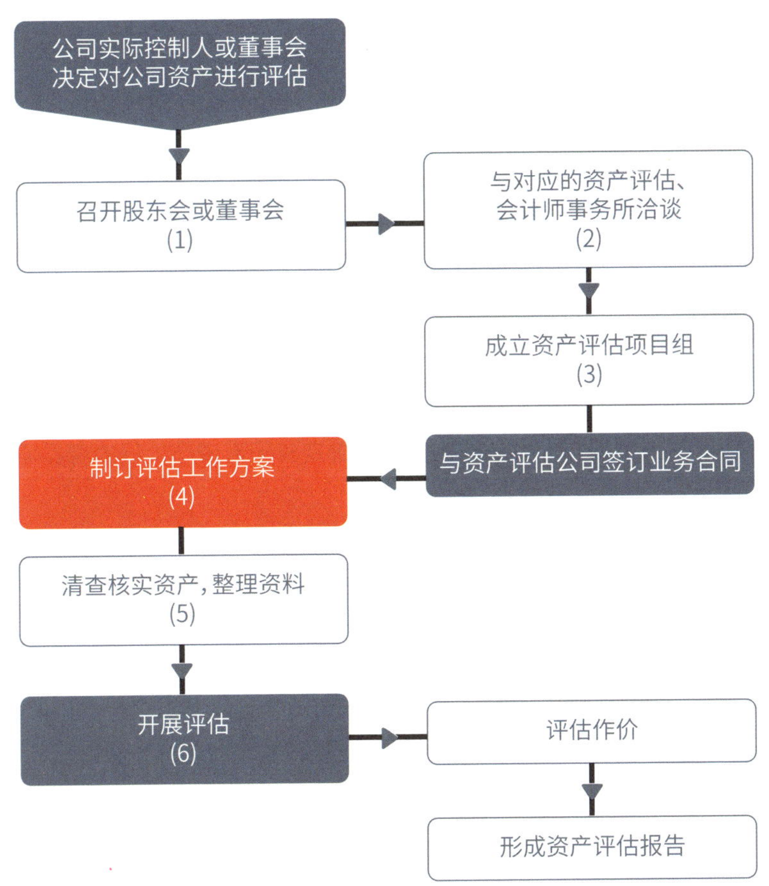

二、普华商学院提示

（1）操作周期

30个工作日左右。

（2）操作费用

一般为资产总额的5‰左右，上下浮动比率不高于1%，不低于0.5‰。

资产评估的方式有多种，其中包括成本法、市场法、收益法等。测定实体性贬值（或叫成新率）的方法有三种：使用年限法、折余法、观察法等。评估的资产包括固定资产和无形资产、金融资产及其他资产。

资产评估通常有以下几种目的：服务企业在改制、合资、合作、联营、兼并、重组、上市等各种经济活动中以技术、商标权等无形资产作为投资。对于出资方来讲，用无形资产投资可以减少现金支出，以较少的现金投入获得较大的投资收益；可以扩大使用注册商标的商品或服务项目的生产经营规模，进一步提升商标价值，增强企业产品或服务的市场竞争力。评估的结果既是投资者与被投资单位进行投资谈判的重要依据，也是被投资单位确定其无形资产价值的客观标准。

公司股权溢价的流程

013

公司股权溢价的流程即公司股东拥有的股权在市场上溢价的流程。

一、关键点解析

流程图中红色标注的是核心环节，除此之外还有一些需要特别注意的关键环节，用序号标注，下面对这些环节进行详细的解析：

（1）股东会或股东大会同意某种目的的公司股权溢价行为。

（2）筛选符合条件的资产评估机构和会计师事务所。

（3）三方成立工作小组，开展工作。

（4）由资产评估机构主导开展资产评估事项。

（5）会计师完成账务调整，出具审计报告。

二、普华商学院提示

（1）操作周期

20个工作日左右。

（2）操作费用

无。

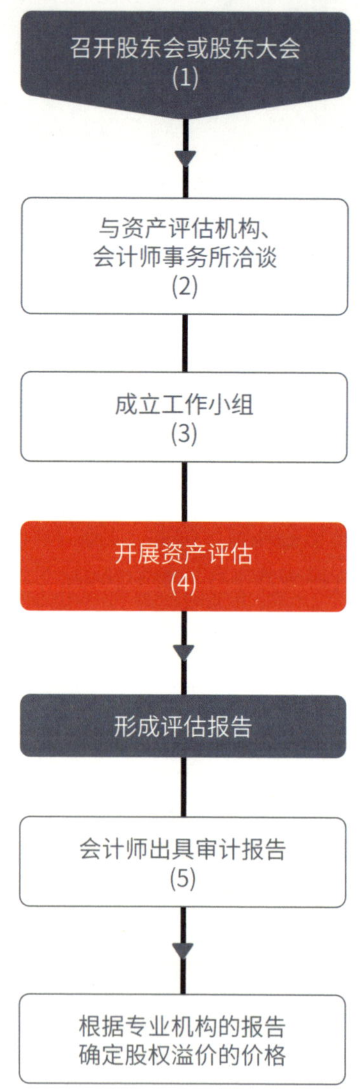
召开股东会或股东大会
(1)
与资产评估机构、
会计师事务所洽谈
(2)
成立工作小组
(3)
开展资产评估
(4)
形成评估报告
会计师出具审计报告
(5)
根据专业机构的报告
确定股权溢价的价格

资本溢价指有限责任公司投资者交付的出资额大于按合同、协议所规定的出资比例计算的部分。有限责任公司在创立时，投资者认缴的出资额都作为资本金记入“实收资本”科目。但在以后有新的投资者加入时，为了维护原有投资者的权益，新加入投资者的出资额，并不一定全部作为资本金记入“实收资本”科目。这是因为企业初创时，要经过筹建、开拓市场等过程，从投入资金到取得投资回报，需要较长时间。

在这个过程中，资本利润率较低，具有一定的投资风险，经过正常生产经营以后，资本利润率要高于初创时期，同时企业也提留了一定的盈余公积金，使原有投资在质量上和数量上都发生了变化。所以新加入的投资者要付出大于原有投资者的出资额，才能取得与原有投资者相同的投资比例。

股本溢价指股份有限公司溢价发行股票时实际收到的款项超过股票面值总额的数额。股本溢价是资本公积的一种，而资本公积是指投资者或者他人投入到企业、所有权归属于投资者、并且投入金额超过法定资本部分的资金。

资本公积包括：资本（或股本）溢价、接受捐赠非现金资产准备、股权投资准备、拨款转入、外币资本折算差额、关联交易差价以及其他资本公积。简单来讲，就是能发行股票的公司才用得上“股本”及配套的“资本公积—股本溢价”。不能发行股票的公司用“实收资本”及配套的“资本公积—资本溢价”，而能发行股票的公司只有股份有限公司（比如上市公司）。

公司股权转让的流程 014

公司原有股东转让所持有股权的过程即为公司股权转让的流程。

公司股权转让包括有限责任公司股权转让、股份有限公司股权转让、上市公司股权转让等。此流程主要介绍除上市公司以外的公司形式的股权转让流程。

一、关键点解析

流程图中红色标注的是核心环节，除此之外还有一些需要特别注意的关键环节，用序号标注，下面对这些环节进行详细的解析：

（1）若公司为有限责任公司，老股东转让股权须经全体股东表决通过，完成章程公司修订案，形成大会决议。股份有限公司转让股权不需要召开股东大会。若有老股东不同意股权转让，持有不同意见的股东在 30 个工作日内有优先购买此份额股权的权限，若超过 30 个工作日老股东没有购买，股份就强制转让。

（2）若涉及不动产需要重新做资产评估，评估资产增值部分需要缴纳所得税。

（3）若股权转让涉及外资、港澳台商，需报经政府相关机构批准或备案；若涉及国有资产、集体企业，需向上级主管部门提出股权转让申请并经上级主管部门批准。

（4）可至工商局申领《企业信息变更登记表》，转售双方营业执照或公司注册证书，若转售双方为自然人，需提交身份证等有效证件。法定代表人不能亲自办理，须有授权委托书，受托人身份证，委托人身份证影印件多份。

（5）需提交给工商窗口的资料包括：有委托人签字的变更登记申请书，全体股东签署的《企业信息变更登记表》、章程修订案，委托代理人身份证复印件、执照正本、所有副本，公司原股东关于变更股东的股东会决议，新老股东签订的转股协议，董事、监事任职证明及简历表，法定代表人任职证明及简历表，新股东资格证明。股东是股份制或联营企业还须提交同意对外投资的股东会决议、公司董事会成员、经理、监事会成员情况、股东代表委派证明。

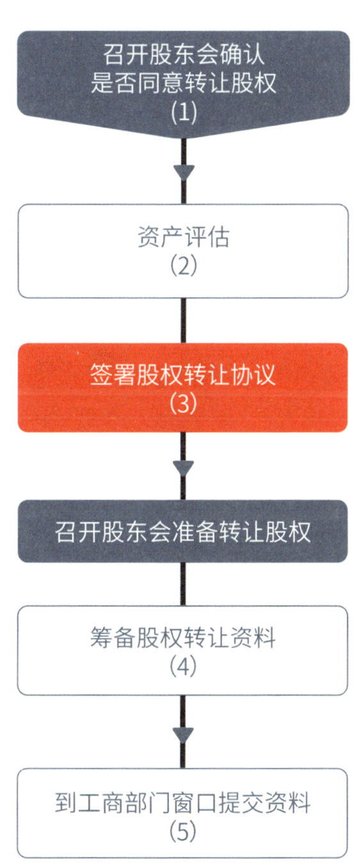

二、普华商学院提示

（1）操作周期

30 个工作日左右。

（2）操作费用

官方无费用。

为了防止不直接利用市场交割不动产，而把不动产放入公司名下进行买卖，国家强制性要求，公司名下不动产在转让之前必须有资产评估公司对不动产价值进行评估。不动产原价值增值部分要向税务机关补交所得税，出让方只有在所得税补交完成之后，才能到工商部门去变更股权，并将完税资料提交工商部门备案。

015 公司股权代持的流程

实际出资者（又称隐名股东）不以自己的名义作为公司的股东，而是委托他人（又称显名股东）作为公司股东的过程叫股权代持，实施股权代持的流程即为股权代持流程。显名股东虽然没有实际出资，但经过了法律文件的登记记载，拥有股东权利并履行股东义务。

一、关键点解析

流程图中红色标注的是核心环节，除此之外标注 ※ 的位置为操作流程中需要特别注意的关键环节，下面对该关键点进行详细的解析：

出资人与代持人协商代持事项，并拟定代持协议。代持事项的范围包括：代为工商登记、参与股东会、行使股东权利、获取股息红利、显名条款等。行使权利的限制包括：行使表决前要通知实际股东，按照实际股东的意志行使表决权、收益权、处分权、抵押权、转让权收回。需要注意的是此限制仅限于名义股东和实际股东，对第三人没有约束力。

二、普华商学院提示

（1）操作周期

无固定时间。

（2）操作费用

代持费用通常为代持资金总额度的 2% 左右。

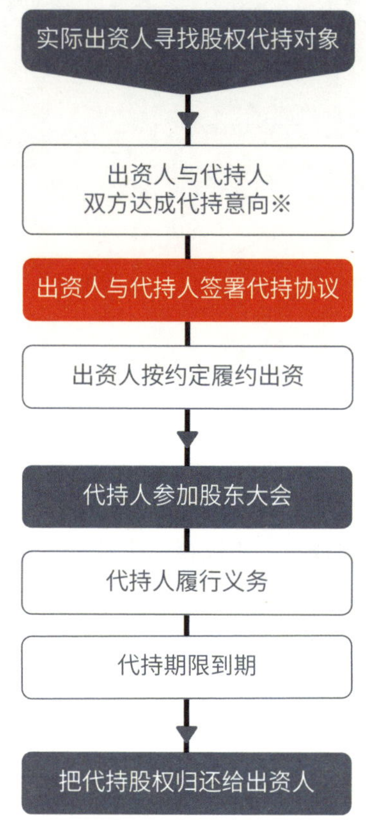

事实上，股权代持在法律上存在重大缺陷，在目前我国的法律体系下，没有任何办法可以弥补股权代持的缺陷。所以选择股权代持需要极其慎重。

此外，需要注意的是，公开上市的公司不能有代持行为，所有信息都要进行披露。

公司股权信托的流程

016

股权信托是利用信托的方式，由信托机构代替实际出资人作为公司股东行使股东权利。该业务的办理过程即为股权信托的流程。

一、关键点解析

流程图中红色标注的是核心环节。除此之外需要特别注意的关键环节是签署信托协议。关于信托协议的签署，可以参考本书中关于发行信托计划的相关内容，还可以参考《中国金融生态圈》一书中关于信托的内容。

二、普华商学院提示

（1）操作周期

30 个工作日左右。

（2）操作费用

约为信托资金的 15% ～ 20%。

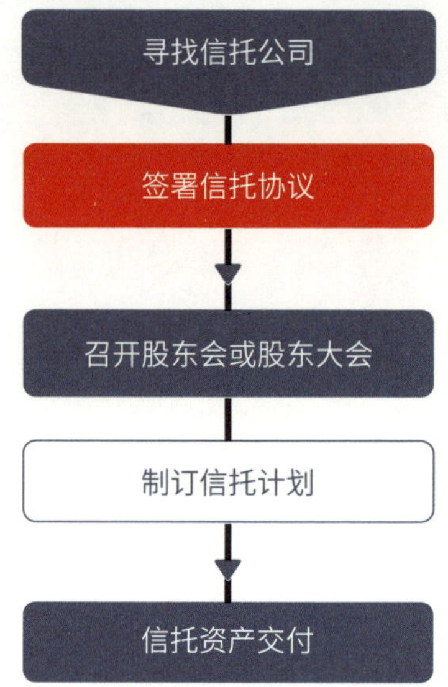

股权信托的形式主要包括两种：一种是财产信托；一种是资金信托。

财产信托，即委托人把自己合法拥有的公司股权信托给受托人，设立财产信托，由受托人以自己名义对受托财产（股权）进行管理处分，显现的是买老股的过程。

资金信托，即委托人先把自己合法拥有的资金信托给受托人，然后由受托人根据委托人指令使用信托资金，投资标的公司股权并进行管理和处分。也就是说由信托公司代替出资人实际入资，属于增资扩股的过程。

本词条所说的代持均是由投资人发起投资，由信托公司代持。如果信托公司本身有好项目希望能够投资，信托公司会直接向社会募集信托资金，公司就成为投资人的天然代持者，募集的信托资金可以直接投给信托立项的项目。此类代持就变成了信托公司的直接投资行为。

017

公司注销的流程

公司注销的流程是指公司不再正常经营，依法向注册机关申请消除其在商业市场上的法律地位的流程。

一、关键点解析

流程图中红色标注的是核心环节，除此之外还有一些需要特别注意的关键环节，用序号标注，下面对这些环节进行详细的解析：

（1）股东会或股东大会通过公司破产表决。

（2）公司应当在解散事由出现之日起十五日内成立清算组开始清算。有限责任公司的清算组由股东组成，股份有限公司的清算组由董事会或者股东大会确定的人员组成。若逾期不成立清算组进行清算，债权人可以申请人民法院指定有关人员组成清算组进行清算。人民法院应当受理申请并及时组织清算组进行清算。

（3）公告并通知债权人申报债权，依法对债权进行登记。清算组应当自成立之日起十日内通知债权人，并于六十日内在报纸上公告。债权人应当自接到通知书之日起三十日内，未接到通知书的自公告之日起四十五日内，向清算组申报其债权。债权人申报债权，应当说明债权的有关事项，并提供证明材料。清算组应当对债权进行登记。在申报债权期间，清算组不得对债权人进行清偿。

（4）清算组接管公司，展开清算工作。清算组自成立之日起接管公司，处理公司未完成业务、清理公司债权和债务、处理公司清偿债务后的剩余财产、清缴所欠税款以及清算过程中产生的税款、代表公司参与民事诉讼活动。清算组全

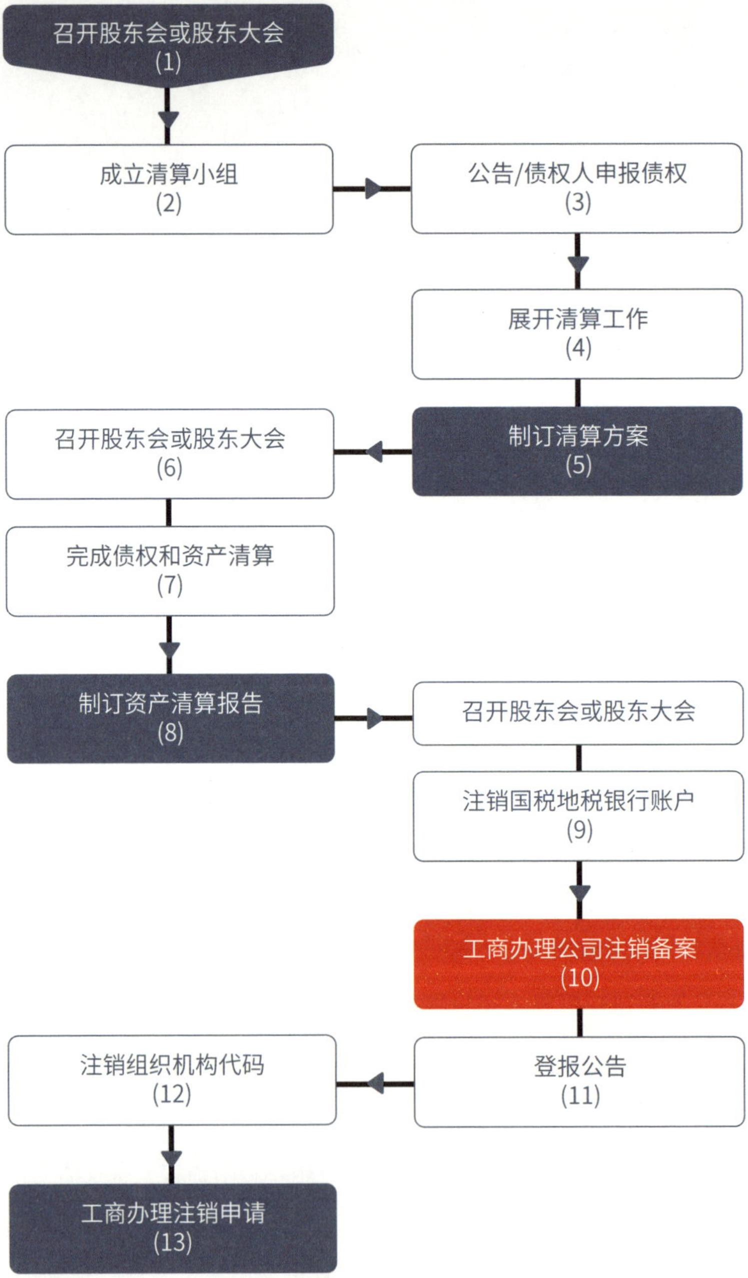

召开股东会或股东大会
(1)

成立清算小组
(2)

公告/债权人申报债权
(3)

展开清算工作
(4)

制订清算方案
(5)

召开股东会或股东大会
(6)

完成债权和资产清算
(7)

制订资产清算报告
(8)

召开股东会或股东大会

注销国税地税银行账户
(9)

工商办理公司注销备案
(10)

登报公告
(11)

注销组织机构代码
(12)

工商办理注销申请
(13)

面清理公司财产、编制资产负债表和财产清单。

（5）清算组制定清算方案，并报股东会、股东大会或者人民法院确认。其中：清算组在清理公司财产、编制资产负债表和财产清单后，发现公司财产不足清偿债务的，应当依法向人民法院申请宣告破产。公司经人民法院裁定宣告破产后，清算组应当将清算事务移交给人民法院进行处理。

（6）召开股东会或股东大会审核批准清算方案，并形成会议决议。

（7）根据股东会、股东大会或者人民法院确认的清算方案分配公司财产。公司财产在分别支付清算费用、职工的工资、社会保险费用和法定补偿金，缴纳所欠税款，清偿公司债务后的剩余财产，有限责任公司按照股东的出资比例分配，股份有限公司按照股东持有的股份比例分配。清算期间，公司存续，但不得开展与清算无关的经营活动。公司财产在未按前款规定清偿前，不得分配给股东。

（8）制作清算报告，报股东会、股东大会或者人民法院确认后申请注销公司登记，公告公司终止。公司清算结束后，清算组应当制作清算报告报股东会、股东大会或者人民法院确认，并报送公司登记机关申请注销公司登记，公告公司终止。

（9）注销公司国税税务登记证、地税税务登记证、银行账户（有漏交税的需补税）需先到国家税务总局拿表格，按要求填写、签字、盖章、缴销发票、补税后，国家税务总局会收回国税税务登记证，给被注销公司一张国税注销税务登记通知书，被注销公司拿着国税注销税务登记通知书到地税局拿表格，补税后地税局会收回地税税务登记证，给被注销公司一张地税注销税务登记通知书。被注销公司拿着两张通知书，到银行注销账户。

（10）到公司主管工商局办理公司注销备案（查档费用大约80元左右）所需资料：

①公司营业执照复印件；②公司股东会决议（内容是注销公司，成立清算小组）；③公司原始档案；④工商局领取的表格。

（11）登报45日后，再次到工商局办理注销申请所需资料：①公司营业执照原件（正副本）；②税务注销证明文件；③公司股东会决议；④公司清算报告；⑤工商局领取的表格；⑥公司原始档案。

（12）到质监局注销代码证所需资料：①营业执照注销证明文件；②代码证原件（正副本）。

（13）公司申请注销登记应向登记机关提交下列文件：①公司清算组织负责人签署的注销登记申请书；②公司法定代表人签署的公司注销登记申请书；③法院破产裁定、行政机关责令关闭的文件或公司依照《公司法》作出的决议或者决定；④股东会或者有关机关确认的清算报告；⑤税务部门出具的完税证明；⑥银行出具的账户注销证明；⑦企业法人营业执照正、副本；⑧法律、行政法规规定应当提交的其他文件。

二、普华商学院提示

（1）操作周期

6 个月左右。

（2）操作费用

无。

公司注销分为正常注销和异常注销（吊销）。工商营业执照若不定期年检，将会自动异常注销（吊销）。如果公司不报税，公司的税务登记证也会被税务局停止。若公司注销不按照正常程序执行，则被吊销，企业法定代表人、股东会被工商局列入黑名单，可能在 3 年内无法使用自己的名字再注册公司，个人信用不良记录将被保持 7 年，且要被罚款。

第二篇

常用债权融资操盘流程

个人申请一般贷款的流程 018

贷款是指企业或个人通过支付一定的利息借来的钱，需要在一定期限后归还，就是通常说的向银行借钱。此处讲解的是个人向银行等机构申请贷款的流程。

一、关键点解析

流程图中红色标注的是核心环节，除此之外还有一些需要特别注意的关键环节，用序号标注，下面对这些环节进行详细的解析：

（1）客户申请贷款时需要提交的材料包括：

①申请人的身份证明材料，包括有效居民身份证，户口簿，居住证明。有配偶的，应同时提供结婚证，配偶的居民身份证及相关身份证明材料；

②个体业主的营业执照和纳税凭证等；

③所申请的贷款要求提供担保的（含抵押、保证）应提交担保材料。

（2）审查内容包括：

①客户提交的材料是否齐全，加盖的公章是否清晰，贷款企业名称与营业执照是否相符，材料的完整性、合法性、规范性、真实性、有效性；

②信贷业务的币种、期限、金额、担保方式、借款用途与协商的内容是否相符；

③信贷业务申请用途、期限、金额、担保方式及委托代理人基本情况与股东会决议或董事会决议是否一致。在有关决议上的签章人是否符合公司章程组织文件规定；

④经年审合格的营业执照及其他有效证明；

⑤对抵押物价值或保证人材料的审查。抵押物是否充足，保证人是否有能力足额保证。客户申请材料审核后，如材料不全，经办人需将申请材料退还客户并做好解释工作。如材料齐全，再核对原件并由客户在影印件上签署原件与复印件一致的签名，确认后再填写信贷业务评价交接单。进入调查阶段，调查工作应在半个工作日内完成。

二、普华商学院提示

（1）操作周期

一般为 3 ～ 5 个工作日。

（2）操作费用

参照银行同期贷款利率。

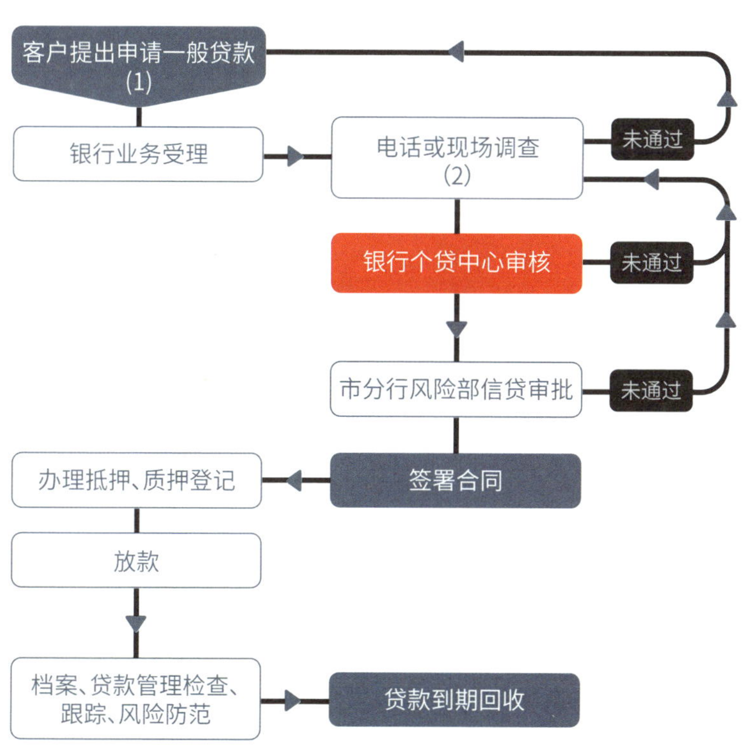

办理个人贷款主要有以下几种方案：

（1）个人信用贷款。办理个人信用贷款，贷款申请人要有稳定的工作及收入，一般贷款额度在 1 万元到 50 万元之间、贷款年限最高为 5 年。个人信用贷款可以在线申请，通常银行审核资料通过后 1 个工作日即可放款，属于无需抵押、操作简便的快速贷款方案。

（2）房产抵押贷款。房产抵押是指将自有房产抵押给银行，换取银行的贷款。房产抵押贷款不会影响房产的居住权。这种贷款方案还款年限长、贷款额度高，是个人贷款寻求大笔资金的好选择。

（3）已贷款的房产可再次抵押贷款。当初买房已经按揭贷款的房产，或是已经抵押贷款的房产，按现在市场价格重新评估，可申请二次银行抵押贷款。贷款人提供相应贷款申请材料即可申办。

关于个人贷款的用途应该注意以下几个问题：

（1）个人贷款要有明确用途，符合法律法规规定和国家有关政策，交易背景真实，不得虚构交易背景和贷款用途；

（2）个人贷款的使用应遵循诚信原则，符合借款合同中约定的用途，根据国家现行规定，贷款资金不得违规进入股市、房地产开发等国家明令禁止进入的领域；

（3）贷款购买住房的，应按照国家规定申请个人住房贷款，根据国家现行规定，消费性贷款禁止用于购买住房。一般来说，申请正规个人贷款，机构都会考量申请人的还款能力。为了规避风险，避免不必要的麻烦，千万不要相信凭借一张身份证就能获得贷款。在分辨不清贷款真假的时候，可以去工商局网站查询此类公司的名称和注册信息是否真实。最重要的一点就是在贷款到账前一定不要支付任何费用。凡是要求预付利息、手续费等行为，都是诈骗行为。

企业申请一般贷款的流程 019

企业申请的一般贷款即银行面对企业、商户发放的普通商业贷款。此处讲解的是企业向银行等机构申请贷款的流程。

一、关键点解析

流程图中红色标注的是核心环节，除此之外还有一些需要特别注意的关键环节，用序号标注，下面对这些环节进行详细的解析：

（1）企业开户需要准备的材料包括：

营业执照正、副本原件；组织机构代码证正、副本原件；税务登记证正、副本原件；基本账户开户许可证原件；法人代表身份证原件；企业公章、财务章、法定代表人名章。如委托单位财务人员办理开户手续还需提供法人书面授权书和代理人身份证原件。

（2）银行调查的内容一般包括：

①企业的基本资料，包括企业管理者情况、股东情况、历史背景、发展情况等；

②企业的行业情况，包括国家宏观政策、行业发展、行业特点、企业在该行业中的行业地位等；

③企业的经营情况，包括企业的采购、生产、销售及合法经营情况；

④企业的管理情况，包括企业文化、管理者素质、员工素质、管理方式等；

⑤企业的财务情况，包括企业财务报表以及对账单等相关财务数据；

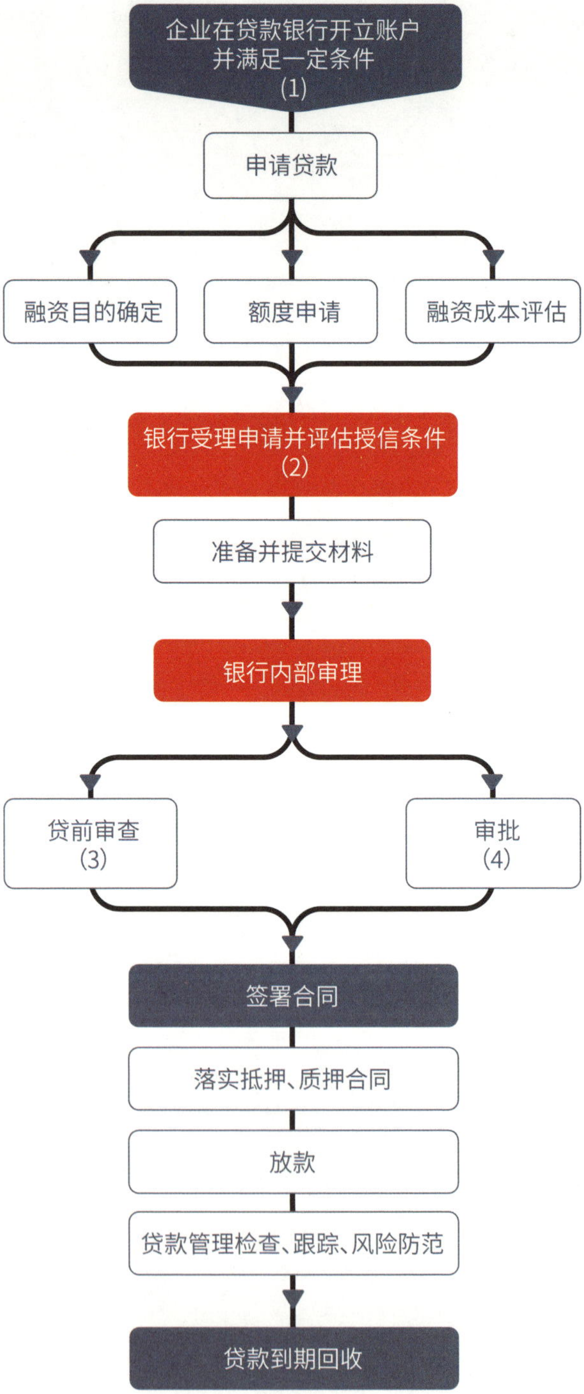

企业在贷款银行开立账户并满足一定条件（1）

申请贷款

融资目的确定

额度申请

融资成本评估

银行受理申请并评估授信条件（2）

准备并提交材料

银行内部审理

贷前审查（3）

审批（4）

签署合同

落实抵押、质押合同

放款

贷款管理检查、跟踪、风险防范

贷款到期回收

⑥企业的需求情况，包括企业资金需求的目的、还款来源等；

⑦企业的信用状况，包括企业的交易记录以及企业在中国人民银行等机构的相关信用记录；

⑧企业的担保情况，包括对房产或其他抵（质）押物或担保方的调查。

（3）银行客户经理的贷前调查：

贷前调查是企业申请贷款的一项重要步骤，调查的数据要求全面、真实、具体，确保企业的贷款用途合法合规性、行业及企业经营管理情况、财务状况和担保情况符合银行贷款业务的要求。同时由于这项步骤的重要性，调查所需要的时间较长，手续相对繁琐，可能需要反复与企业沟通。一般来说，企业第一次申请贷款所需时间较长，第二次相对会简单一些，企业需要理解、配合并及早进行第一次融资准备。目前银行针对单一产品已经在简化调查的流程和手续，特别是对于低风险的业务进行优化，以提高贷款效率。

（4）贷款审批：

银行要按照“审贷分离、分级审批”的原则对信贷资金的投向、金额、期限、利率等贷款内容和条件进行最终决策。贷款审批依据国家有关信贷政策，从银行利益出发审查贷款业务的技术、经济和商业的可行性，分析材料的主要风险点及风险的规避和防范措施，并决定是否批准贷款。由此，贷款审批流程在决策上更强调风险点的控制与防范。需要注意的是大银行基层审批权大，产品的抵（质）押物越充足、创新性越低，基层权限越大，审批流程就越短，效率也就越高，所以企业要考虑融资行和融资产品的选择。

二、普华商学院提示

（1）操作周期

一般为20个工作日左右。

（2）操作费用

参照银行同期贷款利率。

银行是标准的“店大欺客”的机构，企业的自身资金越多，与银行的沟通就越有利。因此，企业应尽可能在一家银行开立账户，进行绝大部分的资金业务，以便将来需要贷款时能拿到高额度低利息的贷款。

很多人误以为授信额度即为能拿到的贷款数额，事实上银行的授信额度由两部分组成，一部分是敞口，一部分是贷款。贷款的用途与方式由银行全程监控，有些企业想用贷款还账，这种情况是行不通的。

企业贷款之后，在归还贷款时还需要特别注意，在短期贷款到期一周之前、中长期贷款到期一个月之前，银行会向贷款企业发送还本付息的通知单，给企业时间筹备资金，按期还本付息。

020 银行承兑汇票的申请流程

银行承兑汇票的申请流程是指用款人向银行申请承兑汇票的过程。

一、关键点解析

流程图中红色标注的是核心环节，除此之外还有一些需要特别注意的关键环节，用序号标注，下面对这些环节进行详细的解析：

（1）银行承兑汇票的申请条件：

①依法登记注册，并依法从事经营活动的企业法人或其他经济组织；

②在银行开立存款账户；

③资信状况良好，近两年在银行无不良贷款，欠息及其他不良信用记录；

④具有支付汇票金额的可靠资金来源；

⑤以真实合法的商品交易为基础，有真实合法的商品交易合同和交易发票，并在购销合同中注明以银行承兑汇票为结算方式，禁止办理无商品交易的银行承兑汇票。

（2）申请银行承兑汇票需要提供的资料包括：

①银行承兑汇票申请书，主要包括汇票金额、期限和用途、保证金比例以及承兑申请人承诺汇票到期无条件兑付票款等；

②营业执照或法人代码证、法定代表人身份证明、税务登记证、贷款卡、开

户核准通知书、公司章程、验资报告等原件和复印件；

③上年度和当期的资产负债表、损益表和现金流量表；

④商品交易合同或增值税发票原件及复印件；

⑤需要向银行提供的其他资料。

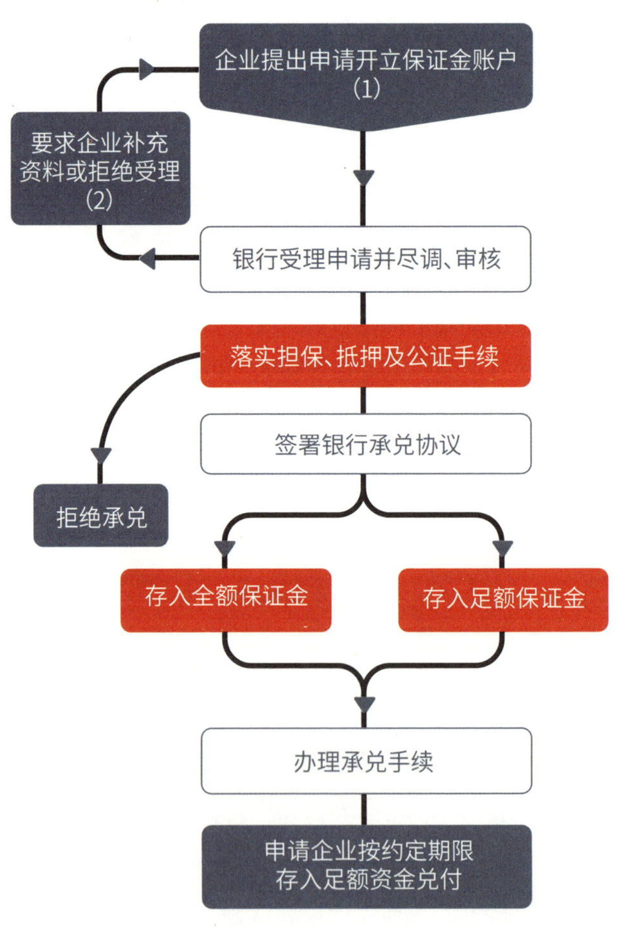

二、普华商学院提示

（1）操作周期

一般需要 1 ～ 3 天。

（2）操作费用

银行收取开票手续费的 0.5‰。

银行承兑汇票本质上是一种由银行向用款人签署的有明确金额的“白条”，银行承诺该“白条”到期后将无条件向用款人支付约定金额的现金，这种“白条”在金融领域中的规范称呼就是银行承兑汇票。

银行承兑汇票在商业活动中经常用到，对于企业来讲，将资金采用保证金的形式存在银行，在需要支付的时候使用承兑汇票，意味着该部分资金可以作为企业的定期存款在银行收取利息，同时该部分资金也可以用于其他用途。开具的承兑汇票仅仅是让用款单位拖延了最终付款时间，这段时间可以给开票机构带来利息收入和其他关联收入。

在商业活动中，银行承兑汇票对于上下游企业好处颇多，一旦上下游付款机构可以使用承兑汇票进行支付，很多企业不会使用现金付款，而会采用承兑汇票付款。所以了解更多开具银行承兑汇票的流程和注意事项对企业有重要的意义。

021 商业承兑汇票的贴现流程

商业承兑汇票的贴现流程，是指承兑汇票的所有人将汇票出售给他人换取现金的过程。

一、关键点解析

流程图中红色标注的是核心环节，除此之外还有一些需要特别注意的关键环节，用序号标注，下面对这些环节进行详细的解析：

（1）需填写贴现申请书，申请书的内容应填写完整，加盖申请企业公章、法定代表人名章。

（2）业务受理审查的内容包括：

①审查申请人营业执照，判断其是否具有真实法人授权经营的资格；

②对交易合同复印件的审查；

③对增值税发票的审查；

④对其他资料的审查。

（3）银行审核的内容包括：

①审批表流程：

填制审批表→调查人签字→调查负责人复审→结算部门进行票面初审、复审及买入复核→信贷管理审查人、审查负责人进行跟单文件审查→主管副行长签署

意见→行长审批签字。

②票据系统流程：

新建买入审批表、票据录入→市场营销复审→票面初审、票面复审、票据买入复核→跟单文件初审、复审→最高签批人签批。

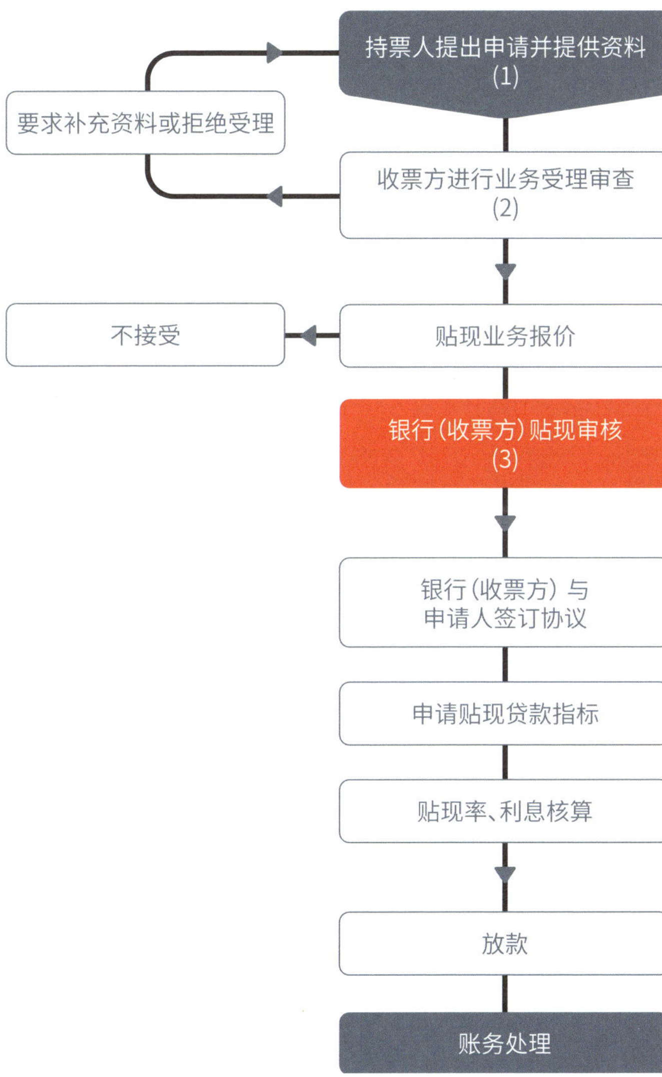

③银行信贷部门按照信贷办法和支付结算办法的有关规定进行审查，符合条件的，在贴现凭证“银行审批”栏签注“同意”字样，并由有关人员签章后送交会计部门。

银行审批后，与申请人签订贴现协议。

在贴现放款前，银行通过公司业务部指定人员向分行申请贴现贷款指标，接到批复后，由营业部将贴现资金划入贴现申请人指定账户。

银行会计部门接到转让背书的汇票和贴现凭证后，按照支付结算办法的有关规定进行审查，确认贴现凭证的填写与汇票是否一致，按照支付结算办法有关贴现期限以及贴现利息计算的规定和规定的贴现率，计算出贴现利息和实付贴现金额。

二、普华商学院提示

（1）操作周期

一般为 1 ～ 3 个工作日。

（2）操作费用

手续费：一般为贴现额的 0.5‰。

银行贴现费率：一般以当日银行公布的价格为准。

民间贴现费率：4% 左右，根据市场上资金量多少的情况随行就市。

本书前文中已经说过，承兑汇票本质上就是一张有明确金额的“白条”。拥有“白条”的人，在急需资金的情况下，将“白条”卖给社会上有钱的机构或个人，该机构或个人向前者支付一定数额的现金，这个过程就叫做贴现。购买了“白条”的机构或个人，在“白条”到期后，依然可以到银行去兑换票面上对应数额的现金。

银行承兑汇票贴现业务有几个特别需要注意的事项：

（1）对申请人的资格审查：贴现申请人应为在贴现银行开立账户的企业法人或其他组织，并在当地工商行政管理部门登记注册，能够提供经过年检的营业执照，并依法从事经营活动。

（2）对汇票的审查：汇票的承兑期限最长不得超过 6 个月；出票人的签章应与出票人名称一致，汇票收款人应与第一背书人签章一致；各背书人签章应清晰到位，与被背书人名称一致，且背书转让不得有个人行为；粘贴单为银行统一格式，骑缝章应清晰、规范；连续背书转让时，日期填写应符合逻辑关系。票面上标明“不得质押”、“不得转让”和背面标明“委托收款”字样的汇票不得贴现。

（3）对交易合同、增值税发票的审查：审查申请贴现的企业所签合同的真实性、合同期限及签订日期，审查增值税发票的真伪及开票日期。合同的签订日期、汇票取得日期及增值税发票的日期应符合逻辑关系。免税的贴现申请单位应提供相应的证明文件。

（4）申请贴现单位应持有中国人民银行颁发的贷款证或提供贷款卡原件及复印件。

（5）《票据法》和《支付结算办法》虽未明确规定“银行承兑汇票的第一收款人不能以任何方式将票据直接转让给出票人”，但这种背书转让有利用承兑汇票套取银行资金的企图，不利于银行资金安全，对这类票据应认真审查，一般不予贴现。

022 银行保函的申请流程

保函又称保证书，是指银行、保险公司、担保公司或个人应申请人的请求，向第三方开立的一种书面信用担保凭证。在申请人未能按双方协议履行责任或义务时，由担保人（开保函的银行等）代其履行一定金额、一定期限范围内的某种支付责任或经济赔偿责任。向银行申请该保证书的过程即为银行保函的申请流程。

一、关键点解析

流程图中红色标注的是核心环节，除此之外还有一些需要特别注意的关键环节，用序号标注，下面对这些环节进行详细的解析：

（1）申请人按银行要求需提供的资料包括：

①营业执照副本、法人代码证副本、税务登记证副本和法定代表人证明文件等；

②对外担保主合同、协议或标书及有关交易背景资料；

③担保涉及的事项按规定须事先获得有关部门批准或核准，须提供有关部门的批准或核准文件；

④经会计（审计）师事务所审计的上两年财务报表及当期财务报表；

⑤反担保措施证明文件；

⑥银行要求提供的其他资料。

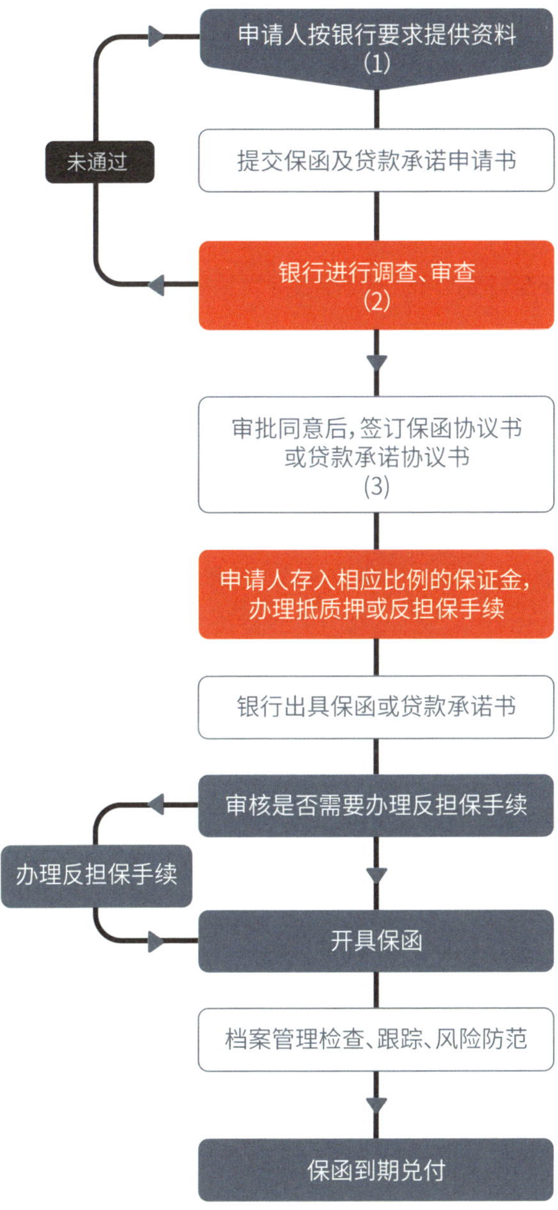
申请人按银行要求提供资料
(1)
提交保函及贷款承诺申请书
未通过
银行进行调查、审查
(2)
审批同意后，签订保函协议书
或贷款承诺协议书
(3)
申请人存入相应比例的保证金，
办理抵质押或反担保手续
银行出具保函或贷款承诺书
审核是否需要办理反担保手续
办理反担保手续
开具保函
档案管理检查、跟踪、风险防范
保函到期兑付

（2）银行收到申请书和有关资料后，对申请人的合法性、财务状况的真实性、交易背景的真实性等进行调查，了解借款人的履约、偿付能力，对申请人进行授信评级，向申请人做出正式答复。

（3）双方签订保函协议书，约定担保种类、用途、金额、费率、担保有效期，付款条件，双方的权利义务，违约责任和双方认为需要约定的其他事项。

二、普华商学院提示

（1）操作周期

申请全额保证金保函需要 2 个工作日左右；

申请差额保证金保函需要 5 个工作日左右。

（2）操作费用

包括保函担保费及银行手续费，每年的费用为保函金额的 1% ～ 5%。

保函本质是开具保函银行提交的保证付款承诺函，对收款方拿到资金的保证性很强，具有很好的支付信用。按保函合同，银行一般最长提供为期 24 个月的担保时间。如果需要继续提供履约保函，申请人要再行申请。

023 银行信用证的申请流程

信用证是银行出具的一种保证付款的文件，是在满足一定条件（贸易合同）时可以直接支付款项的凭证，由银行根据申请人的要求向指定的一方开立。申请办理这种信用证的过程即为银行信用证的申请流程。

一、关键点解析

流程图中红色标注的是核心环节，除此之外还有一些需要特别注意的关键环节，用序号标注，下面对这些环节进行详细的解析：

（1）用信用证方式签订贸易合同：双方确认信用证类型、货物单价、总量、货物指标、双方法定地址、受益人名称、通知行相关信息、信用证有效期限。

（2）开具信用证所需资料包括：

①开户许可证复印件；

②营业执照正副本复印件；

③组织机构代码正副本复印件；

④税务登记证正副本复印件；

⑤法定代表人身份证复印件和办理人身份证复印件并加盖公章；

⑥授权委托书；

⑦合同复印件；

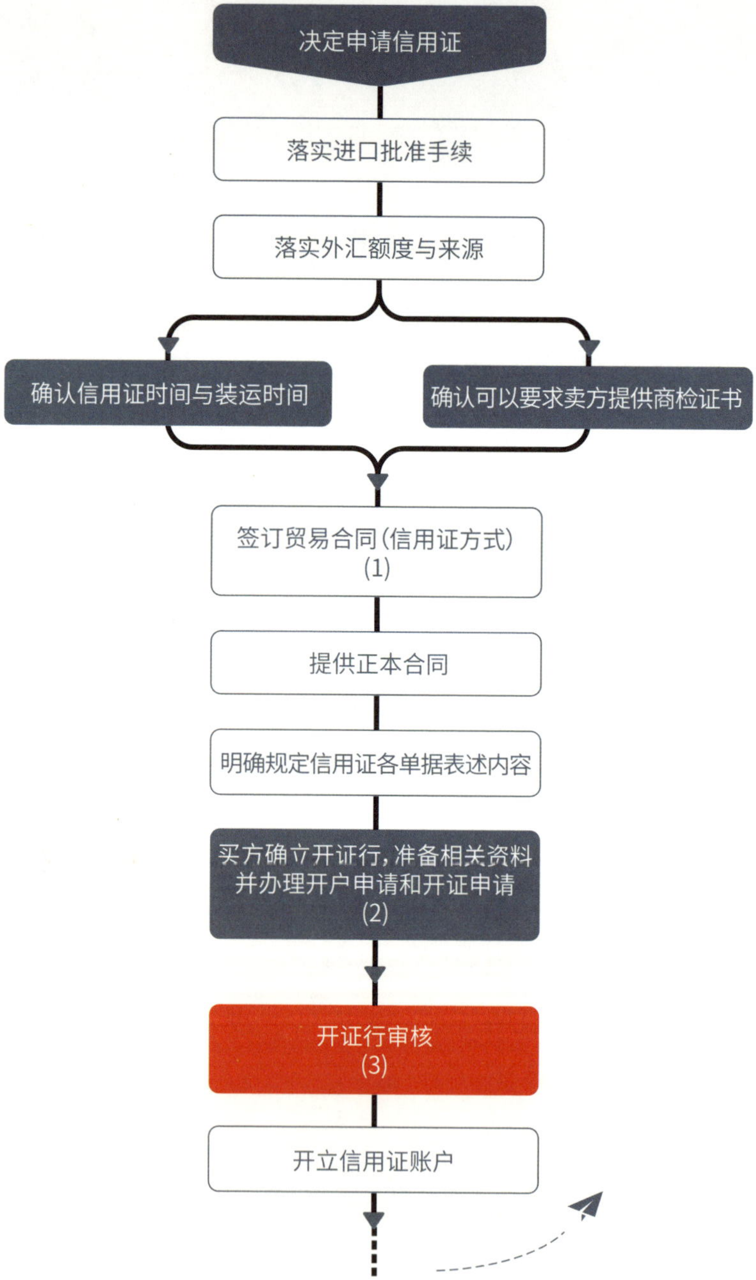

决定申请信用证
落实进口批准手续
落实外汇额度与来源
确认信用证时间与装运时间
确认可以要求卖方提供商检证书
签订贸易合同（信用证方式）
(1)
提供正本合同
明确规定信用证各单据表述内容
买方确立开证行，准备相关资料
并办理开户申请和开证申请
(2)
开证行审核
(3)
开立信用证账户

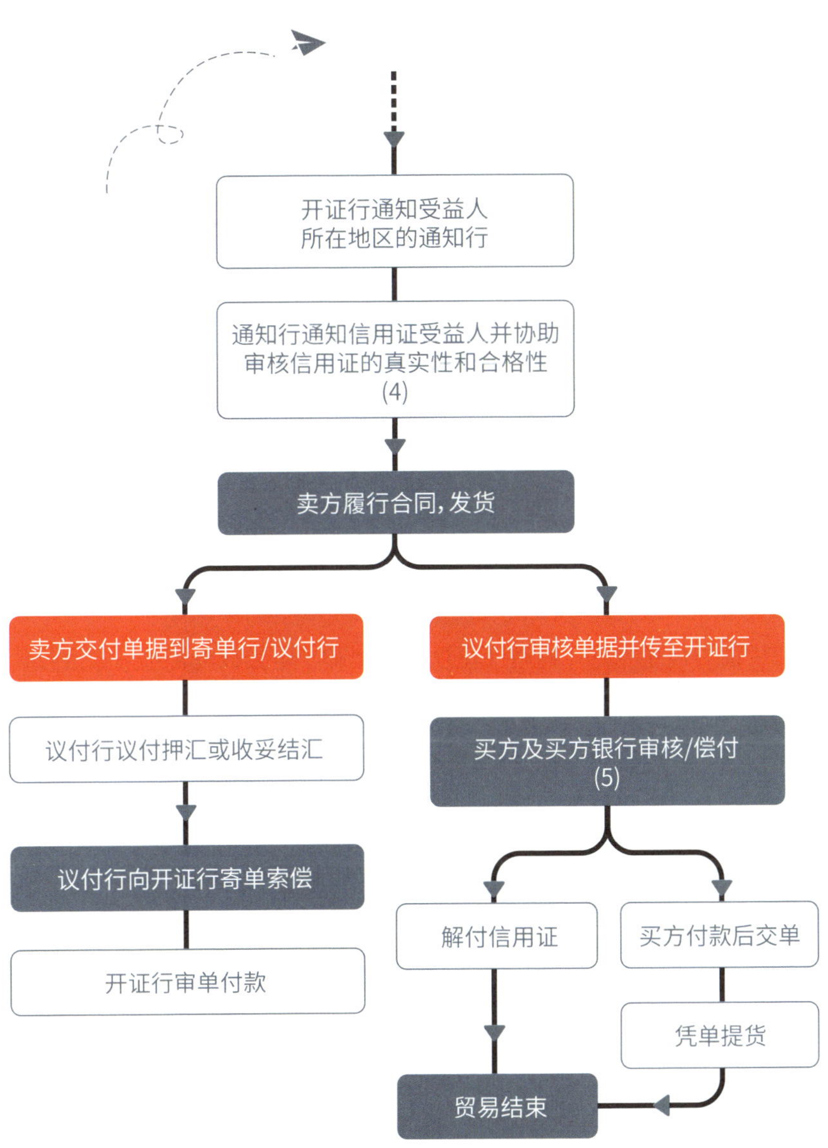

开证行通知受益人所在地区的通知行
通知行通知信用证受益人并协助审核信用证的真实性和合格性(4)
卖方履行合同，发货
卖方交付单据到寄单行/议付行
议付行审核单据并传至开证行
议付行议付押汇或收妥结汇
买方及买方银行审核/偿付(5)
议付行向开证行寄单索偿
解付信用证
买方付款后交单
开证行审单付款
凭单提货
贸易结束

⑧转账支票；

⑨开证申请表；

⑩开户申请表；

⑪公章、财务章、法人章。

（3）申请人和银行应该承担的责任和义务：

①申请人对银行承担的主要义务：如果单据与信用证条款相一致而申请人拒绝“赎单”则其作为担保的存款将归银行所有；申请人有向开证行提供开证所需全部费用的责任；

②银行的责任：买方开立信用证之后，开证申请人和开证行之间通过开证申请表建立法律关系；银行在接到开证申请人完整的指示后必须立刻按开证申请表的指示开立信用证。

（4）通知行协助审核信用证的真实性和合格性：

①通知行的责任：大多数情况下，信用证不是由开证行直接通知受益人，而是由受益人所在国家或地区的代理行即通知行传递；

②信用证的传递方式：信用证可以通过空邮、电报或电传等方式进行传递，也可以通过 SWIFT 传递；

③有效信用证的指示：当开证行用任何有效的电讯传递方式告知通知行信用证开立或修改，该电讯将被认为是有效信用文件或者有效修改书，不需要再发出邮寄证实书。

（5）单据审核期限：银行在接到单据后的 7 个银行营业日内审核单据，决定是否接受单据并通知单据当事人。

二、普华商学院提示

（1）操作周期

一般在 2 ～ 7 个工作日，具体周期视贸易双方实际情况而定。

（2）操作费用

①信用证通知费：人民币 200 元 / 次；

②信用证修改通知费：人民币 100 元 / 次；

③议付费：总金额的 0.125%；

④议付快邮费：约人民币 200 元 / 票；

⑤海外费用：总金额的 0.25% ～ 0.3%；

⑥不符点扣费：USD80 元 / 票（其中信用证通知费和信用证修改通知费，如果在通知行议付，可能减半或免收）。

（1）信用证内容主要包括以下几个方面：

①对信用证本身的说明：如信用证编号、种类、金额、开证日期、到期日和交单地点等；

②信用证的当事人：如开证申请人、受益人，以及开证行、通知行、议付行、保兑行等；

③信用证金额及汇票：包括信用证所使用的货币名称、金额，如果使用汇票，还需记载汇票的金额、到期时间、出票人、付款人等；

④装运条款：如运输方式、起运地、目的地、装运日期、可否分批装运、可否转运等；

⑤货物条款：如货物名称、规格、数量、包装、价格等；

⑥单据条款：包括对汇票、货运单据、商业发票、运单、提单、保险单证、检验证等的要求；

⑦特别条款：主要是根据进口国的贸易状况的变化或不同业务需要规定的一些条款；

⑧开证行的责任条款以及适用的国际惯例；

⑨有权签字人的签名或电传密押。

（2）开立信用证应该注意以下几个问题：

①申请开立信用证前，一定要落实进口批准手续及外汇来源；

②开证时间的掌握应在卖方收到信用证后能在合同规定的装运期内出运为原则；

③开证要求“证同一致”，必须以对外签订的正本合同为依据；

④在信用证中规定是否允许分批装运、转运，不接受第三者装运单据等条款；

⑤明确信用证类型；

⑥合同中规定的条款应转化为相应的信用证条款，因为信用证结算方式下，只要单据表面与信用证条款相符合，开证行就必须按规定付款。如信用证申请书中含有某些条件而未标明应提交与之相应的单据，银行将认为未列此条款，而不予理睬；

⑦信用证内容准确无误，明确规定各种单据出单人，规定各单据表述的内容；

⑧由于银行是凭单付款，不管货物质量如何，也不受合同约束，所以为使货物质量符合规定，在开立信用证时，开证申请人必须明确提出货物的规格品质，指定商检机构。

中小企业集合票据的发行流程 024

发行中小企业集合票据的流程是指同行业、同地域的 2 到 10 个企业采用抱团的方式发行有价证券（相当于中长期借款）进行融资的流程。此处讲解的就是发行中小企业集合票据的流程。

一、关键点解析

流程图中红色标注的是核心环节，除此之外还有一些需要特别注意的关键环节，用序号标注，下面对这些环节进行详细的解析：

（1）目标客户（企业）需要在中国银行间市场交易商协会注册。

（2）中小企业按照要求应该在中央国债登记结算有限责任公司登记并托管。

二、普华商学院提示

（1）操作周期

发行期限一般为 3 年。

（2）操作费用

成本费用一般在发行额的 5% ～ 7%。

前期费用包括律师费用、外部评级费用和审计费用。

律师费用：协商确定，一般每家 1 万～ 2 万元；

外部评级费用：协商确定，一般 20 万元（外部评级费用约 15 万元，审计费

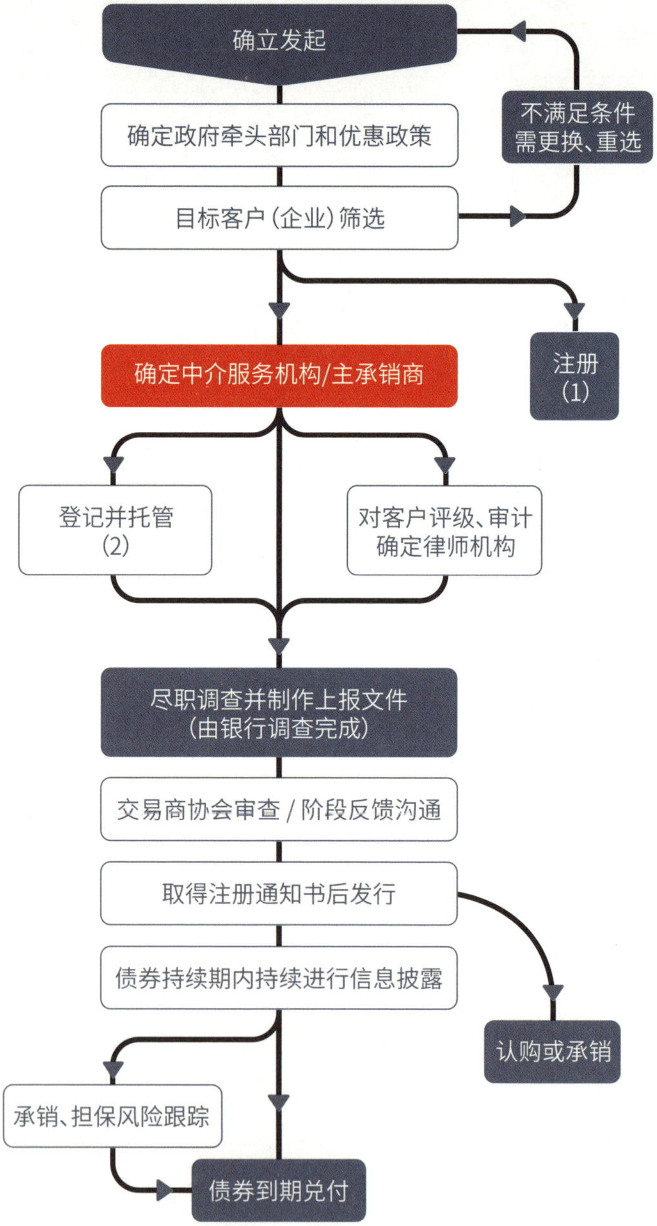

确立发起

确定政府牵头部门和优惠政策

目标客户（企业）筛选

不满足条件
需更换、重选

注册
(1)

确定中介服务机构/主承销商

登记并托管
(2)

对客户评级、审计
确定律师机构

尽职调查并制作上报文件
（由银行调查完成）

交易商协会审查 / 阶段反馈沟通

取得注册通知书后发行

认购或承销

债券持续期内持续进行信息披露

承销、担保风险跟踪

债券到期兑付

用约 5 万元）不超过总额的 0.1%；

审计费用：如果需要重新审计，企业与会计师事务所协商确定。

后期费用包括承销费、担保费、代理发行兑付费和贷款利率。

承销费：0.3% ～ 0.4% 每年，银行收取；

担保费：1% ～ 2% 每年，具体数额协商确定，由担保公司收取；

代理发行兑付费：发行额的 0.12‰；

贷款利率：根据评级情况及发行市场情况而定，一般低于贷款利率。

如中小企业集合票据未获批准发行，前期费用由各县区自行承担。

中小企业集合票据的发行主要是通过政府部门组织协调企业，县区政府如果有条件可给予费用或利息补贴。

关于中小企业集合票据的发行规模和企业入选标准都有相关的规定。其单张票据规模不能超过 10 亿元，单个发行企业不超过 2 亿元且不超过其净资产的 40%。入选企业需近 3 年盈利，净资产在 6000 万元以上，不能是国家限制发展的钢铁、房地产、水泥等行业。

目标客户（企业）需要提供公司简介和 3 年财务报表供银行审查选择。目标客户确定后，需选择外部评级机构对客户预评级，选择已是交易商协会会员的会计师事务所进行审计，银行和政府协商确定律师机构。

此外，在到期兑付以前，相关部门和企业一定要做好中小企业集合票据的承销、担保与跟踪工作。

中小企业集合债的发行流程 025

中小企业集合债的发行流程是指在当地通过一个带头机构或组织，集合多个企业形成发债主体而统一发行债券的流程。发行中小企业集合债通常是为了融资。

一、关键点解析

流程图中红色标注的是核心环节，除此之外还有一些需要特别注意的关键环节，用序号标注，下面对这些环节进行详细的解析：

（1）确定政府有关部门为债券发行的牵头人。

（2）发行中小企业集合债的目标企业一般应满足以下的条件：

①成立时间在 3 年以上，有成熟的经营模式，财务状况优良，一般要连续 3 年盈利；

②净资产不低于人民币 5000 万元；

③评级公司预评级，发债主体信用级别在 BBB 以上；

④企业分布尽量集中在同一地区。

（3）将申报材料报送至中国国债登记结算公司及中央证券登记结算公司，并在中国银行间市场交易商协会完成发行注册，准备债券发行。

（4）发行人与主承销商在国家发改委指定报刊上刊登募集说明书，发行正式开始。

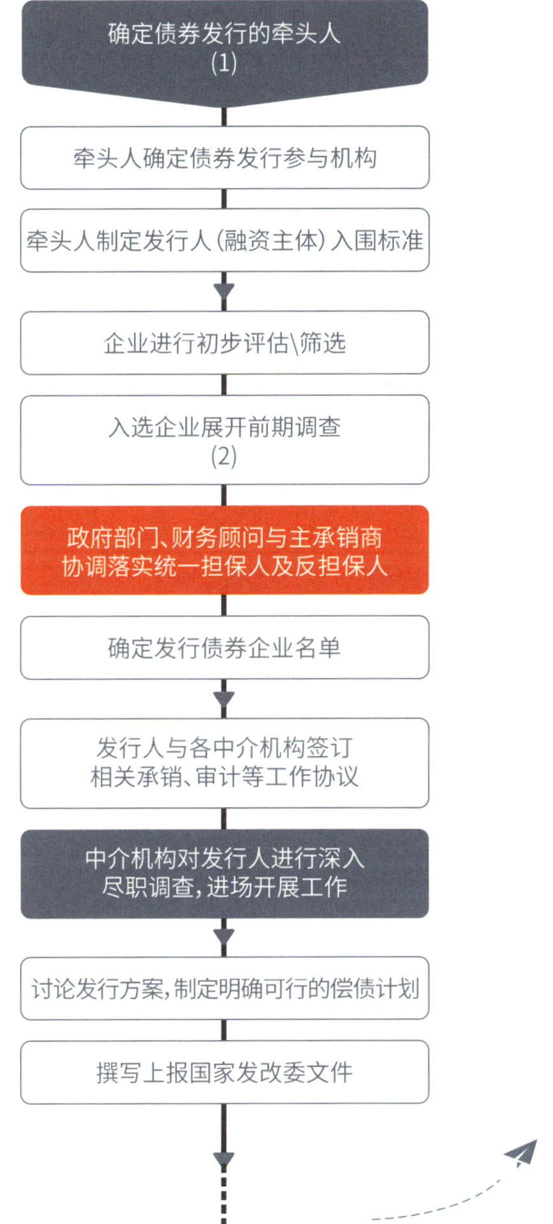
确定债券发行的牵头人
(1)
牵头人确定债券发行参与机构
牵头人制定发行人(融资主体)入围标准
企业进行初步评估\筛选
入选企业展开前期调查
(2)
政府部门、财务顾问与主承销商
协调落实统一担保人及反担保人
确定发行债券企业名单
发行人与各中介机构签订
相关承销、审计等工作协议
中介机构对发行人进行深入
尽职调查,进场开展工作
讨论发行方案,制定明确可行的偿债计划
撰写上报国家发改委文件

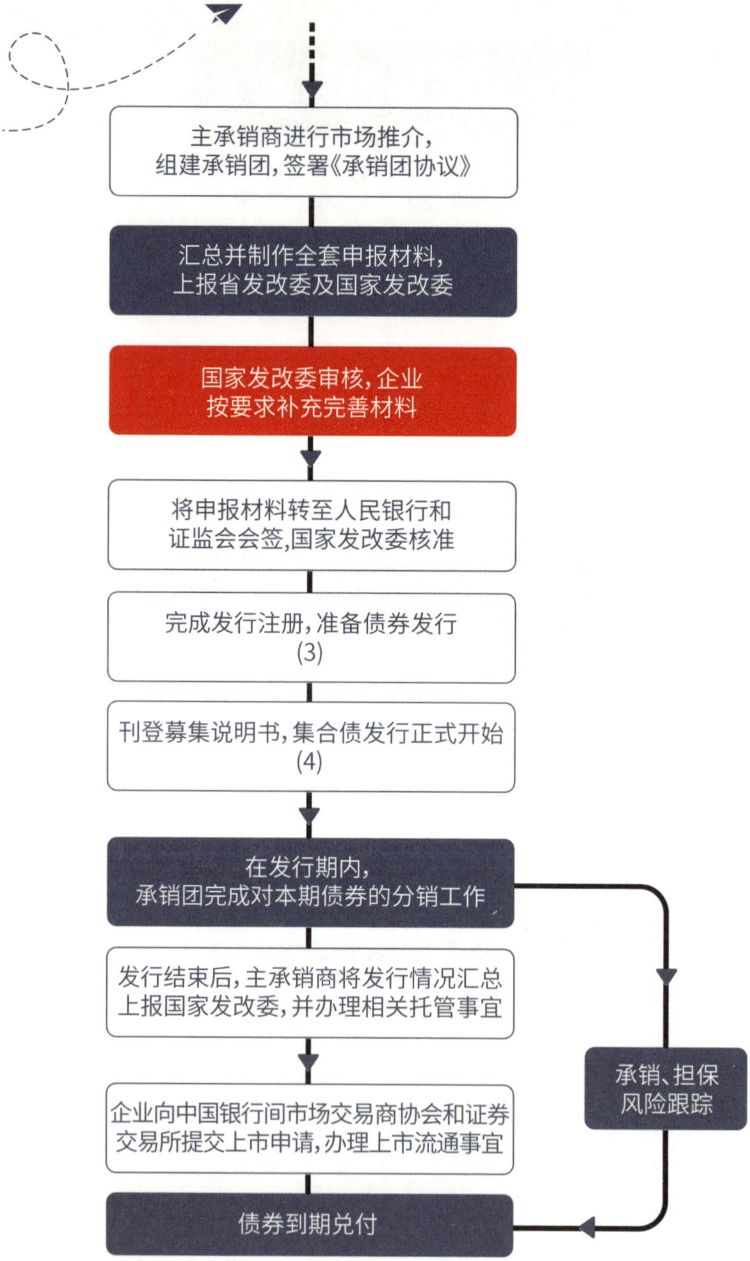

主承销商进行市场推介，组建承销团，签署《承销团协议》

↓

汇总并制作全套申报材料，上报省发改委及国家发改委

↓

国家发改委审核，企业按要求补充完善材料

↓

将申报材料转至人民银行和证监会会签，国家发改委核准

↓

完成发行注册，准备债券发行（3）

↓

刊登募集说明书，集合债发行正式开始（4）

↓

在发行期内，承销团完成对本期债券的分销工作

↓

发行结束后，主承销商将发行情况汇总上报国家发改委，并办理相关托管事宜

↓

企业向中国银行间市场交易商协会和证券交易所提交上市申请，办理上市流通事宜

↓

债券到期兑付

（旁支：在发行期内，承销团完成对本期债券的分销工作 → 承销、担保风险跟踪 → 债券到期兑付）

二、普华商学院提示

（1）操作周期

企业准备阶段所需时间为 45 天，发改委审核所需时间为 2 ～ 3 个月，完成后期工作需 15 天左右，共计半年左右。

（2）操作费用

发行利率：约为发行金额的 4% 左右，以当时市场询价方式确定；

承销费用：与主承销银行协商决定，共同分担；

信用评级费用：30 万～ 50 万元；

法律顾问费用：约 10 万元；

发行登记服务费用：约为发行面值的 0.07‰～ 0.1‰；

代理兑付费用：约为发行面值的 0.05‰；

担保费：约为发行面值的 2%。

中小企业集合债的主管机关是发改委，发债规模单个企业不超过净资产的 40%，发行期限在 3 年以上。企业各自确定债券发行额度并分别负债，采用统一的债券名称，统收统付，约定到期还本付息。

中小企业私募债的申报、发行流程 026

中小企业私募债的申报、发行流程是指中小型企业在中国境内以非公开方式发行和转让约定在一定期限内还本付息的有价债券进行融资的流程。此处讲解的是中小企业私募债的申报、发行流程。

一、关键点解析

流程图中红色标注的是核心环节，除此之外还有一些需要特别注意的关键环节，用序号标注，下面对这些环节进行详细的解析：

（1）上海证券交易所和深圳证券交易所中小企业私募债的发行条件。

①上海证券交易所中小企业私募债的发行条件包括：

发行人是中国境内注册的有限责任公司或者股份有限公司；

发行利率不得超过同期银行贷款基准利率的 3 倍；

期限在一年（含）以上；

发行人不属于房地产企业和金融企业；

发行人所在地省级人民政府或政府有关部门已与交易所签订合作备忘录；

发行人对还本付息的资金安排有明确方案。

②深圳证券交易所中小企业私募债的发行条件包括：

发行人是中国境内注册的有限责任公司或股份有限公司；

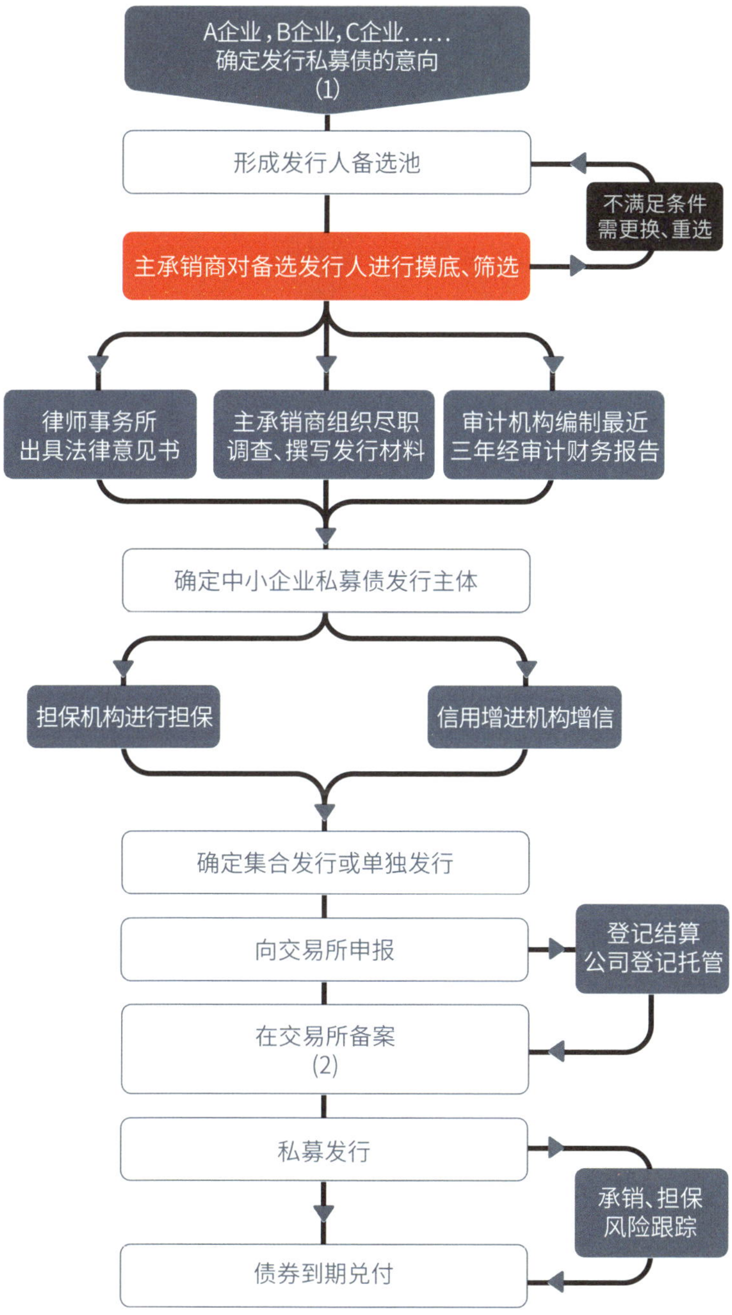

A企业，B企业，C企业……
确定发行私募债的意向
(1)

形成发行人备选池

主承销商对备选发行人进行摸底、筛选

不满足条件
需更换、重选

律师事务所
出具法律意见书

主承销商组织尽职
调查、撰写发行材料

审计机构编制最近
三年经审计财务报告

确定中小企业私募债发行主体

担保机构进行担保

信用增进机构增信

确定集合发行或单独发行

向交易所申报

登记结算
公司登记托管

在交易所备案
(2)

私募发行

承销、担保
风险跟踪

债券到期兑付

发行利率不得超过同期银行贷款基准利率的3倍；

期限在一年（含）以上；

深圳交易所规定的其他条件。

（2）备案所需要的材料一般包括：

①备案申请函及备案登记表；

②发行人公司章程及营业执照（副本）复印件；

③发行人内设机构关于本期私募债券发行事项的决议；

④私募债券承销协议；

⑤私募债券募集说明书；

⑥承销商的尽职调查报告；

⑦私募债券受托管理协议及私募债券持有人会议规则；

⑧发行人经具有执行证券、期货相关业务资格的会计师事务所审计的最近两个完整会计年度的财务报告；

⑨律师事务所出具的关于本期私募债券发行的法律意见书；

⑩发行人全体董事、监事和高级管理人员对发行申请文件真实性、准确性和完整性的承诺书；

⑪本期私募债券意向发售对象的情况；

⑫交易所规定的其他文件。

二、普华商学院提示

（1）操作周期

申请周期3个月左右，备案后6个月内择机发行债券。

（2）操作费用

目前，中小企业私募债的发行成本主要包括应付利息、承销费、审计费、律师费、评估费等，上述费用总额一般在拟发债券总额的10%～15%，其中证券公司承销费一般按照1.5%收取。

中小企业私募债的申报、发行流程要特别注意以下几个要点：

（1）备案体制

中小企业私募债发行由承销商向上交所或深交所备案，深交所规定：备案材料齐全可确认接受材料，自接受材料之日起 10 个工作日内决定接受备案。交易所对报送材料只进行完备性审核，并不对材料具体内容做实质性审核。

（2）发行规模

发行规模不受净资产总额 40% 的限制，但一般控制在不超过净资产的范围内。

（3）发行期限

1 年以上，上交所明确规定发行期限在 3 年以下。

（4）发行方式

重点突出在私募上，即非公开发行，可一次或分两期发行（上交所）。发行人应当在取得备案通知书的 6 个月内发行。两个或两个以上的发行人可采取集合方式发行。发行人可为私募债券设置附认股权或可转股条款。

（5）发行利率

发行利率应不超过同期贷款基准利率的 3 倍。鉴于发行主体为中小企业且为非公开发行方式，流动性受到一定限制，中小企业私募债的发行利率高于企业债、公司债等发行利率。

（6）募集资金用途

募集资金用途无特殊限制，可用于偿还债务或补充营运资金，募集资金用途较为灵活。

（7）担保及评级

目前对担保和评级无强制性要求，但为降低债券风险，鼓励采用第三方担保或设定财产抵（质）押担保，可采用部分担保的方式。由于采用非公开发行方式，对评级未做硬性规定。

（8）投资者类型

主要是承销商、合格机构投资者、合格个人投资者、发行人的董事、高层管理人员、监事及持股 5% 以上的股东。

（9）私募债的购买者

私募债券的购买者一般为商业银行、证券公司、基金管理公司、信托公司和保险公司及个人投资者。

027 企业债的申报、发行流程

企业债的申报、发行流程是指除上市公司以外的其他各类企业根据国家相关的法律法规发行的有价证券进行融资的申报发行流程。

一、关键点解析

流程图中红色标注的是核心环节，除此之外还有一些需要特别注意的关键环节，用序号标注，下面对这些环节进行详细的解析：

（1）企业债券发行条件包括：

①所筹资金用途符合国家产业政策，宏观调控和行业发展规划；

②净资产规模达到规定的要求：股份有限公司的净资产不低于人民币 3000 万元，有限责任公司和其他类型企业的净资产不低于人民币 6000 万元；

③经济效益良好，近三个会计年度连续盈利；

④现金流状况良好，具有较强的到期偿债能力；

⑤近三年没有违法和重大违规行为；

⑥前一次发行的企业债券已足额募集；

⑦已经发行的企业债券没有延迟支付本息的情形；

⑧企业发行债券余额未超过其净资产的 40%，用于固定资产投资项目的，累计发行额不得超过该项目总投资额的 20%，目前用于固定资产投资项目的累计发行额按项目总投资额 30% 的标准执行；

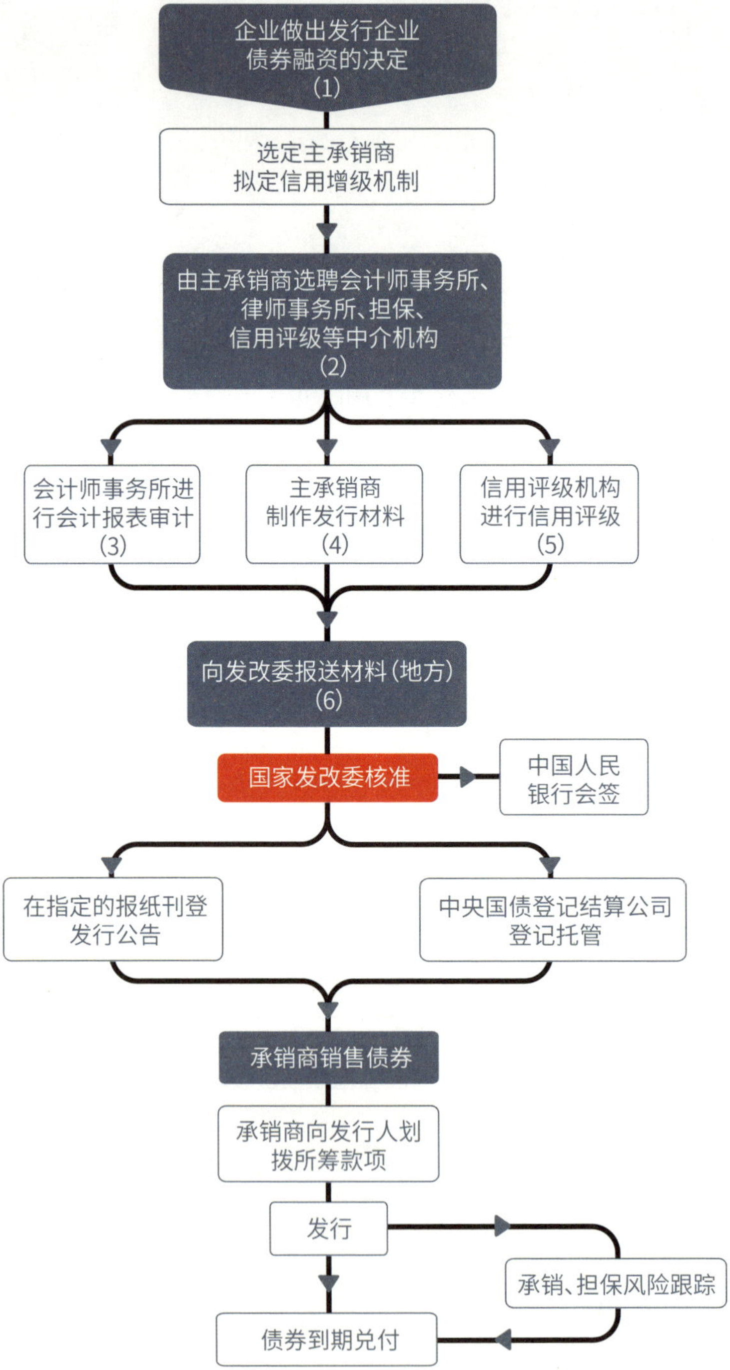

企业做出发行企业债券融资的决定
(1)

选定主承销商
拟定信用增级机制

由主承销商选聘会计师事务所、律师事务所、担保、信用评级等中介机构
(2)

会计师事务所进行会计报表审计
(3)

主承销商制作发行材料
(4)

信用评级机构进行信用评级
(5)

向发改委报送材料(地方)
(6)

国家发改委核准

中国人民银行会签

在指定的报纸刊登发行公告

中央国债登记结算公司登记托管

承销商销售债券

承销商向发行人划拨所筹款项

发行

承销、担保风险跟踪

债券到期兑付

⑨符合相关法律法规的规定。

（2）安排担保事宜。

发行人做好企业债券发行的担保工作，按照《担保法》的有关规定，聘请其他独立经济法人依法进行担保，并按照规定格式以书面形式出具担保函。

（3）安排审计机构。

发行人聘请有从业资格的会计师事务所对其最近3年财务报表进行审计，财务报表包括资产负债表、利润表和利润分配表、现金流量表。

（4）主承销商协助制作完成债券申报材料，并报送省发改委，由省发改委转报国家发改委。企业债券发行申请材料由具有从业资格的律师事务所进行资格审查和提供法律认证。

（5）安排信用评级。

发行人聘请有资格的信用评级机构对其发行的企业债券进行信用评级。

（6）向发改委报送材料（地方）阶段应该注意的事项包括：

①发行人形成发债意愿并与发改部门预沟通；

②制作发行人本次债券发行的申请报告；

③召开董事会和股东大会，形成董事会决议和股东大会决议，制定债券发行章程；

④出具发行企业债券可行性研究报告。报告应包括债券资金用途、发行风险说明、偿债能力分析等。

二、普华商学院提示

（1）操作周期

企业准备阶段所需时间为45天，发改委审核所需时间为2～3个月，完成后期工作需15天左右，共计半年左右。

（2）操作费用

操作费用主要包括发行费用、承销费、财务顾问费，除此之外还有审计费用、评级费用、律师费用、登记费用、信息披露费用等其他费用。

发行利率：央行公告显示，2014 年末固定利率企业债券加权平均发行利率为5.52%。

承销费：承销包括包销方式和代销方式，两种方式的收费标准有一定的差异。

发行金额不超过 1 亿元的部分，采用包销方式，承销费为 1.5% ～ 2.5%，采用代销方式，承销费为的 1.5% ～ 2.0%；

发行金额超过 1 亿元（含 1 亿元）至 5 亿元部分，采用包销方式，承销费为1.2% ～ 1.5%，采用代销方式，承销费为 0.8% ～ 1.2%；

发行金额超过 5 亿元（含 5 亿元）至 10 亿元部分，采用包销方式，承销费为 1.2% ～ 1.5%，采用代销方式，承销费为 0.8% ～ 1.2%；

发行金额超过 10 亿元部分（含 10 亿元），采用包销方式，承销费为0.8% ～ 1.0%，采用代销方式，承销费为 0.5% ～ 1.0%。

财务顾问费：发行金额的 0.5%。

其他费用：审计所费、评级公司费用、律师所费用、中央国债登记公司、信息披露费用等约 300 万～ 400 万元。

其中承销费和财务顾问费是在债券发行成功后一次性收取。

企业债发行的主管机关是国家发改委，发行主体是非上市公司。企业债的发行额度不低于 10 亿元，发行期限一般为 1 ～ 6 年，目前发行期限为 3 年的企业债为数较多。此外，短期融资券的发行期限在 1 年以内，中期票据的发行期限为 6 年以上。

企业不得自行销售企业债，企业债由具有承销资格的证券经营机构和拥有牌照的银行负责承销。主承销商由企业自主选择。如果需要组织承销团，由主承销商组织承销团。承销商承销企业债，可以采取代销、余额包销或全额包销方式，承销方式由发行人和主承销商协商确定。

公司债的申报、发行流程

028

公司债的申报、发行流程是指上市公司依照法定程序，通过发行约定还本付息期限在一年以上的有价证券来融资的流程。

一、关键点解析

流程图中红色标注的是核心环节，除此之外还有一些需要特别注意的关键环节，用序号标注，下面对这些环节进行详细的解析：

（1）召开股东大会，形成董事会决议，制定公司债券发行章程。

（2）出具发行公司债券可行性研究报告。报告应包括债券资金用途、发行风险说明、偿债能力分析等。

二、普华商学院提示

（1）操作周期

一般为 4 ～ 6 个月。

（2）操作费用

以 5 年期为例，除利息费用外，中介费以及其他费用约为融资成本的 0.3%～ 0.4%。实际发行利率水平视发行市场情况而定。

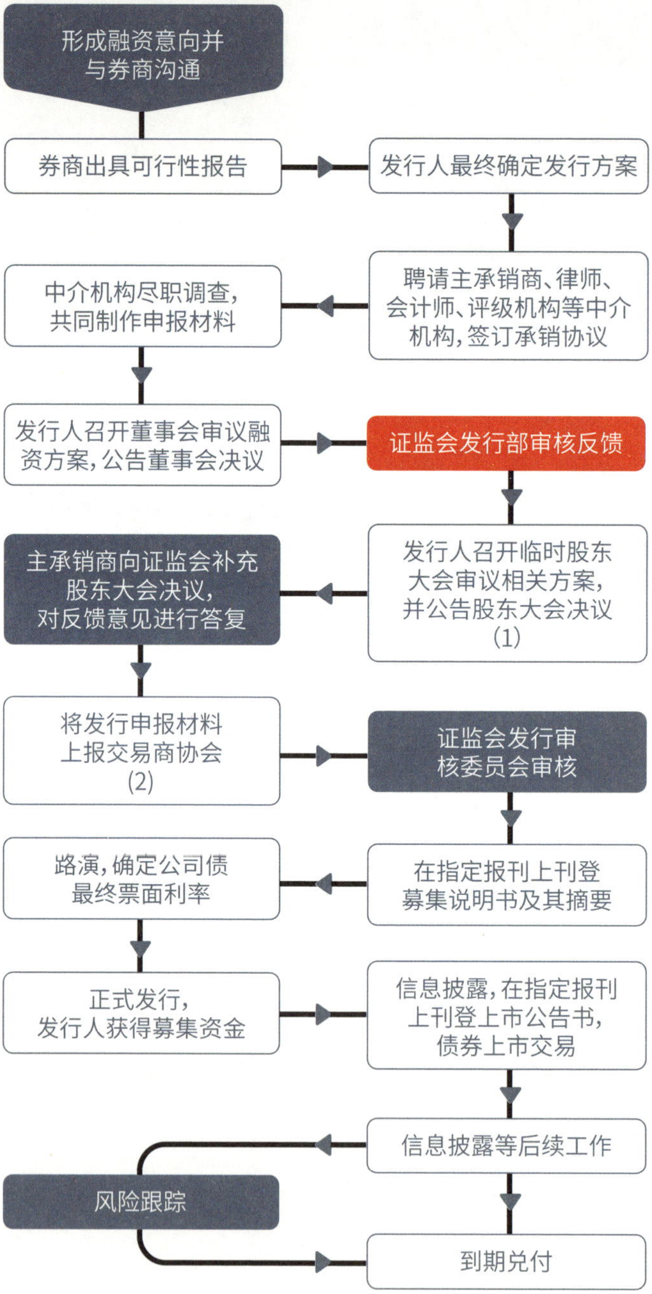

- 形成融资意向并与券商沟通
- 券商出具可行性报告
- 发行人最终确定发行方案
- 聘请主承销商、律师、会计师、评级机构等中介机构，签订承销协议
- 中介机构尽职调查，共同制作申报材料
- 发行人召开董事会审议融资方案，公告董事会决议
- 证监会发行部审核反馈
- 发行人召开临时股东大会审议相关方案，并公告股东大会决议（1）
- 主承销商向证监会补充股东大会决议，对反馈意见进行答复
- 将发行申报材料上报交易商协会（2）
- 证监会发行审核委员会审核
- 在指定报刊上刊登募集说明书及其摘要
- 路演，确定公司债最终票面利率
- 正式发行，发行人获得募集资金
- 信息披露，在指定报刊上刊登上市公告书，债券上市交易
- 信息披露等后续工作
- 风险跟踪
- 到期兑付

公司在选择发行公司债来融资的过程中，需要特别注意：发行公司债的审批机构是中国证券监督管理委员会，公司债的监管方式是核准制。发行公司债涉及的法律包括《公司法》《证券法》《公司债券发行试点办法》等。

公开发行公司债券，应当符合《证券法》《公司法》的相关规定，经中国证监会核准。并符合下列条件：

（1）对净资产的要求：股份有限公司净资产≥ 3000 万元；有限责任公司净资产≥ 6000 万元。

（2）发行规模：累计债券余额≤净资产的 40%。

（3）最近 3 年年均可分配利润≥公司债券一年的利息。

（4）筹集的资金投向符合国家产业政策的规定，必须用于核准的用途，不得用于弥补亏损和非生产性支出。

（5）债券的利率不超过国务院限定的利率水平。

中期票据的申报、发行流程 029

中期票据的申报、发行流程是指具有法人资格的非金融企业在银行间债券市场，按照计划分期发行约定在三年以上时间还本付息的有价证券进行融资的流程。

一、关键环节解析

流程图中红色标注的是核心环节，除此之外还有一些需要特别注意的关键环节，用序号标注，下面对这些环节进行详细的解析：

（1）企业申请发行中期票据应当符合的条件包括：

①中华人民共和国境内依法设立的企业法人；

②具有稳定的偿债资金来源，最近一个会计年度盈利；

③应依据《银行间债券市场非金融企业债务融资工具注册规则》在银行间市场交易商协会注册；

④中期票据待偿还余额不得超过企业净资产的 40%；

⑤资产流动性良好，具有较强的到期偿债能力；

⑥发行融资券募集的资金用于本企业生产经营；

⑦近三年没有违法和重大违规行为；

⑧近三年发行的融资券没有延迟支付本息的情形；

⑨具有健全的内部管理体系和募集资金的使用偿付管理制度；

⑩中国人民银行规定的其他条件。

（2）交易商协会注册文件包括：

①债务融资工具注册报告（附企业《公司章程》规定的有权机构决议）；

②主承销商推荐函及相关中介机构承诺书；

③企业发行债务融资工具拟披露文件；

④证明企业及相关中介机构真实、准确、完整、及时披露信息的其他文件。银行间市场交易商协会接受注册后，出具《接受注册通知书》，有效期两年。

（3）中期票据发行的相关工作包括：

①接到《接受注册通知书》后，准备发行；

②根据企业现金流要求，确定各短期融资券和中期票据的发行时间或自主选择发行时机；

③根据发行时机及对未来利率走势的判断，确定发行的期限品种；

④发行前材料报备及各项信息披露。企业首次发行债务融资工具，应在发行日 5 个工作日前，后续发行应在发行日 3 个工作日前，通过中国货币网和中国债券信息网公布当期的发行公告、募集说明书、信用评级情况的报告及跟踪评级安排的说明，法律意见书、企业近 3 个会计年度经审计财务报告和最近一期会计报表；

⑤招投标或询价确定发行价格；

⑥发行工作结束，承销团缴款、债券过户。

（4）发行工作结束后的信息披露等后续工作包括：

①短期融资券或中期票据在债权债务登记日的次一工作日，企业应在银行间债券市场公告当期债务融资工具的实际发行规模、利率、期限等情况，同时短期融资券或中期票据即可在全国银行间债券市场流通转让。主承销商等协助做市，进一步加强所承销企业债务融资工具的流动性；

②按照规定进行信息披露，在融资券存续期间，发行人应通过中国货币网定期披露以下信息：

每年 4 月 30 日以前，披露上一年度的年度报告和审计报告；

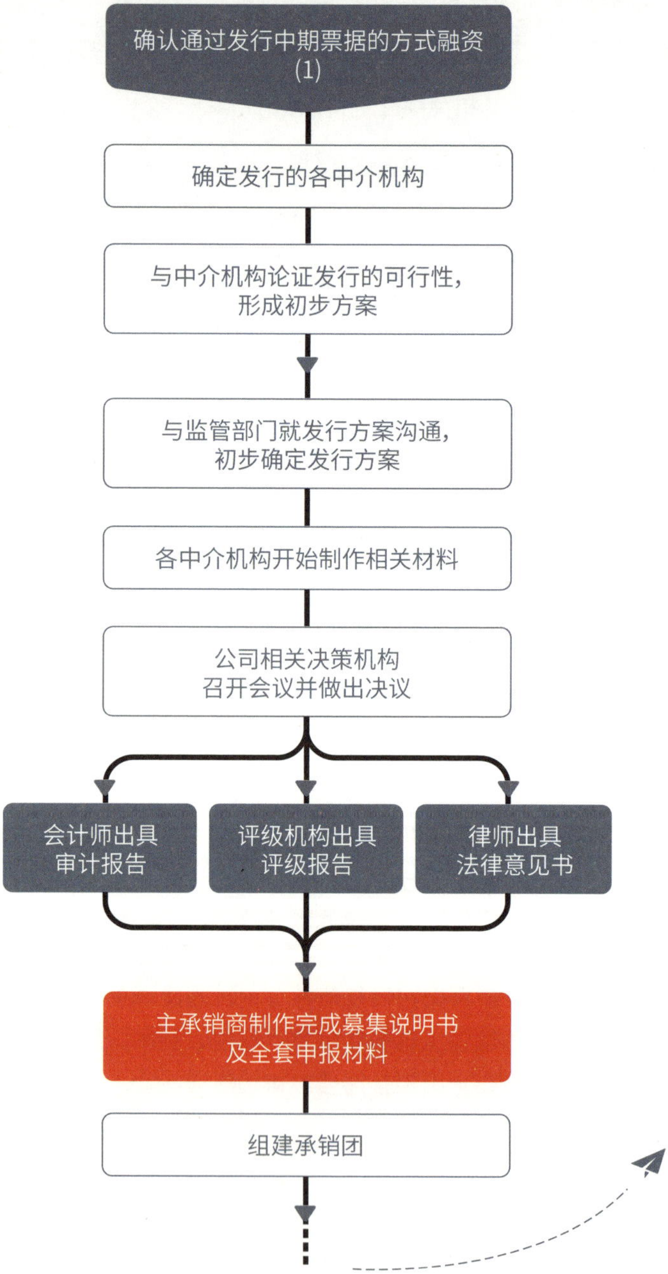

确认通过发行中期票据的方式融资(1)

确定发行的各中介机构

与中介机构论证发行的可行性，形成初步方案

与监管部门就发行方案沟通，初步确定发行方案

各中介机构开始制作相关材料

公司相关决策机构召开会议并做出决议

会计师出具审计报告

评级机构出具评级报告

律师出具法律意见书

主承销商制作完成募集说明书及全套申报材料

组建承销团

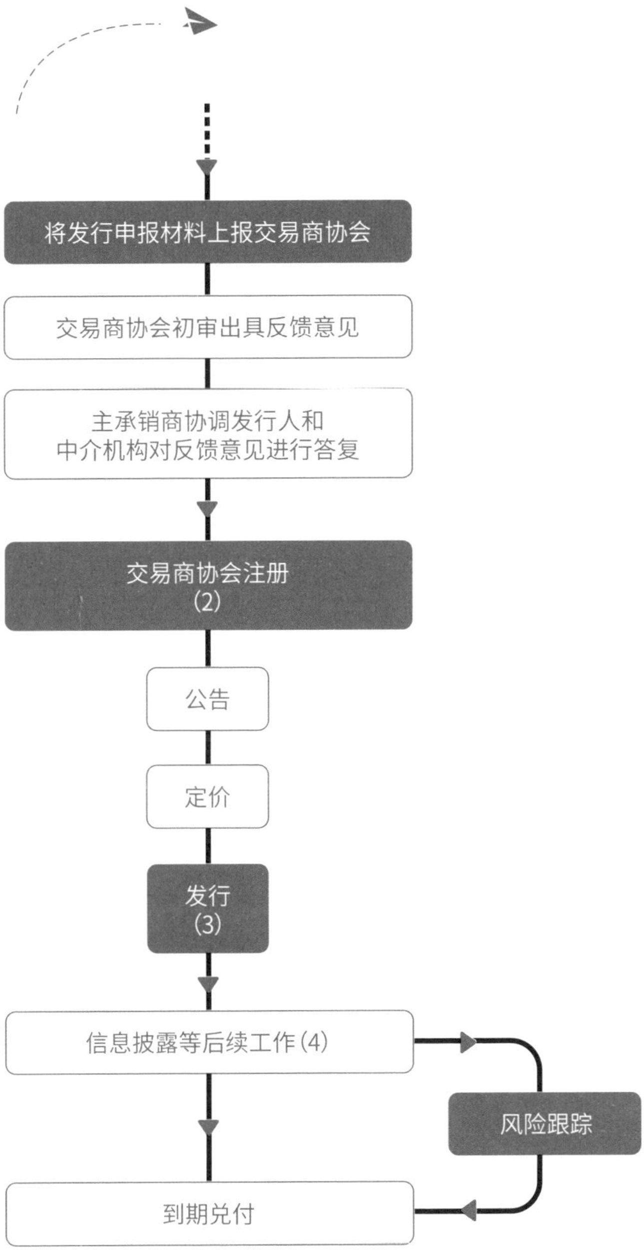

将发行申报材料上报交易商协会

交易商协会初审出具反馈意见

主承销商协调发行人和中介机构对反馈意见进行答复

交易商协会注册
(2)

公告

定价

发行
(3)

信息披露等后续工作(4)

风险跟踪

到期兑付

每年8月31日以前，披露本年度上半年的资产负债表、利润表和现金流量表；

每年4月30日和10月31日以前，披露本年度第一季度和第三季度的资产负债表、利润表及现金流量表，第一季度信息披露时间不得早于上一年度信息披露时间；

在债务融资工具存续期内，企业发生可能影响其偿债能力的重大事项，应及时向市场披露；

已是上市公司的企业可向交易商协会申请豁免定期披露财务信息，但需按其上市地监管机构的有关要求进行披露，同时在中国货币网和中国债券信息网上披露信息或用文字注明其披露途径；

企业应当在债务融资工具本息兑付日前5个工作日，通过中国货币网和中国债券信息网公布本金兑付、付息事项。

二、普华商学院提示

（1）操作周期

因企业具体情况而异。

（2）操作费用

具体需参考当前市场价格：

承销费：0.3%/期（年），按实际发行量收取、不发行不收取；

评级费：主体评级10万元/次 + 债项评级15万元/期；

律师费：10万～50万元/期；

审计费：一般无需为发行额外审计；

托管费：发行数额在30亿元以上托管费为0.01%、发行数额在30亿元以下托管费为0.0105%；

交易商协会“特别会员”费：10万元/年。

中期票据是一定期限内还本付息的债务融资工具，无需特别的担保条件，期限一般是 3 到 5 年。

中期票据到期，企业应该按时还本付息。企业应当在债务融资工具本息兑付日 5 个工作日前，通过中国货币网和中国债券信息网公布本金兑付和付息事项。企业须按照规定的程序和期限，将兑付资金及时足额划入中央结算公司指定的资金账户，由中央结算公司向短期融资券和中期票据投资人支付本息。

具体操作流程可能因承销机构不同略有差异，企业应与承销机构协商后确定。

短期融资券的申报、发行流程 030

短期融资券的申报、发行流程是指企业在银行间债券市场申报、发行和交易短期有价证券的流程。此类证券由国内各金融机构购买，不向社会公开发行，并约定在一年期限内还本付息。

一、关键点解析

流程图中红色标注的是核心环节，除此之外还有一些需要特别注意的关键环节，用序号标注，下面对这些环节进行详细的解析：

（1）企业确定有融资需求，并确认以发行短期融资券的方式融资。

（2）选定项目的主承销商，主承销商企业提交发行材料，准备清单。

（3）主承销商组织各中介机构共同完成尽职调查、组织注册材料的编写工作。企业与主承销商签署承销协议。

（4）到银行间交易商协会注册所需资料一般包括：

①主承销商向交易商协会提交包括短期融资券发行募集说明书、发行公告、评级报告、法律意见书等在内的全套注册文件；

②最近 3 年经审计的财务报表（年报），及今年上半年财报；

③融资申请报告（包括企业简介、企业性质、行业、拟发行额度、用途、期限、还款来源、还款保证）。

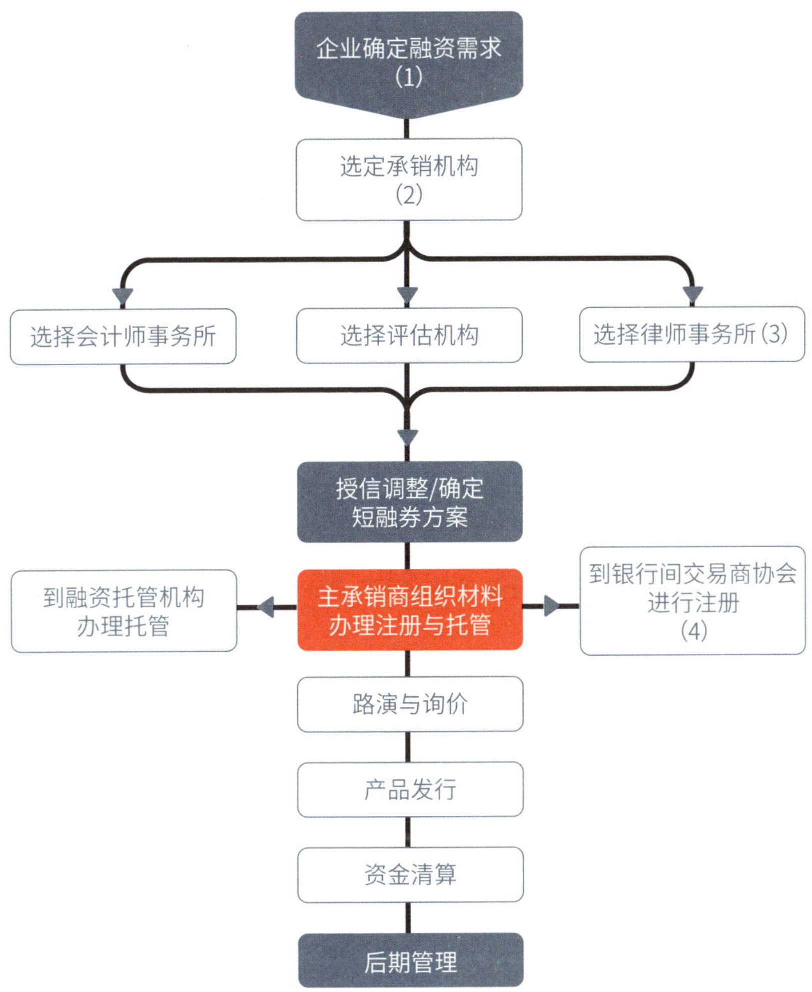

二、普华商学院提示

（1）操作周期

一般需要 2 ～ 3 个月。

（2）操作费用

短期融资券的发行利率或发行价格由企业和承销机构协商确定，一般为发行资金总额度的 3.4% ～ 4.5%。

由于短期融资券融入的均为一年以内的可使用资金，大部分只能用于补足企业资本金不足部分或临时过桥使用，无法充当企业的长期生产、经营用资金，所以申办此项业务的企业大多为国有大中型企业。在办理该项业务时，承销机构应组织发行人聘用的外部评级机构对于发行人的发债项目进行考察和信用级别评定。主承销商应承担有关文件的编制工作，包括但不限于：主承销商推荐函、尽职调查报告、核查意见；发行人请示、募集说明书、发行方案、偿债计划和保障措施、现金流分析报告；承销协议、承销团协议；发行推介材料、发行公告、发行总结报告。

除此之外，发行短期融资券要具备以下条件：

（1）具有稳定的偿债资金来源，最近一个会计年度盈利。

（2）流动性良好，具有较强的到期偿债能力。

（3）发行融资券募集的资金用于本企业生产经营。

（4）近三年发行的融资券没有延迟支付本息的情形。

（5）具有健全的内部管理体系和募集资金的使用偿付管理制度。

（6）其他软条件。

031

大额贷记卡的申办流程

大额贷记卡的申办流程是指在银行申办专为中小企业商户提供快速融通资金的贷记卡的流程。

一、关键点解析

流程图中红色标注的是核心环节，除此之外还有一些需要特别注意的关键环节，用序号标注，下面对这些环节进行详细的解析：

（1）办理大额透支信用卡所需的资料一般包括：

①借款人及其配偶的身份证、户口本、结婚证原件及复印件；

②借款人及配偶的工资收入证明；

③申请人拥有股份的公司（以下简称：公司）营业执照正本、企业代码证正本、税务登记证正本、公司章程，如有股权变更情况则提供相应的股权变更说明；

④公司过去两年及近段时间的财务报表（资产负债表、损益表加盖公章），对应收、应付，其他应收款、其他应付款需列明主要明细；

⑤过去一年公司账户流水以及最近月份公司的账户流水，及借款人个人银行卡流水证明；

⑥上两年公司的完税凭证；

⑦借款人家庭资产情况说明（如其他占有股份的企业、房产、车辆、存款、

股票等），房产需提供产权证、车辆需提供行驶证；

⑧公司主要经营情况介绍，与主要合作企业间的关系证明，企业与相关合作单位间签订的业务合同（复印件上均需加盖单位公章）；

⑨借款人借款用途情况说明及提供相应购货凭证或购货合同或是其他相应的合同。

（2）申办大额透支信用卡，一般需要满足下列条件：

①企业成立 1 年以上，且企业主有 3 年以上行业从业经验；

②企业无不良信用记录；

③家庭实物净资产不低于 50 万元；

④行业包括食品饮料、餐饮服务、电器销售、文化教育医疗、消费电子、经济型酒店（暂限杭州市区范围），品牌代理及商超等；严禁介入纯出口低附加值和污染性行业。

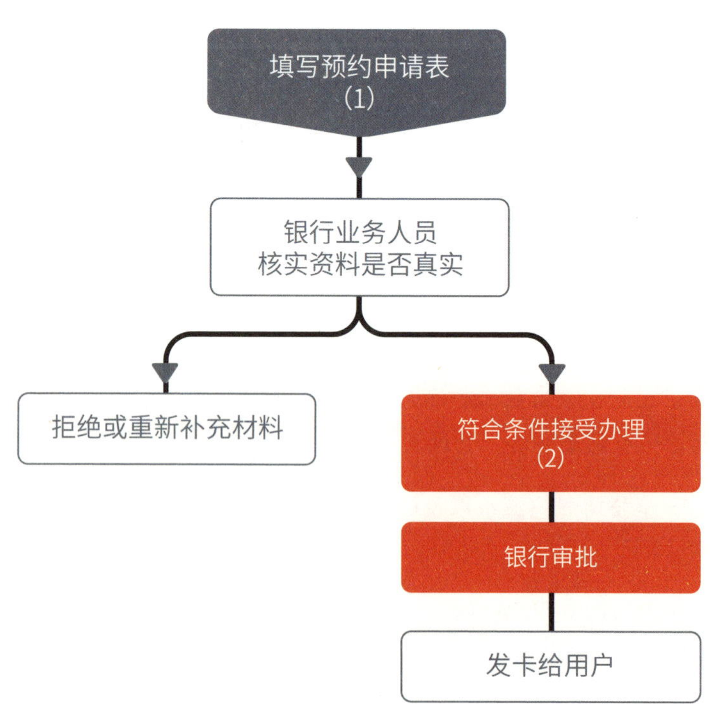

二、普华商学院提示

（1）操作周期

不同银行有所差异，一般为 1 ～ 5 个工作日。

（2）操作费用

无。

大额贷记卡的特点包括：

（1）无担保，免抵押。凭个人信用即可申请贷款，额度最高 100 万元。

（2）申请方便，审批高效。开卡后贷款申请与签约一站式办理，最快 1 天放款。

（3）随借随还，按日计息。额度有效期内可随时自助提款与还款，用一天算一天利息。

（4）一次办理，十年有效。一次获得长达 10 年授信额度，循环使用，无需重复提交申请资料。

（5）额度动态调整。额度将根据银行结算流水动态调整，流水越多，额度越高；特殊情况还可申请临时调高额度。

（6）结算费率优免，专享积分计划。持卡客户可享对应层级结算费率优免，同时客户交易行为可累积积分，积分能够用于抵扣贷款利息、兑换礼品或其他金融服务产品。

此外，大额贷记卡跟信用卡相比没有免息期，从借款起即开始计算利息。利息按日计算，也采用滚动还款机制。但是该贷记卡存钱也计息，按活期存款计入利息。使用该卡中自己存入的资金，不收取手续费。

032 工资贷的申请流程

工资贷的申请流程是指个人向金融机构申请工资贷的过程。工资贷是一种以个人工资收入的银行流水单为主要参考条件的个人信用贷款。

一、关键点解析

流程图中红色标注的是核心环节，除此之外还有一些需要特别注意的关键环节，用序号标注，下面对这些环节进行详细的解析：

（1）申请人将贷款所需的相关手续准备齐全，到贷款机构填写贷款申请，连同贷款资料一同提交给工作人员，提出贷款申请。

（2）贷款单位工作人员审核申请人所提交的资料，同时对借钱方进行贷款前调查。

（3）资料审核通过以后，通知申请人，就贷款事宜进行具体的商议。

（4）借贷双方商议出结果后，签订借款协议。

（5）贷款单位发放贷款。

（6）申请人根据协议上规定的内容进行还款。

二、普华商学院提示

（1）操作周期

一周以内。

（2）操作费用

无。

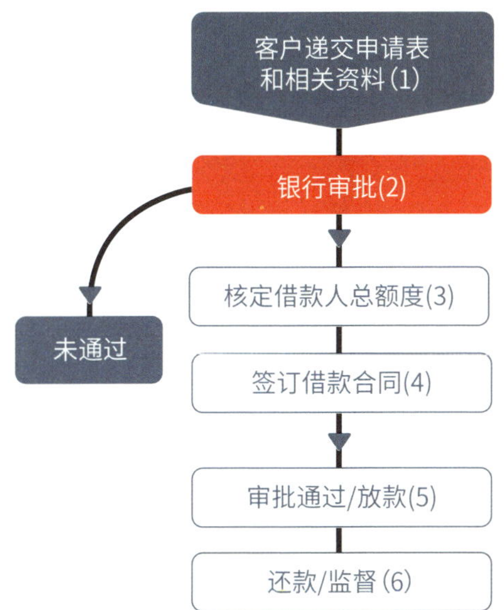

申请工资贷需要满足的条件包括：

（1）借方信用良好。

（2）借方收入稳定，月收入至少达到 3000 元，部分城市要求月收入 4000 元或者 5000 元以上，具体以贷款机构的规定为准。

（3）工作性质优越。

办理工资贷一般需要申请人提供本人的身份证、工资卡、工作单位开具的工作证明以及其他资产资信方面的证明。

033 个人消费贷款的申请流程

个人消费贷款的申请流程是指个人客户向银行申请发放用于指定消费用途的贷款业务流程。

一、关键点解析

流程图中红色标注的是核心环节，除此之外还有一些需要特别注意的关键环节，用序号标注，下面对这些环节进行详细的解析：

（1）申请个人消费贷款的条件包括：

①具有完全民事行为能力的自然人，申请人年龄满 18 周岁且不超过 55 周岁；

②具有贷款行所在地的城镇常住户口或有效居住身份；

③有合法、稳定的经济收入，信用良好，有偿还贷款本息的能力；

④具备明确消费意向或已签署了相关消费合同；

⑤能提供贷款人认可的担保。

（2）申请个人贷款需要提供的资料：

①提供有效身份证件和户籍证明、婚姻状况证明、个人收入证明；

②确认消费行为的相应资料或文件（销售合同、协议或其他有效文件）；

③个人消费贷款申请表（可从申请行的销售网点获得）；

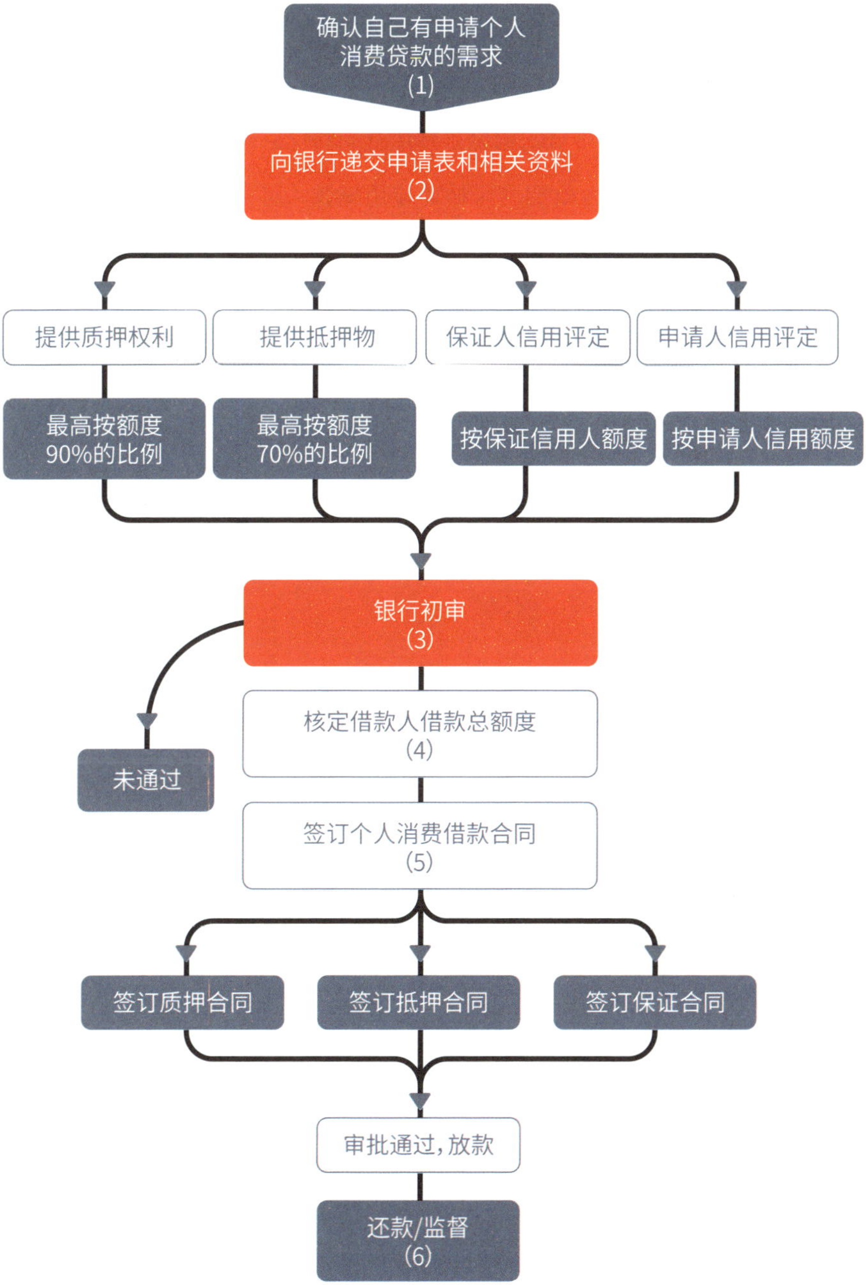

确认自己有申请个人消费贷款的需求
(1)

向银行递交申请表和相关资料
(2)

提供质押权利
最高按额度90%的比例

提供抵押物
最高按额度70%的比例

保证人信用评定
按保证信用人额度

申请人信用评定
按申请人信用额度

银行初审
(3)

未通过

核定借款人借款总额度
(4)

签订个人消费借款合同
(5)

签订质押合同

签订抵押合同

签订保证合同

审批通过，放款

还款/监督
(6)

④银行要求提供的其他材料。

（3）借款人的申请获得批准后，与银行签订借款合同和相应的担保合同。

（4）个人消费贷款额度最高为50万元，以所购消费品或服务的价格为上限，并提供相应贷款担保。借款人在额度有效期内、可用额度范围内，填写贷款支用单可随时支用贷款，银行将贷款资金划转至合同约定的账户中。

（5）借款人在额度有效期内可循环使用贷款，可用额度为银行核定的额度与额度项下各笔贷款本金余额之差。借款人每欠支用贷款后，可用额度相应扣减，借款人每次归还贷款本金后，可用额度相应增加。

（6）借款人在额度有效期满前，应偿清额度项下贷款全部本息，并在偿清贷款本息后20日内到银行办理抵押、质押登记注销手续，借款人与银行签订的《借款合同》自行终止。

二、普华商学院提示

（1）操作周期

1个月以内。

（2）操作费用

无。

个人消费贷款主要包括个人住房消费贷款、个人住房装修贷款、汽车消费贷款、个人存单质押贷款、个人耐用消费品贷款、个人助学贷款、个人旅游贷款等业务。部分金融机构还开展个人小额信用贷款、个人综合授信额度贷款等业务。

随着消费贷款规模的不断扩大，个人消费贷款中存在的问题和隐藏的风险也逐渐暴露出来。普华商学院特别提醒您注意的问题和风险包括以下几种：

（1）盲目听从中介建议。准备贷款的消费者中有不少人前期并未做太多了解，只是听从中介机构的推荐选择银行，事实上，可能还有很多家银行的贷款项目可供选择，消费者可以从中选择利息更低、审批更快捷的一家。

（2）被“零利息”的优厚条件所诱惑。不少消费者经常会接到银行客服的电话，询问某大宗消费是否需要分期付款，并给出“零利息”的优厚条件，然而，“零利息”并不意味着零成本，天下没有免费的午餐。

（3）捆绑消费。消费者在选择个人消费贷款的过程中，要谨防霸王条款，比如在汽车消费贷款中，经销商普遍会收取车贷手续费，捆绑售卖保险更是成为行业潜规则。

034 企业流水贷的申请流程

企业向贷款机构申请流水贷的过程即为流水贷的申请流程。流水贷是银行对符合条件的个体经营者、小微企业、小微企业股东或实际控制人以便捷、简约的方式发放的小额信用贷款，以小微企业在银行账户的资金流水结算量作为核心贷款依据。

一、关键点解析

流程图中红色标注的是核心环节，除此之外还有一些需要特别注意的关键环节，用序号标注，下面对这些环节进行详细的解析：

（1）企业在银行可开立基本存款账户、一般存款账户、临时存款账户、专用存款账户等。

（2）借款人向银行申请贷款所需条件：

①经营年限：企业正常经营 2 周年以上，借款人从业年限超过 4 年；

②年龄要求：借款人满 30 周岁，且年龄加授信期限不超过 65 年；

③资产要求：借款人家庭净资产达到 100 万元及以上；

④其他要求：在银行连续发生结算往来超过 3 个月。

（3）借款人向银行贷款需要准备的资料包括：

①借款人和配偶的身份证、户口本、婚姻状况证明；

②公司或个体工商户的营业执照副本、公司章程、近6个月公司或个人账户银行对账单、主营业务贸易合同/订单/发货单等；

③贷款相关用途材料；

④可以提供的担保材料，如房屋所有权证等；

⑤资信证明材料。

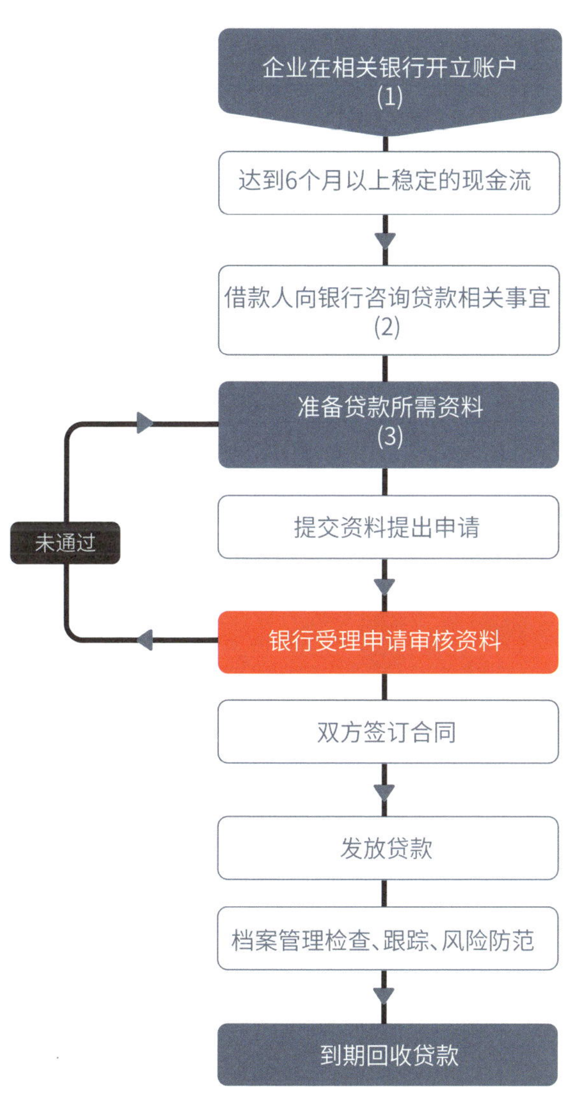

二、普华商学院提示

（1）操作周期

具体需与银行网点确认。

（2）操作费用

无。

企业流水贷贷款额度一般不超过借款人家庭净资产的 30%，且不超过其年经营额的 10%，单户授信额度最高 150 万元，授信期限最长 1 年。

企业流水贷款的申请无需他人保证或提供抵押质押物，但由于最大贷款额度受营业额的影响，适合小微企业短期过桥资金贷款。

企业和个人都可以申请流水贷，个人申请流水贷的条件更加简单。只要是中华人民共和国公民，年满 25 周岁，55 周岁以下，在准备贷款银行认定地区具有稳定的工作关系和房产即可进行流水贷申请。

035

纳税贷的申请流程

纳税贷是银行对按时足额纳税的小微企业发放的贷款。向银行申请这种贷款的流程即为纳税贷的申请流程。

一、关键点解析

流程图中红色标注的是核心环节，除此之外还有一些需要特别注意的关键环节，用序号标注，下面对这些环节进行详细的解析：

（1）企业申请贷款所需资料包括：

①小微企业评分卡信贷业务申请书；

②经年审合格的企业（含个体工商户等）营业执照、组织机构代码证书、贷款卡；

③税务登记证；

④两年及最新一期财务报表；

⑤公司章程或合伙经营协议；

⑥《小微企业“税易贷”客户推荐函》；

⑦税务部门签章的《小微企业“税易贷”业务纳税证明》或税务部门开具的近两年营业税、增值税、企业所得税的完税证明（盖章）或同时提供近两年缴税付款凭证、纳税账户的银行对账单（银行盖章）、网上纳税申报系统截图。

（2）贷款额度需综合考虑企业经营能力、企业纳税情况、企业主家庭资产、企业及企业主总体负债情况等因素。贷款额度需同时满足以下要求，按照孰低原则确定最高贷款额度：

①单户贷款额度最高不超过 200 万元；

②单户贷款额度依据企业近两年年平均纳税额、近两年内纳税信用等级评定结果及在银行开户情况进行核定。

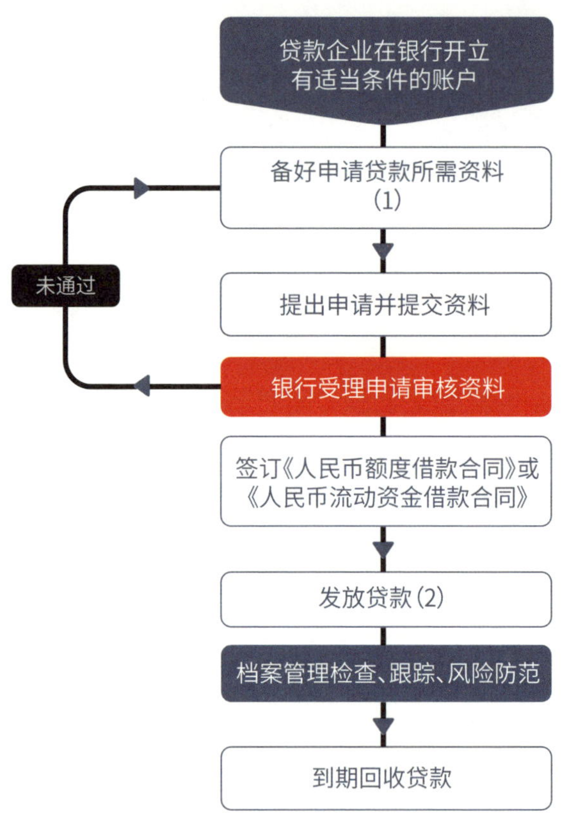

二、普华商学院提示

（1）操作周期

约一周时间，具体以当地经办机构为准。

（2）操作费用

无。

普华商学院提醒您，申请纳税贷款需要具备以下基本条件：

（1）经工商行政管理部门核准登记，持有中国人民银行核发的贷款卡（证），并年检有效。

（2）符合国家产业政策和银行信贷政策，依法合规从事生产经营，近 2 年无环保违法记录和食品安全违法记录。

（3）在当地具有固定的经营场所，若经营场所为租赁，需按时交纳房屋租金。

（4）在银行开立结算账户。

（5）信誉良好，通过中国人民银行企业征信系统查询近 5 年无不良信用记录。

（6）无参与高利贷、洗钱、地下钱庄等交易行为，无购买期货等高风险经营行为，且其实际控制人（及其配偶）无涉黑、参与高利贷等违法行为。

（7）企业主及其配偶品行端正，无不良嗜好，无不良信用记录。个人无不良信用记录是指通过中国人民银行个人征信系统查询，近 2 年内逾期或欠息在 30 天（含）以内的次数不超过 6 次，且不存在逾期或欠息在 30 天以上的信用记录。

（8）企业主及其配偶同意提供连带责任保证。

（9）企业主在当地有稳定住所和当地户籍或者在当地有房产（指居住用房及商铺，配偶双方任意一方名下均可，且未为第三方借款提供抵押）。

委托贷款的申报流程 036

委托贷款的申报流程是指借贷双方以银行为中介来完成借贷行为的流程。

一、关键点解析

流程图中红色标注的是核心环节，除此之外还有一些需要特别注意的关键环节，用序号标注，下面对这些环节进行详细的解析：

（1）借款人到委托人处填报借款申请表，并提供以下材料：

①本人户口本，身份证或其他有效身份证明；

②购房合同、商品交易合同或意向书等有关证明文件；

③借款人所在单位同意贷款的信函；

④委托人要求提供的其他材料。

（2）委托人初审合格后，银行（以下简称受托人）对贷款事项进行调查并提出调查意见。

（3）委托人根据受托人提出的调查意见对贷款进行审批，审批同意后委托人与受托人签订委托合同，然后由委托人签发委托贷款通知单。

（4）根据委托合同，受托人与借款人签订贷款合同及相应合同。

（5）贷款合同生效后，委托人将资金划入委托贷款基金账户，再由受托人按借款合同拨付。

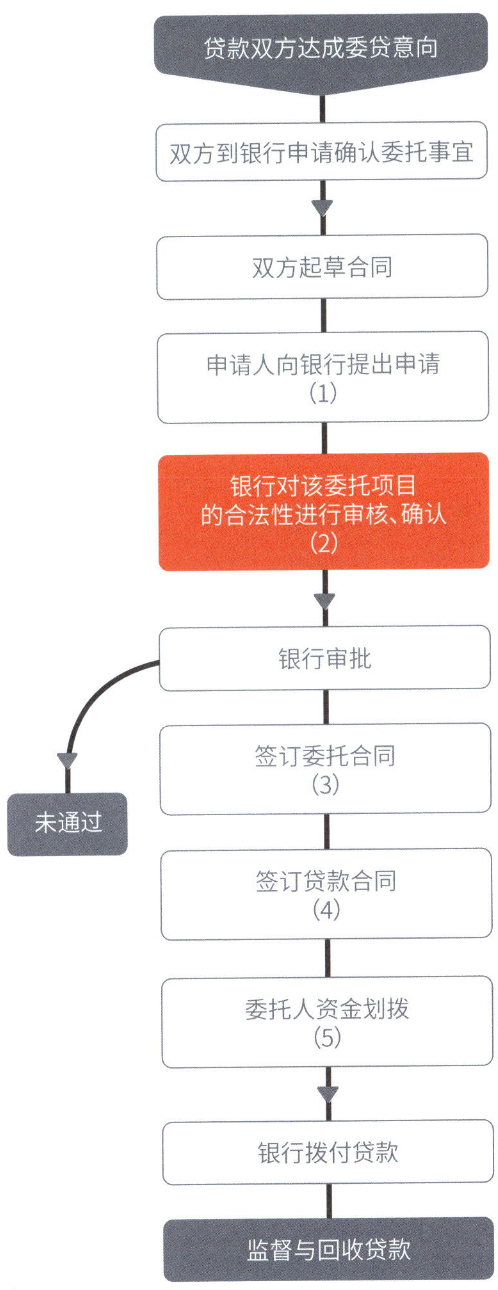
贷款双方达成委贷意向
双方到银行申请确认委托事宜
双方起草合同
申请人向银行提出申请
(1)
银行对该委托项目
的合法性进行审核、确认
(2)
银行审批
未通过
签订委托合同
(3)
签订贷款合同
(4)
委托人资金划拨
(5)
银行拨付贷款
监督与回收贷款

二、普华商学院提示

（1）操作周期

因企业条件与地域差异而不同。

（2）操作费用

申报委托贷款的费用主要包括手续费、印花税费以及利息。

手续费：银行按委托贷款金额、借款期限、违约行为等约定条款按比例向委托人收取。

印花税：借款金额的0.05‰。

利息费用：具体由银行确定。

一般情况下，委托贷款的申报是出资方将钱存入银行，再由银行放贷给指定借款人，银行收取中间费用。

申请委托贷款的双方应该具备的要求包括：委托人及贷款人应当是经工商行政管理机关（或主管机关）核准登记的企（事）业单位，其他经济组织、个体工商户，或具有完全民事行为能力的自然人；已在业务银行开立结算账户；委托资金来源必须合法且具有自主支配的权利；申办委托贷款必须独自承担贷款风险；需按照国家地方税务局的有关要求交纳税款，并配合受托人办理有关代征、代缴税款的缴纳工作；还有业务银行的其他要求。

委托贷款的期限由委托人根据借款人的贷款用途、偿还能力或根据委托贷款的具体情况确定。委托贷款中所涉及的委托贷款利率由委托双方自行商定，但最高不能超过中国人民银行规定的同期贷款利率和上浮幅度。金融机构可以根据中国人民银行的有关规定在规定范围内自行确定浮动利率。

发行信托计划融资的流程

037

发行信托计划融资的流程，是指资金需求方与信托公司合作采取发行信托计划的方式，由信托公司协助融资方进行融资的流程。

一、关键点解析

流程图中红色标注的是核心环节，除此之外还有一些需要特别注意的关键环节，用序号标注，下面对这些环节进行详细的解析：

（1）融资方的融资额度大于1亿元，选择通过信托公司融资。由于信托公司赚取的费用为融资手续费，所以融资额度太小，信托公司不会受理。此外，融资方需要自有融资总额三分之一的资金才能申请信托计划。

（2）初步尽职调查资料至少应当包括：申请人基本资料，投资项目已获相关部门批准的文件。

（3）经项目责任人、主管信托业务的公司领导审批同意，正式立项。

（4）深入进行正式的尽职调查，做出项目基本方案、投资项目可行性分析（适用于项目融资）、项目风险因素及防范措施、项目收益和费用安排、项目合规性评估、项目中后期管理方案、项目推介安排及结论。尽职调查的材料齐备，提供材料方需加盖公章。交易模式明确，法律文本完成定稿。

（5）出具可行性意见，作为项目审批的参考。

（6）经相关负责人及领导审批项目是否通过。

（7）根据银监办发［2014］99 号文件，凡新入市的产品都必须按程序和统一要求在入市前 10 天逐笔向监管机构报告。

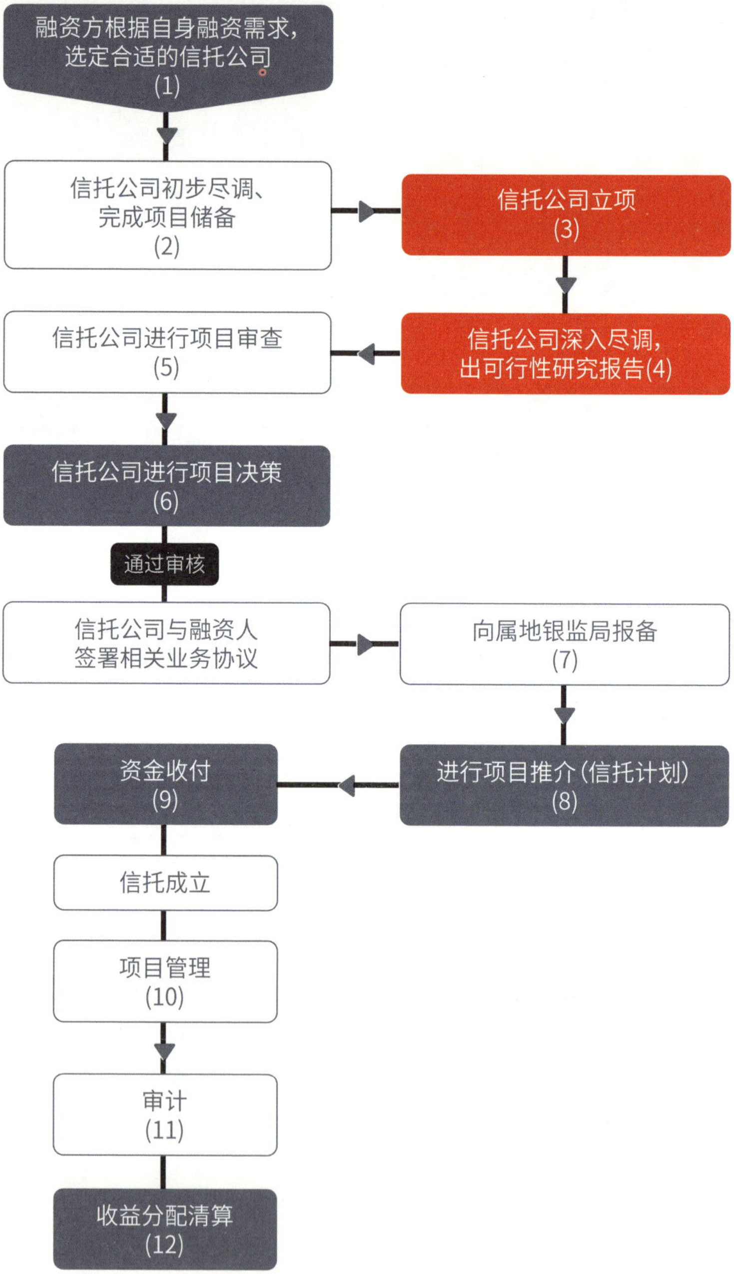

融资方根据自身融资需求，选定合适的信托公司(1)

信托公司初步尽调、完成项目储备(2)

信托公司立项(3)

信托公司深入尽调，出可行性研究报告(4)

信托公司进行项目审查(5)

信托公司进行项目决策(6)

通过审核

信托公司与融资人签署相关业务协议

向属地银监局报备(7)

进行项目推介（信托计划）(8)

资金收付(9)

信托成立

项目管理(10)

审计(11)

收益分配清算(12)

（8）制定推介方案、准备推介材料，进行项目推介。

（9）信托公司通过指定的渠道（银行、三方公司、信托公司、直销渠道等）进行融资，完成融资后向融资企业交付资金。

（10）定时非现场检查、季度管理报告制作、提示还款、按规定信息披露、风险监控。

（11）根据信托合同的约定，在清算前对信托项目进行审计。

（12）信托项目终止后，应根据信托合同的约定，进行受托人收益、受益人本金及收益的兑付，按时制作清算报告，向委托人、受益人公布。

二、普华商学院提示

（1）操作周期

1 ～ 3 个月。

（2）操作费用

融资资金额度的 1% ～ 3%。

中国的金融体系建立在大陆法系的法律体系基础上，在大陆法系的金融体系里，严格来讲是没有信托这种金融形式的。信托出自建立在海洋法系基础上的西方金融体系，西方金融体系认为，只要有信托一种金融形式就可以了。目前国内市场上的信托业务是一种有“中国特色”的金融形式，基于《信托法》设立，开展信托相关的业务。

信托计划的期限一般都在 1 年及以上。根据《信托公司集合资金信托计划管理办法》（2009 修订版），信托公司设立的集合类信托期限不得少于一年，而单一类信托项目则没有该限制。

通过融资租赁公司融资的流程 038

本词条讲的是公司在具备相应条件时通过融资租赁的方式向融资租赁公司进行融资的流程。

一、关键点解析

流程图中红色标注的是核心环节，除此之外还有一些需要特别注意的关键环节，用序号标注，下面对这些环节进行详细的解析：

（1）能够进行融资租赁的动产要标准化、要有国际公认的价格，均为固定资产。

（2）需要融资方自筹的首付款包括租赁保证金和首付款，一般为融资金额的 5% ～ 30%。

（3）申请融资租赁的资料清单（包括但不限于）：

①企业法人营业执照；

②企业法人代码卡；

③企业成立批文、合同、章程、验资报告；

④企业董事会决议、董事名单；

⑤业务经营许可证；

⑥企业最近三年经审计的财务报表和最近一期会计报表；

⑦企业目前概况；

⑧企业贷款卡；

⑨租赁（贷款）项目可行性研究报告；

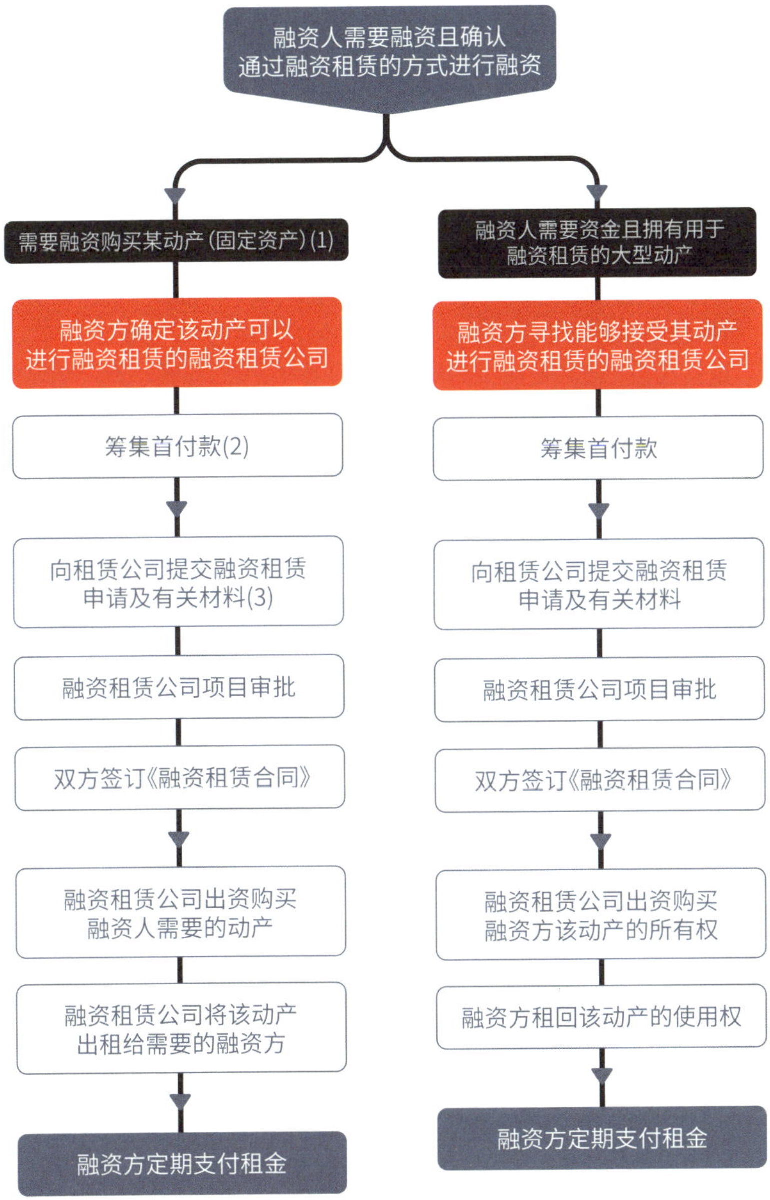

融资人需要融资且确认通过融资租赁的方式进行融资

需要融资购买某动产（固定资产）(1) → 融资方确定该动产可以进行融资租赁的融资租赁公司 → 筹集首付款(2) → 向租赁公司提交融资租赁申请及有关材料(3) → 融资租赁公司项目审批 → 双方签订《融资租赁合同》 → 融资租赁公司出资购买融资人需要的动产 → 融资租赁公司将该动产出租给需要的融资方 → 融资方定期支付租金

融资人需要资金且拥有用于融资租赁的大型动产 → 融资方寻找能够接受其动产进行融资租赁的融资租赁公司 → 筹集首付款 → 向租赁公司提交融资租赁申请及有关材料 → 融资租赁公司项目审批 → 双方签订《融资租赁合同》 → 融资租赁公司出资购买融资方该动产的所有权 → 融资方租回该动产的使用权 → 融资方定期支付租金

⑩有关该项目的董事会决议或法人授权、租赁（贷款）项目申请书（包括申请理由、用途、租赁金额或贷款金额、期限、还租（贷）来源、担保方式）；

⑪担保企业法人营业执照；

⑫担保企业法人代码卡；

⑬担保企业成立批文、合同、章程、验资报告；

⑭担保企业董事会决议、董事名单；

⑮担保企业最近三年经审计的财务报表和最近一期会计报表；

⑯申请租赁设备清单；

⑰申请租赁设备介绍。

二、普华商学院提示

（1）操作周期

3 周以上。

（2）操作费用

融资金额的 15% ～ 18%。

融资租赁是指出租人根据承租人对租赁物和供货人的选择或认可，将其从供货人处取得的租赁物按合同约定出租给承租人占有、使用，向承租人收取租金的交易活动。

在国内，融资租赁业务更准确的说是设备租赁，适用于融资租赁交易的租赁物为固定设备和工具，而且必须在全国范围内有统一标准，可以被标准化、被量化的大中型设备和工具。目前，国内不对小型设备和工具进行融资租赁。

通过金融租赁公司融资的流程 039

本词条讲的是公司在具备相应条件时通过融资租赁的方式向金融租赁公司进行融资的流程。

一、关键点解析

流程图中红色标注的是核心环节，除此之外还有一些需要特别注意的关键环节，用序号标注，下面对这些环节进行详细的解析：

（1）能够进行融资租赁的动产要标准化、有国际公认的价格，均为固定资产。

（2）需要融资方自筹的首付款包括租赁保证金和首付款，一般为融资金额的 5% ～ 30%。

（3）申请融资租赁资料清单（包括但不限于）：

①企业法人营业执照；

②企业法人代码卡；

③企业成立批文、合同、章程、验资报告；

④企业董事会决议、董事名单；

⑤业务经营许可证；

⑥企业最近三年经审计的财务报表和最近一期会计报表；

⑦企业目前概况；

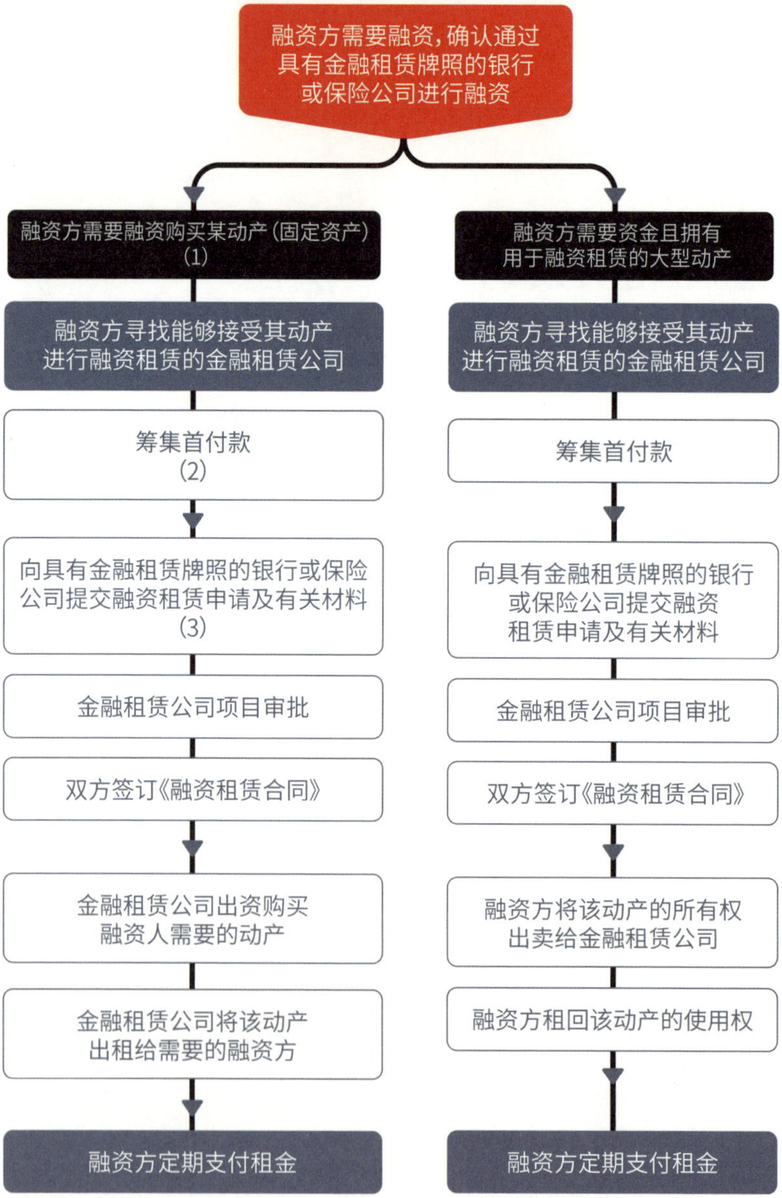

融资方需要融资，确认通过具有金融租赁牌照的银行或保险公司进行融资

融资方需要融资购买某动产（固定资产）(1)

融资方寻找能够接受其动产进行融资租赁的金融租赁公司

筹集首付款 (2)

向具有金融租赁牌照的银行或保险公司提交融资租赁申请及有关材料 (3)

金融租赁公司项目审批

双方签订《融资租赁合同》

金融租赁公司出资购买融资人需要的动产

金融租赁公司将该动产出租给需要的融资方

融资方定期支付租金

融资方需要资金且拥有用于融资租赁的大型动产

融资方寻找能够接受其动产进行融资租赁的金融租赁公司

筹集首付款

向具有金融租赁牌照的银行或保险公司提交融资租赁申请及有关材料

金融租赁公司项目审批

双方签订《融资租赁合同》

融资方将该动产的所有权出卖给金融租赁公司

融资方租回该动产的使用权

融资方定期支付租金

⑧企业贷款卡；

⑨租赁（贷款）项目可行性研究报告；

⑩有关该项目的董事会决议或法人授权、租赁（贷款）项目申请书（包括申请理由、用途、租赁金额或贷款金额、期限、还租（贷）来源、担保方式）；

⑪担保企业法人营业执照；

⑫担保企业法人代码卡；

⑬担保企业成立批文、合同、章程、验资报告；

⑭担保企业董事会决议、董事名单；

⑮担保企业最近三年经审计的财务报表和最近一期会计报表；

⑯申请租赁设备清单；

⑰申请租赁设备介绍。

二、普华商学院提示

（1）操作周期

3 周以上。

（2）操作费用

总费用在融资金额的 15% ～ 18%。

金融租赁公司与融资租赁公司的区别在于金融租赁公司属于非银行类金融机构，有自己相关的融资渠道和体系。

此外，金融租赁公司标的物很大，标的物金额一般都在 1 亿元以上。金融租赁公司不接受标的物金额太小的项目。

通过小贷公司融资的流程 040

通过小额贷款公司进行融资是有融资需求的客户选择融资的一种方式，此处讲解的正是通过小额贷款公司进行融资的流程。

一、关键点解析

流程图中红色标注的是核心环节，除此之外还有一些需要特别注意的关键环节，用序号标注，下面对这些环节进行详细的解析：

（1）融资人包括：经工商行政管理机关（或主管机关）核准登记的企（事）业法人、其他经济组织、个体工商户或具有中华人民共和国国籍的具有完全民事行为能力的自然人。

（2）抵押人为法人或抵押人为自然人需要提交的材料有所不同。

抵押人为法人的需提交下列材料：

①营业执照及最近年度的年检证明（副本及复印件、必备）；

②组织机构代码证书及最近年度的年检证明；

③税务登记证明及最近年度的年检证明；

④法定代表人身份证明及签字样本或印鉴（必备）；

⑤企业章程；

⑥抵押人同意提供抵押担保的书面文件（必备）；

⑦抵押人对抵押物享有所有权、使用权或者依法处分权的权属证明；

⑧抵押人所有的国有土地使用权证和房屋所有权证（必备）。

抵押人为自然人的需提交下列材料：

①抵押人及配偶的有效身份证件（居民身份证）；

②抵押人的居住证明（户口簿）和结婚证明；

③抵押人及配偶同意提供抵押担保的书面文件；

④抵押人所有的国有土地使用权证和房屋所有权证。

二、普华商学院提示

（1）操作周期

根据标的物决定。

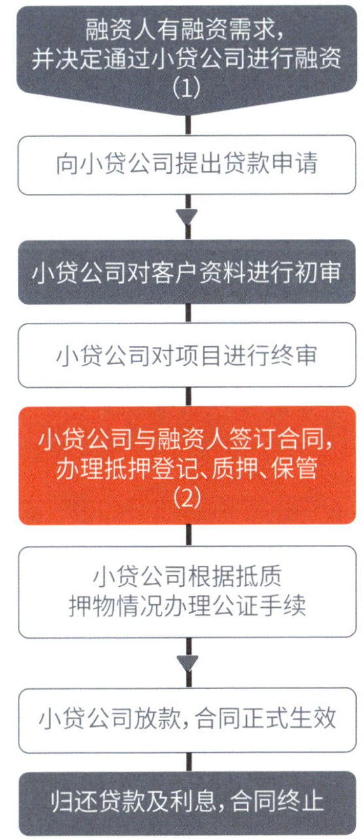

（2）操作费用

利息不超过国家允许的民间借贷标准（利息 + 手续费 + 管理费等），借款人在贷款前一定要了解清楚。

小贷公司这种金融机构的出现，最初是国家为了支持农业产业以及“老少边穷”地区的发展，因此小贷公司的盈利能力较差。如果没有其他相关产业进行配合，单一设立小贷公司很难获得理想收益。大多数地方将 P2P 平台作为小贷公司的一种线上融资和投资模式，而配以小贷公司作为线下实施的具体机构，通过搭配组合的方式进行业务展开。

融资人通过小贷公司融资会产生相应的费用，这些费用主要包括以下几种：

（1）利息费：只要是贷款，基本上都有利息费用。小贷公司的利息费用向来比银行高，一般按月利率计收利息。

（2）手续费：各家小贷公司规定不同，有些小贷公司没有手续费。具体手续费一般由小贷公司决定，通常不会很高。

（3）管理费：目前许多小贷公司的无抵押个人贷款没有利息，但要收取月管理费。月管理费相当于月利息，是根据月管理费率计收的。

（4）一次性费用：一些小贷公司不收取利息，但收取“月管理费 + 一次性费用”，或者直接收取一次性费用，没有利息和其他的费用。一次性费用一般收取贷款金额的 1% ～ 5%。

此外，通过小贷公司办理无抵押个人贷款，如果借款人要提前还款，还需要支付违约金。借款人在办理贷款前，违约金的收取标准会在贷款合同上注明。

通过典当公司融资的流程 041

通过典当公司（典当行）融资的流程，是指有融资需求的机构或个人通过典当方式进行融资的流程。

一、关键点解析

流程图中红色标注的是核心环节，除此之外还有一些需要特别注意的关键环节，用序号标注，下面对这些环节进行详细的解析：

（1）交当：客户持合法有效证件及典当物所有权证明将典当物交付给典当行营业员。

《典当管理办法》第四章第二十七条规定不得收当的八类财物包括：

①依法被查封、扣押或者已经被采取其他保全措施的财产；

②赃物和来源不明的物品；

③易燃、易爆、剧毒、放射性物品及其容器；

④管制刀具、枪支弹药、军警标志、制式服装和器械；

⑤国家机关公文、印章及其管理的财物；

⑥国家机关核发的除物权证书以外的证照及有效身份证件；

⑦客户没有所有权或者未能依法取得处分权的财产；

⑧法律、法规禁止流通的自然资源或其他财物。

（2）验当：由典当行营业员查验客户信息及典当物有关情况。

《典当管理办法》第六章第三十五条规定，个人出当，应出具本人有效身份证件；单位出当，应出具单位证明和经办人有效身份证件；委托典当，被委托人应当出具典当委托书、本人和委托人的有效身份证件。

（3）估当：典当行营业员根据商品市场行情，对当物现行价格进行评估。

（4）折当：典当行营业员根据估当结果和客户协商，按一定比例折扣确定典当金额的行为。典当物的估价金额及当金数额应当由双方协商确定。

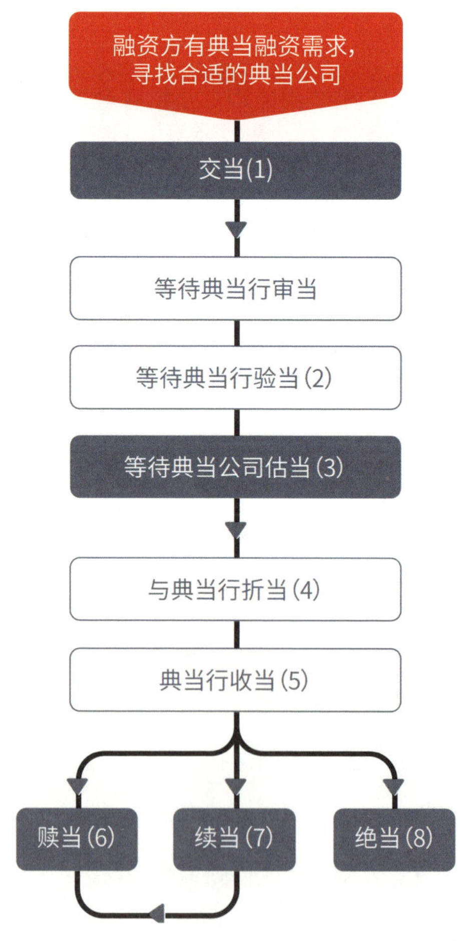

（5）收当：签订当票、典当协议书后，典当行将典当品收当入库，扣除综合费后支付当金。至此，企业就能获得流动现金，用于企业生产经营。根据现行管理办法，典当的综合费用由典当行从当金中扣除。

（6）赎当：客户按期偿还当金本息，赎取当物。客户赎当须持当票和身份证明办理，评估员应审核赎取人身份证明及所持当票真伪。

（7）续当：又称展期、延期，指客户典当期限届满时，不能偿还本金，经双方同意仍以原当物继续典当，续签当票和合同的行为。续当标志着典当双方权利义务关系的延续。

中国人民银行《典当行管理暂行办法》第三十条规定："典当期限最长为3个月"，"可以续当，但只能续当一次，其期限最长不得超过原当期："这里提到的两个"期限"均为3个月。

《典当管理办法》第三十六条和第三十九条则分别规定："典当期限由双方约定，最长为6个月。""经双方同意可以续当，续当一次的期限最长为6个月。"这里提到的两个"期限"均为6个月。

（8）绝当：俗称"死当"，典当期限届满5日后，客户既不赎当也不续当。

二、普华商学院提示

（1）操作周期

一般为1～2天。

（2）操作费用

典当的费用分为综合费用和当金利息。

当金利率，按中国人民银行公布的银行机构6个月期法定贷款利率及典当期限折算后执行。

月综合费率比例：动产质押典当不得超过当金的42‰；房地产抵押典当不得超过当金的27‰；财产权利质押典当不得超过当金的24‰。

当金利息不得预扣，典当综合费用包括各种服务及管理费用。当期不足5日的，按5日收取有关费用。综合费用在发放当金时扣取，利息在赎当或续当时还清。

如果有社会公允认可价值的动产或不动产，典当公司（典当行）是可以快速融资的地方。但是典当公司（典当行）不仅收取利息，还会用各种名义收取多种费用，实际成本往往会超过国家法律规定的费率限额。

042 通过保理公司融资的流程

资金需求方将应收账款合同的所有权益出让给保理公司，通过这种方式进行融资的流程就是通过保理公司进行融资的流程。

有关保理公司的更多信息，可参阅《中国金融生态圈》一书。

一、关键点解析

流程图中红色标注的是核心环节，除此之外还有一些需要特别注意的关键环节，用序号标注，下面对这些环节进行详细的解析：

（1）申请人（卖方）提出申请时需要提供企业基本信息，客户结构、企业财务情况等整体情况调查报告以及卖方企业的《保理业务额度申请书》。

（2）授信审查主要包括以下几方面内容：

卖方整体情况调查；需求分析与保理业务品种选择报告；卖方客户清单。

（3）卖方提供《应收账款转让申请书》，以及转让的发票、运输凭证、合同。

（4）保理公司向卖方核发《应收账款转让申请核准书》。

（5）保理公司向买方核发《应收账款转让通知书》，并取得买方提供的《应收账款转让通知确认书》。

（6）保理融资金额根据应收账款的质量、结构和期限按一定的预付比例确定，一般不超过应收账款净值的80%。

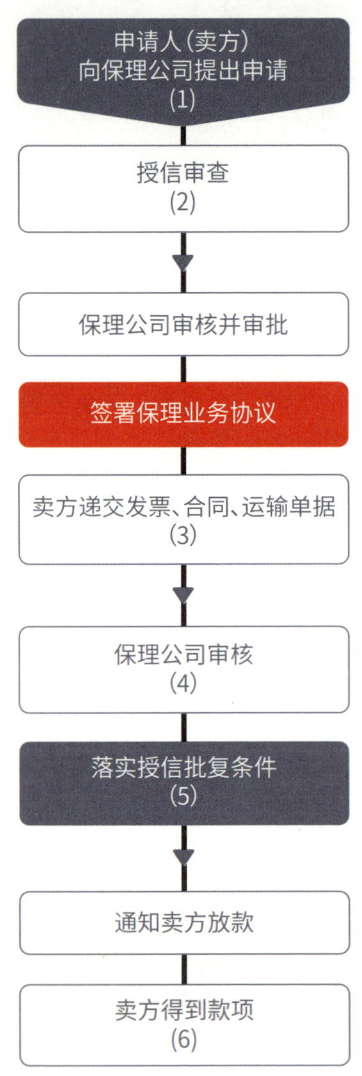
申请人（卖方）
向保理公司提出申请
(1)
授信审查
(2)
保理公司审核并审批
签署保理业务协议
卖方递交发票、合同、运输单据
(3)
保理公司审核
(4)
落实授信批复条件
(5)
通知卖方放款
卖方得到款项
(6)

二、普华商学院提示

（1）操作周期

一般不超过 12 个月，最长不超过 18 个月（含 1 ～ 6 个月的宽限期）。

（2）操作费用

包括手续费和融资利息。

手续费一般为保理融资款的 0.1% ～ 1%。

融资利息 = 银行支付的保理融资数 × 计算天数 × 利率。计算天数为自划款日（含当日）起，截至融资到期日（不含当日）的实际天数。融资利息适用的利率为中国人民银行公布的同期同档次贷款利率上浮 10%。

目前市场上保理公司开展的保理业务一般分为有追索权保理和无追索权保理两种。

有追索权保理是指卖方也就是债权方将应收账款的债权转让给银行（或保理商），银行（或保理商）向债权方支付资金。而在追款过程中，如果债务方拒绝付款或无力付款，银行（或保理商）有权向债权方进行追索，要求偿还预付的货币资金。为了减少可能产生的损失，银行（或保理商）通常情况下会为客户提供有追索权的保理。

无追索权保理则不同，是由银行（或保理商）独自承担债务方拒绝付款或无力付款的风险。债权方与银行（或保理商）开展了保理业务之后，将全部的风险转嫁给了银行（或保理商）。因为风险较大，银行（或保理商）一般不会接受无追索权的保理业务。

通过股权众筹平台融资的流程 043

股权众筹融资流程是指通过合法的股权众筹平台进行资金募集的过程。

有关股权众筹平台更多的信息，可参阅《中国金融生态圈》一书。

一、关键点解析

流程图中红色标注的是核心环节，除此之外还有一些需要特别注意的关键环节，用序号标注，下面对这些环节进行详细的解析：

（1）领投人未来会代表投资人利益参与投资的后续活动，所以领投人的选择关乎项目成败，通常领投人的投资额不低于该融资项目目标募集金额的百分之三十，且不高于百分之八十。领投人应具备成功投资该类项目的经验，能全力配合投资及投后管理的各项工作。

（2）领投人有能力和经验，其协助完成的商业计划书，并且符合市场和投资人的偏好。

（3）静默期决定放弃，股权众筹平台会收取一定比例的违约金，其比例通常为认投金额的 1%。

（4）有限合伙企业为跟投人的股权代持机构。普通合伙人由领投人本人或领投人指定的人员担任，其余跟投人为有限合伙人。

（5）股权转让给平台认定的合格投资人，由有限合伙公司走股权转让手续。

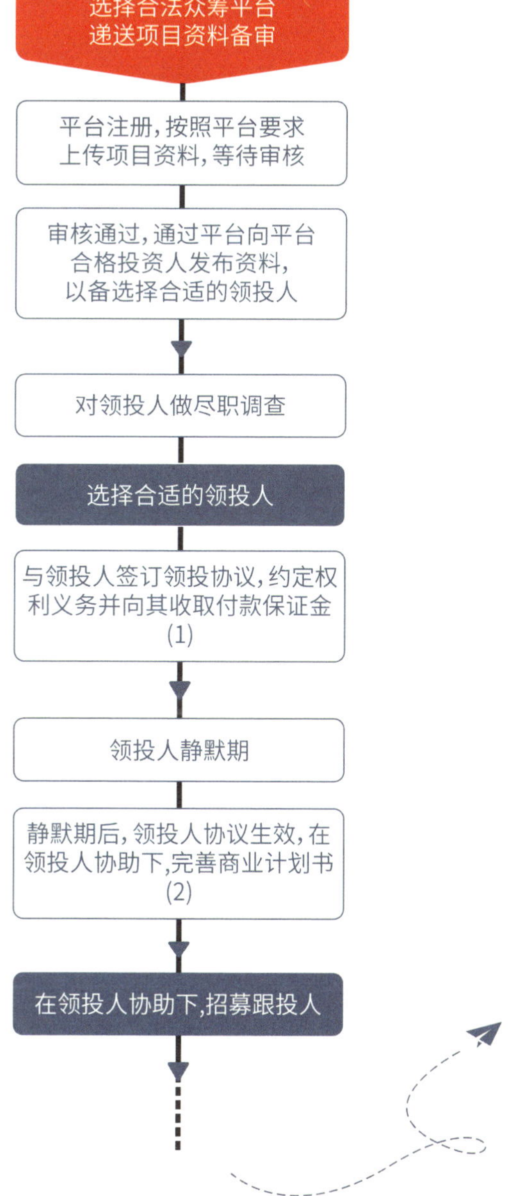
选择合法众筹平台
递送项目资料备审
平台注册，按照平台要求
上传项目资料，等待审核
审核通过，通过平台向平台
合格投资人发布资料，
以备选择合适的领投人
对领投人做尽职调查
选择合适的领投人
与领投人签订领投协议，约定权
利义务并向其收取付款保证金
(1)
领投人静默期
静默期后，领投人协议生效，在
领投人协助下，完善商业计划书
(2)
在领投人协助下，招募跟投人

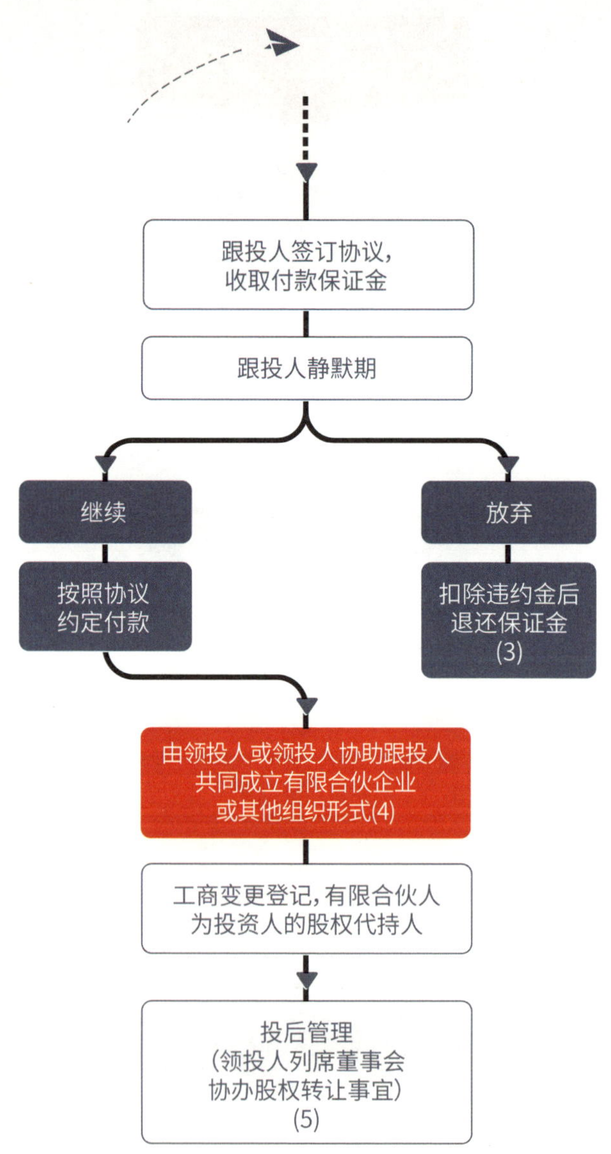
跟投人签订协议，
收取付款保证金
跟投人静默期
继续
按照协议
约定付款
放弃
扣除违约金后
退还保证金
(3)
由领投人或领投人协助跟投人
共同成立有限合伙企业
或其他组织形式(4)
工商变更登记，有限合伙人
为投资人的股权代持人
投后管理
(领投人列席董事会
协办股权转让事宜)
(5)

二、普华商学院提示

（1）操作周期

3 个月左右。

（2）操作费用

一般为股权众筹所筹得资金总额的 3% ～ 5%。各个平台的收费标准存在差异，具体按照平台协议执行。

随着法律法规的不断健全，股权众筹逐步规范化，昔日火爆场面将一去不返。但从投资人角度，也有效降低了投资人风险，利于众筹市场的长期发展，为创业者提供一个较低门槛融资的渠道，为时下万众创业提供一个好的创业交流平台。

044 通过个体网络借贷平台投、融资的流程

个体网络借贷平台（P2P 平台）投融资流程即通过 P2P 平台进行投融资的过程。有关 P2P 平台的更多信息，可参阅《中国金融生态圈》一书。

一、关键点解析

流程图中红色标注的是核心环节，除此之外还有一些需要特别注意的关键环节，用序号标注，下面对这些环节进行详细的解析：

（1）诉求分析：需要分析自身是要投资获利还是需要融资。

（2）P2P 平台的选择需要注意以下几点：

①选择合法合规的 P2P 平台；

②注册条件的考量；

③交易模式的考量；

④融资额、使用途径的考量。

二、普华商学院提示

（1）操作周期

审核资料一般 1 ～ 5 天，融资额满即可提现，资金募集期最长 20 天，否则重新投标。

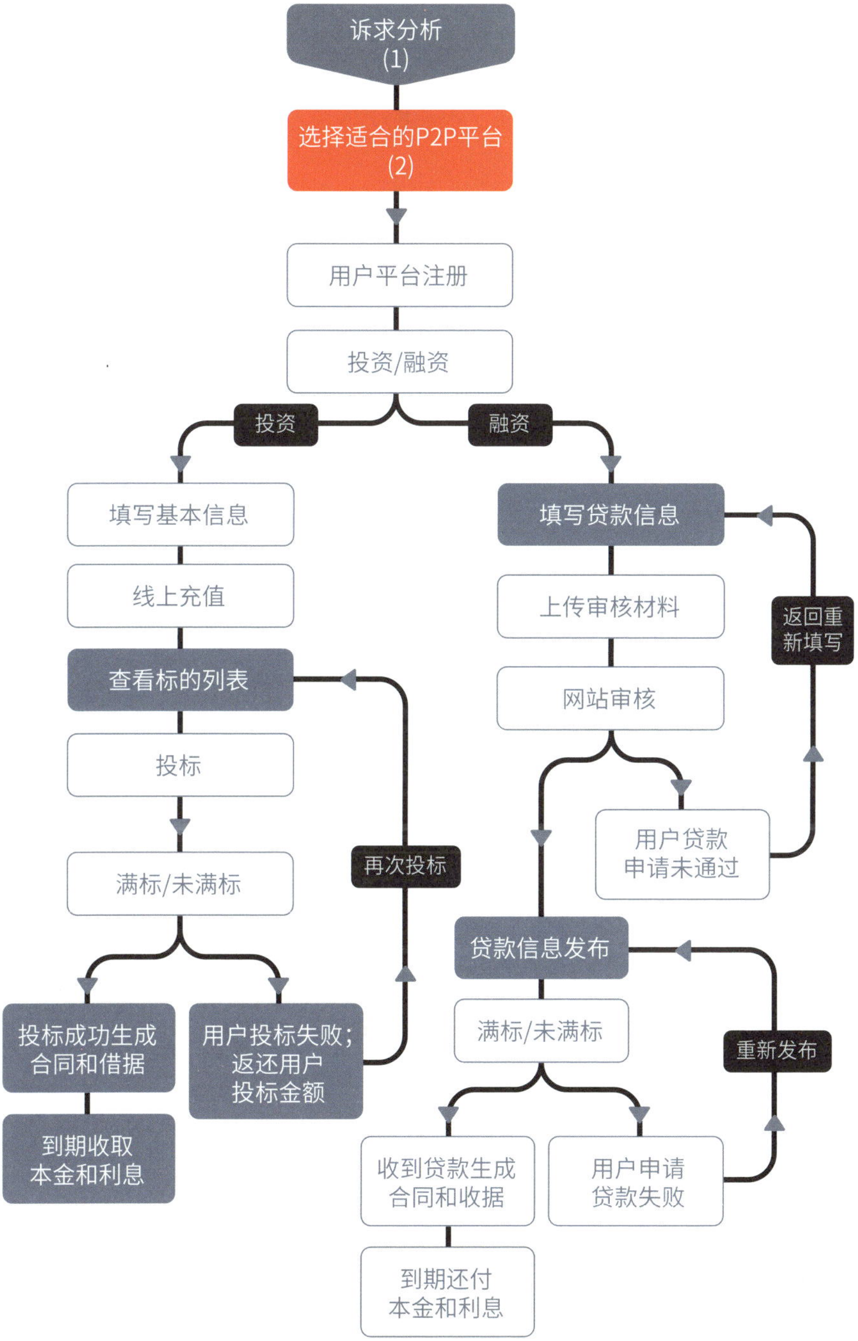

诉求分析
(1)

选择适合的P2P平台
(2)

用户平台注册

投资/融资

投资

填写基本信息

线上充值

查看标的列表

投标

满标/未满标

投标成功生成
合同和借据

到期收取
本金和利息

用户投标失败;
返还用户
投标金额

再次投标

融资

填写贷款信息

上传审核材料

网站审核

用户贷款
申请未通过

返回重
新填写

贷款信息发布

满标/未满标

收到贷款生成
合同和收据

到期还付
本金和利息

用户申请
贷款失败

重新发布

（2）操作费用

①融资：利息（年利率）15% ～ 32%+ 平台手续费 1% ～ 10%；

②投资：平台充值费（1% 左右）+ 提现手续费（金额不同、时间不同手续费不同）。

通过 P2P 平台进行融资，一般融资额较小，还款方式比较灵活。

目前国家对 P2P 平台监管越来越严，P2P 平台越来越正规。通过 P2P 平台进行融资时一定不要发布虚假信息，要按时还钱，否则很容易在自己的征信记录留下不良信息。此外，通过 P2P 平台的融资资金不得用于出借、投资证券投资。投资人通过 P2P 平台进行投资时，一定要做相关调查，寻找正规合法的平台投资。

目前，P2P 平台中存在大量的暗箱操作手法，投资人实际支付的成本远远高于其所宣传的成本。在实际支付过程中，很多人并不是拿到钱之后偿还利息，而是融资人拿到第一笔钱时就已经扣除了利息，其到手的资金将远远低于在平台的借款资金。甚至有些 P2P 平台采用复息方式，每月的利息累计计算。

045

债权众筹融资的流程

债权众筹融资指公司或项目方通过众筹的方式向社会公众进行债权融资。以债权的方式向社会公众融资，并约定未来向公众支付利息及本金，采用这种方式进行融资的资金，一定是用于实体生产和经营。此处讲解的是债权众筹融资的流程。

一、关键点解析

流程图中红色标注的是核心环节，除此之外还有一些需要特别注意的关键环节，用序号标注，下面对这些环节进行详细的解析：

（1）企业债权众筹申请条件包括：

①申请借款企业符合平台要求的产业领域；

②须上传项目企业的证明文件扫描件；

③企业需提交的认证资料包括必传认证资料和可选认证资料。

必传认证资料：企业的营业执照副本、组织机构代码证副本、税务登记证副本、法人身份证、银行开户证明、6 个月银行流水证明、房产或土地抵押物证明、质押物证明。

可选认证资料：房产认证、购车认证、企业经营收入证明、企业纳税证明、其他企业相关证明。

（2）目前企业债权众筹还没有明确的相关主管机构。

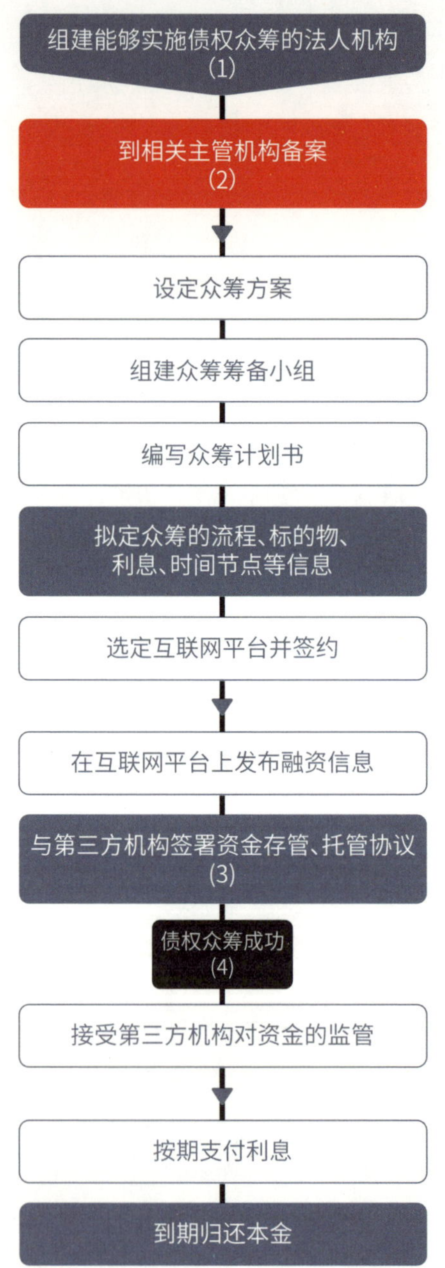
组建能够实施债权众筹的法人机构
(1)
到相关主管机构备案
(2)
设定众筹方案
组建众筹筹备小组
编写众筹计划书
拟定众筹的流程、标的物、
利息、时间节点等信息
选定互联网平台并签约
在互联网平台上发布融资信息
与第三方机构签署资金存管、托管协议
(3)
债权众筹成功
(4)
接受第三方机构对资金的监管
按期支付利息
到期归还本金

（3）债券众筹的资金存管和托管。

资金存管，一般是指平台将交易资金或相关备付金、风险金等放于银行或第三方支付公司等机构的账户上，第三方机构负责资金的保管。存管业务，第三方机构并不需要承担监督资金流向的义务，平台可以随时从第三方机构提取资金。

资金托管是委托管理的意思，其本义是指投资人与借款人均在第三方机构开设账户，第三方机构按照指令做资金划转，除保证资金正常流转外，还需监督资金的来源和去向。整个过程投资人都能看到自己资金的流向状态，平台无法接触借贷资金。

（4）债权众筹是否成功：项目到达截止时间，如果达到目标金融，该项目融资即算成功，创意者将获得融资资金，支持者确认资助；如果未达到目标金融，该项目融资即算失败，将创意者融资资金撤回返还给支持者。

二、普华商学院提示

（1）操作周期

1 个月左右。

（2）操作费用

借款总金额的 3% ～ 5% 为平台的居间费，关联担保公司收取抵押物的评估费。

通过债权众筹的方式融资，很容易涉嫌非法集资，所以其涉及的资金必须到银行进行存管，并与资金使用方签订严格的资金使用协议。债权众筹在实际运营过程中门槛很高，很多能够达到债权众筹标准的企业均采用直接申办民营银行的方式跨过这个阶段，直接进入更高的领域。

046

民间借贷的流程

民间借贷的流程是指个人通过民间借贷手段融资的过程。民间借贷是指个人与个人、个人与非金融中小企业、非金融中小企业与非金融中小企业之间产生的借贷行为。

一、关键点解析

流程图中红色标注的是核心环节，除此之外还有一些需要特别注意的关键环节，用序号标注，下面对这些环节进行详细的解析：

（1）借款人、放款人应该具备的条件和申请时需要提交的资料包括：

①借款人为具有独立民事行为能力的自然人或者法人。放款人要求为具有独立民事行为能力的自然人，资金来源应合法，其身份证、户口本等资料应核实；

②个人申请民间借贷和企业申请民间借贷所需提交的资料有所不同。

个人申请民间借贷所需资料包括：身份证、社保卡、户口本、个人拥有资产证明资料、近半年个人银行流水清单、工资证明等资料。

企业申请民间借贷所需资料包括：营业执照副本、企业贷款卡、企业章程、企业简介；企业拥有资产证明资料；企业银行征信报告；近半年企业（个人）银行流水清单；企业法人身份证、社保卡、户口本、个人银行征信报告；其他资料。

（2）双方签署借款协议（合同）。

借款人与放款人商谈额度、利率等内容，签署借款协议（合同），如果有担保、

抵押等情况需另签订协议。

（3）办理公证和抵押登记

如果需要办理公证和抵押，需另行办理公证和抵押登记。

（4）办理他项权证

他项权证是一个与原有产权证不一样的其他权利证书。只有抵押过的财产才有他项权证，没有抵押过的财产没有他项权证。房产的他项权是指除产权人及共有权人以外的其他团体或者个人对该房产涉及的权利，通常是指抵押权利，他项

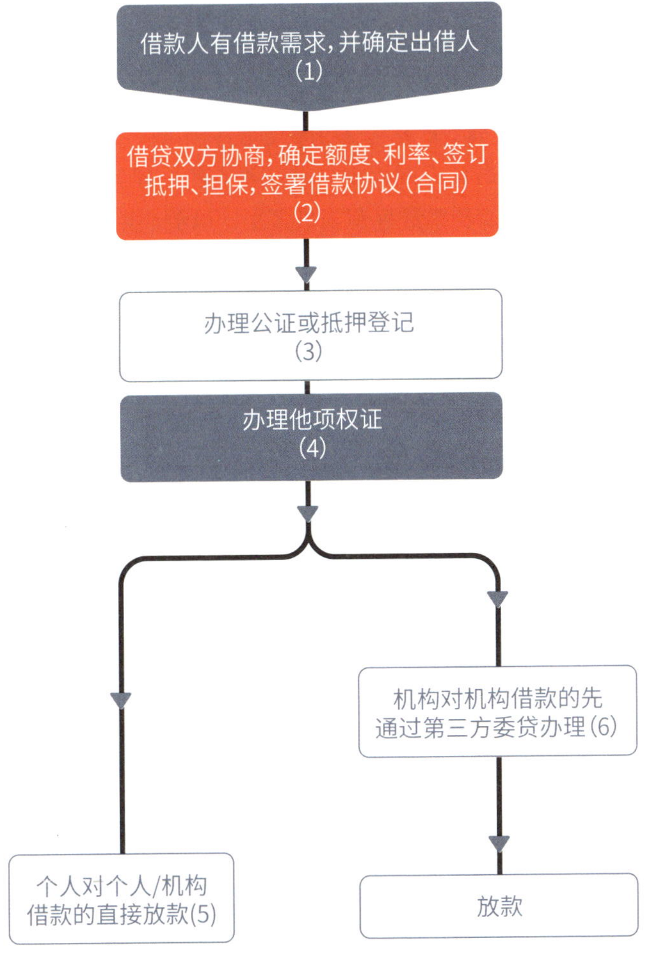

权证由他项权人持有。

他项权利设定登记需提交资料（包括但不限于）：

①房地产抵押申请表；

②抵押人身份证；

③夫妻关系证明（结婚证或户口簿）或未婚证明；

④借款抵押合同；

⑤房屋所有权证、土地使用权证；

⑥房屋评估报告书或抵押物价值协议书；

⑦委托办理，受托人需提供本人身份证，并提供有法律效力的委托书。

（5）个人对个人（机构）的民间借贷要注意的事项包括：

①不要将“借条”写成“欠条”，双方约定的利率要写入借条中。按照《合同法》的规定“自然人之间的借款合同对支付利息没有约定或约定不明确的，将视为不支付利息”，所以约定的利率最好写入借条中，以免产生纠纷；

②在借条中写明还款期限。为了保证出借资金顺利收回，最好将还款期限写入借条中，便于出借人维护自己的利益；

③在借条中要写清楚出借人、借款人的姓名。一些出借人与借款人关系密切，在借条中将平日的称谓写入借条。一旦借款人逾期还款，出借人到法院起诉借款人，会因债务人不明确而被法院拒之门外；

④写借条时，借条内容要表述清楚，意思要表达完整，不要产生歧义；

⑤还款期限届满之日起 2 年，是法律规定的诉讼时效。在此期间，出借人必须向借款人主张债权，2 年之后，法院对出借人的债权不予保护。如果借条没有写明还款日期，最长诉讼时效为 20 年；

⑥个人对个人之间借款的担保，担保时间最长为 6 个月。

（6）企业间正常的资金拆借需要注意的问题包括：

①企业之间必须是为了生产、经营所需订立借贷合同；

②不得有违反《合同法》第五十二条、《最高人民法院关于审理民间借贷案

件适用法律若干问题的规定》第十四条的规定；

《合同法》第五十二条规定：“有下列情形之一的，合同无效：（一）一方以欺诈、胁迫的手段订立合同，损害国家利益；（二）恶意串通，损害国家、集体或者第三人利益；（三）以合法形式掩盖非法目的；（四）损害社会公共利益；（五）违反法律、行政法规的强制性规定。”

《最高人民法院关于审理民间借贷案件适用法律若干问题的规定》第十四条规定：“具有下列情形之一，人民法院应当认定民间借贷合同无效：（一）套取金融机构信贷资金又高利转贷给借款人，且借款人事先知道或者应当知道的；（二）以向其他企业借贷或者向本单位职工集资取得的资金又转贷给借款人牟利，且借款人事先知道或者应当知道的；（三）出借人事先知道或者应当知道借款人借款用于违法犯罪活动仍然提供借款的；（四）违背社会公序良俗的；（五）其他违反法律、行政法规效力性强制性规定的。”

③应当注意企业放贷是自有资金还是非自有资金。

委托贷款：委托贷款是指由委托人提供合法来源的资金转入委托银行一般委存账户，委托银行根据委托人确定的贷款对象、用途、金额、期限、利率等代为发放、监督使用并协助收回的贷款业务。

二、普华商学院提示

（1）操作周期

视实际情况而定。

（2）操作费用

根据相关法律法规的规定，民间借贷的利息不能超过借贷金额的36%。

按照《最高人民法院关于审理民间借贷案件适用法律若干问题的规定》第二十六条的规定，借贷双方约定的年利率未超过24%，出借人请求借款人按照约定的利率支付利息，人民法院应予支持。借贷双方约定的年利率超过36%，超过部分的利息约定无效。

这一规定说明：双方当事人在借贷发生时自愿约定复利，在最后还本付息时，复利没有超过法定最高限度的，应当予以准许。

“24%”和“36%”实际上是设定了民间借贷利率的三个区间，第一个是依法受到司法保护的区间，即年利率24%以下的民间借贷依法受到法律的保护；第二个区间不受司法保护，即年利率超过36%的民间借贷，年利率超过36%的部分法院将认定无效，不受司法保护；第三个区间是自然债务区间，即年利率为24%到36%之间，这个区间的债务属于自然债务，当事人自愿履行该区间的债务，法院不反对，但出借人如果提起诉讼，要求法院保护该区间内的债务，法院不会保护。

政府配套资金的申请流程 047

政府配套资金的申请流程，是指企业通过获取政府无偿给予的配套资金进行融资的流程。

企业做的项目如果要分配到政府配套资金，必须是被地方政府认定为有利于当地经济、政治、民生、发展的重点项目。该项目的投资过程要简单、透明，投入的资金全部能用实际的、真实可信的实物支出来验证，符合当时的国家政策。

一、关键点解析

流程图中红色标注的是核心环节，除此之外还有一些需要特别注意的关键环节，用序号标注，下面对这些环节进行详细的解析：

（1）按照立项要求寻找编可研机构，必须寻找有国家认证资质的编可研机构。

（2）企业自有资金一般不少于项目所需资金的 30% ～ 40%。

（3）编可研应该准备能提供的所有证件，无论编可研需不需要，只要是能证明自身实力的证明全部放到其中。

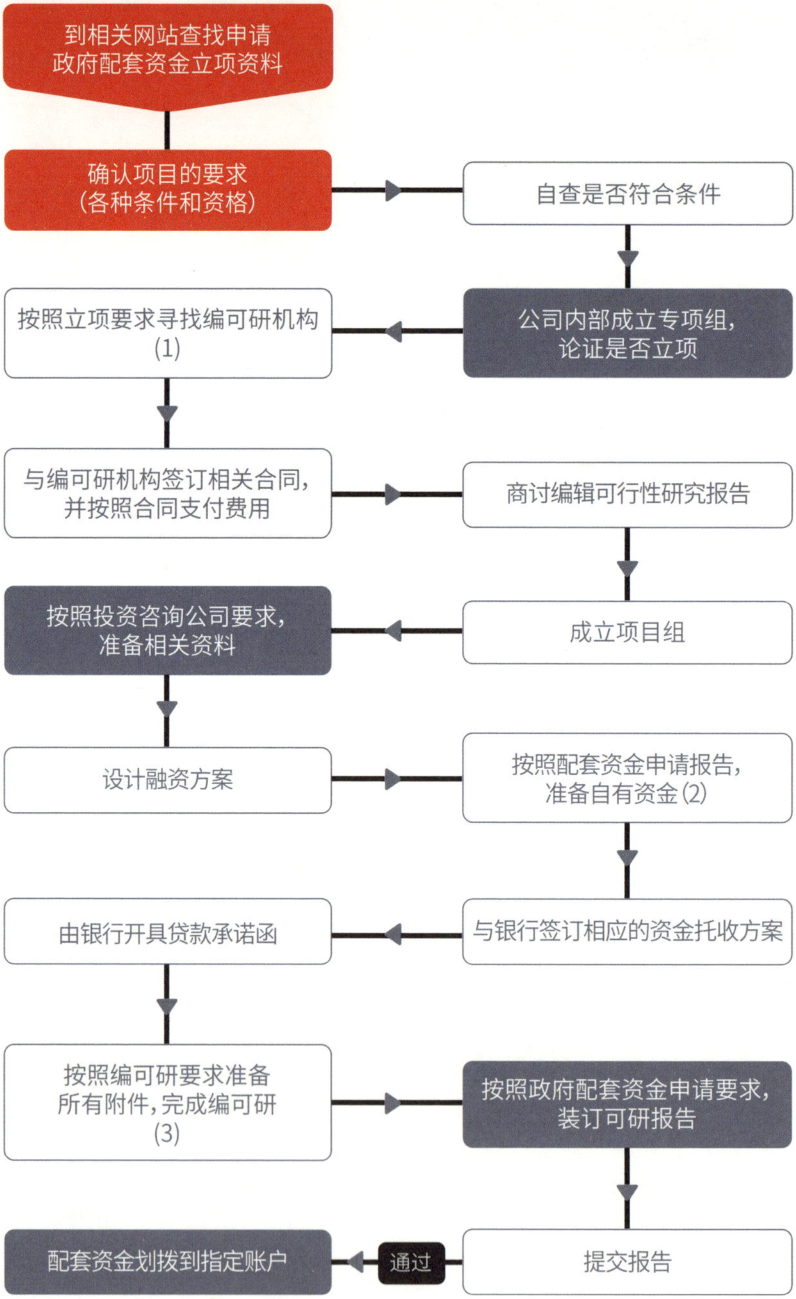

到相关网站查找申请政府配套资金立项资料

确认项目的要求（各种条件和资格）

自查是否符合条件

公司内部成立专项组，论证是否立项

按照立项要求寻找编可研机构(1)

与编可研机构签订相关合同，并按照合同支付费用

商讨编辑可行性研究报告

成立项目组

按照投资咨询公司要求，准备相关资料

设计融资方案

按照配套资金申请报告，准备自有资金(2)

与银行签订相应的资金托收方案

由银行开具贷款承诺函

按照编可研要求准备所有附件，完成编可研(3)

按照政府配套资金申请要求，装订可研报告

提交报告

通过

配套资金划拨到指定账户

二、普华商学院提示

（1）操作周期

1～2年左右。

（2）操作费用

根据项目情况确定实际费用。

企业要和编可研机构一起设计资金使用计划，资金使用要谨慎。申请各地发改委自行支配的资金比较容易，而咨询公司审核的难度比较大，几乎所有金额较大的项目都要求进行项目答辩，所以需要企业认真的组织答辩人员。

提交申请报告还要注意一些操作技巧：政府会对配套资金使用情况按期验收，所以申报政府配套资金时，资金用途为可被验收的用途为好；申报政府配套资金时一般会比实际使用资金多报10%～20%的资金。

除此之外，普华商学院提醒大家，政府的资金救穷不救急，寻求政府配套资金的融资方式不适合急需资金的企业。

048 大学生创业贷款的基本流程

大学生创业贷款的基本流程是指在校或毕业两年以内的大学生自主创业的流程。

一、关键点解析

流程图中红色标注的是核心环节，除此之外还有一些需要特别注意的关键环节，用序号标注，下面对这些环节进行详细的解析：

（1）准备创业的大学生应该是在校或毕业两年内的大学生。

（2）大学生就业指导办公室以毕业班学生为重点服务对象，以群体辅导为主要服务手段，开展就业指导系列专家讲座，提供择业技巧辅导、职业测评、就业咨询指导、创业指导、留学咨询等一系列服务。

（3）地方政府的支持政策包括：资金支持；简化注册的手续、流程，如各地的“众创空间”、“孵化器”、创业园区等。

（4）创业项目可行性研究报告主要内容包括：项目描述、市场分析、营销策略、团队组织架构、资金投入状况评估、财务状况、风险管理等。

（5）在园区注册成立公司的条件，可以到地区相关网站上查询。

（6）到银行或对应机构申请补贴需要带园区相关手续、公司可行性报告、自主创业证明以及当地政府主管部门指定的相关文件。

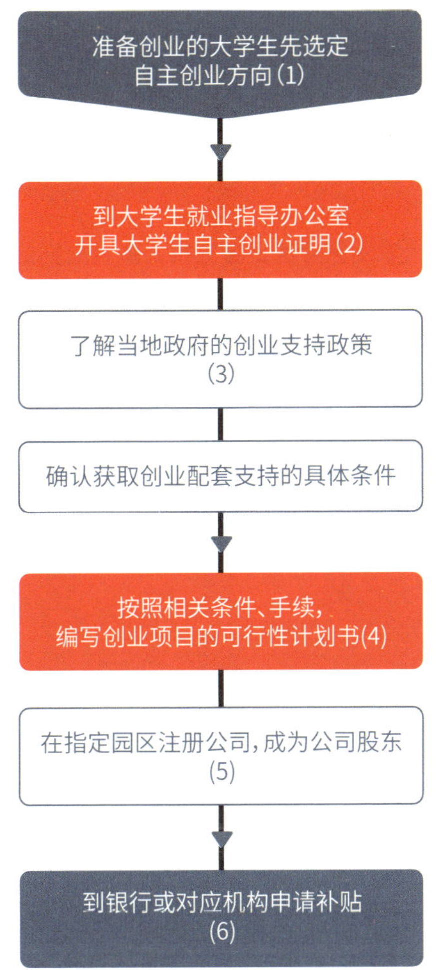

二、普华商学院提示

（1）操作周期

1～3个月。

（2）操作费用

除国家规定的行政费用外无其他费用。

各地方政府均有给大学生创业的资金支持，资金支持的方式、种类多种多样。最常见的为贴息贷款，也有配套资金、引导资金、无偿划拨等方式。

很多地方政府还会多次给予大学生创业企业补贴。创业大学生需要与当地主管部门建立畅通的信息沟通渠道，以便及时了解资金补贴情况。

大学生创业要了解当地大学生创业的优惠政策，寻找对大学生创业有优惠的“众创空间”、“孵化器”或创业园区作为创业公司的注册地。

第三篇

常用股权融资操盘流程

049 通过引入风投、创投融资的流程

风投、创投融资是指初创公司通过出让自身一定比例的股权向个人或机构来置换现金或资源的方式。也就是我们通常所说的引入风险投资、创业投资。

一、关键点解析

流程图中红色标注的是核心环节，除此之外还有一些需要特别注意的关键环节，用序号标注，下面对这些环节进行详细的解析：

（1）商业计划书的表述一定要简明扼要，必须明确以下几种核心要素：

①商业模式和行业性质；

②企业的内部管理体系；

③企业的市场营销模式；

④企业的财务和税务状况；

⑤发展计划和重大风险的规避。

（2）寻找风投公司和创投公司一定要先了解对方公司的历史及业绩，可通过互联网查询对方相关信息。

（3）用邮件的方式提交商业计划书时，一定要在邮件里特别介绍自己团队的优秀。

（4）在对公司做尽职调查时要注意，由于公司处于起步阶段，投

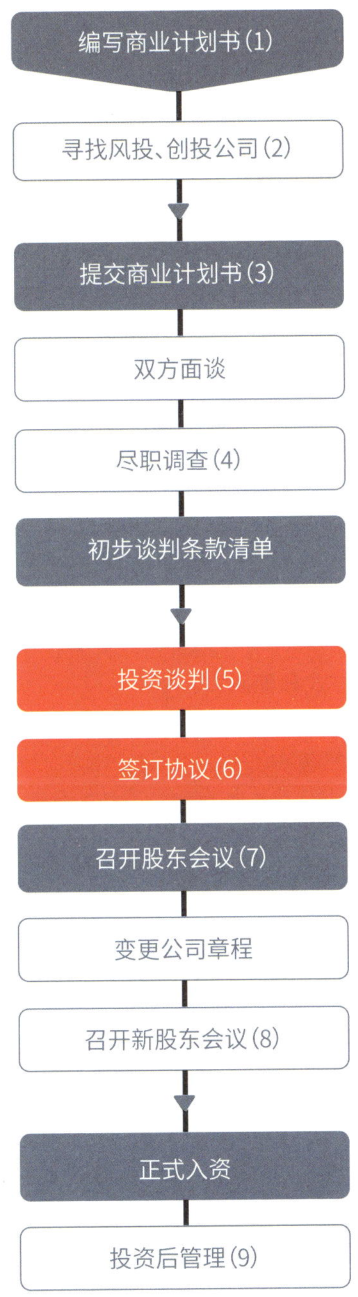
编写商业计划书(1)
寻找风投、创投公司(2)
提交商业计划书(3)
双方面谈
尽职调查(4)
初步谈判条款清单
投资谈判(5)
签订协议(6)
召开股东会议(7)
变更公司章程
召开新股东会议(8)
正式入资
投资后管理(9)

资机构可能不会通过专业的调查方法对公司进行尽职调查，一般会选择“⑨⑧⑦⑥⑤④③②①”法对公司进行尽职调查：

①见过90%以上的股东和管理层；

②8点钟原则（投资机构到企业考察时与公司上班的时间一致）；

③到过项目企业7个以上部门；

④在项目企业连续待过6天；

⑤对团队、管理、技术、市场、财务5个要素进行详细调查；

⑥至少访问4个上下游客户；

⑦考察3个以上的项目企业竞争对手；

⑧要永远对项目企业保持20个关键问题；

⑨至少与企业普通员工吃一次饭。

（5）投资谈判一般会围绕条款清单或者投资意向以及尽职调查中发现的问题展开，通常涉及以下主要内容：

①投资形式以及出资方式和期限；

②资金用途及使用；

③融资安排；

④股权结构；

⑤各股东的义务；

⑥董事会组成和议事规则；

⑦核心人员的任命和招募；

⑧财务状况披露；

⑨投资的前提条件；

⑩上市安排及其他退出方式等。

（6）公司确认能够接受对方要求后可签订协议。双方签订协议时需要注意以下事项：

①财务业绩；

②业绩赔偿公式；

③上市时间；

④非财务业绩（销售额、用户数、产量、销售量、技术研发等）；

⑤关联交易；

⑥债权和债务；

⑦竞业限制；

⑧股权转让限制；

⑨引进新投资者限制；

⑩反稀释权；

⑪优先分红权；

⑫优先收购权；

⑬优先清算权；

⑭共同售股权；

⑮强卖权；

⑯一票否决权；

⑰管理层对赌；

⑱回购承诺；

⑲股权回购公式；

⑳违约责任。

（7）原股东会议同意新股东进入。

（8）新股东与原股东召开股东大会，按照协议约定执行。

（9）风险投资商一般在董事会中扮演着咨询顾问的角色，为改善经营状况获得更多的利润而提出建议，帮助公司招募管理人员，跟踪了解公司经营进展情况，定期审查审计报告和财务报告等财务文件。

二、普华商学院提示

（1）操作周期

一般为 3 ～ 4 个月。

（2）操作费用

不通过中介平台，融资成本几乎为零；通过中介平台，融资费用及项目路演费用一般为所需资金总额的 5% 左右。

风险投资的目的并不是获得企业的所有权、控股权、经营权，而是通过投资或提供增值服务的方式帮助目标公司快速发展，然后通过公开上市、兼并收购或其他方式退出，从而获得投资回报。

050

私募股权基金的设立流程

私募股权基金主要分两种类型，一种是公司型，一种是契约型。公司型私募股权基金包括有限责任公司（股份有限公司也可）和有限合伙制两种类型。契约型私募股权基金由基金管理人和基金份额持有人共同协商并签订合同，通过信托等通道而达到基金募集、投资管理的目的。本流程讲解的是私募股权基金的设立流程。有关私募股权基金更多的信息，可参阅《中国金融生态圈》一书。

一、关键点解析

流程图中红色标注的是核心环节，除此之外还有一些需要特别注意的关键环节，用序号标注，下面对这些环节进行详细的解析：

（1）明确投资方向、收益、风险、募集来源、组织形式、条款设计、退出机制、突发事件应对等事项。

（2）确定选择公司形式，有限责任公司、股份有限公司或有限合伙企业。

（3）具体企业形式详见本书相关成立流程。

（4）明确投资项目、收益风险、收益分配、风险规避、退出模式。

（5）此方案应包括：

①基金份额持有人、基金管理人、基金托管人的权利和义务；

②基金的运作方式；

③基金的出资方式、数额和认缴期限；

④基金的投资范围、投资策略和投资限制；

⑤基金收益分配原则、执行方式；

⑥基金承担的有关费用；

⑦基金信息提供的内容、方式；

⑧基金份额的认购、赎回或者转让的程序和方式；

⑨基金合同变更、解除和终止的事由、程序；

⑩基金财产清算方式，以及当事人约定的其他事项。

（6）可以以增资扩股的形式或成立新公司作为基金主体，确定基金管理人。

（7）合格投资者指具备相应风险识别能力、风险承担能力，投资于单只私募基金的金额不低于100万元，且符合下列标准的单位和个人：净资产不低于1000万元的单位；金融资产不低于300万元或近3年收入不低于50万元的个人。

私募基金管理人、私募基金销售机构不得向合格投资者之外的单位和个人募集资金，不得通过报刊、电台、电视、互联网等公众传播媒体或者讲座、报告会、分析会和布告、传单、手机短信、微信、博客和电子邮件等方式，向不特定对象宣传推介。不得向投资者承诺投资本金不受损失或者承诺最低收益。

（8）优先和劣后：优先为先行获得收益，而劣后为优先级投资人获得收益之后，劣后投资人分享之后的全部收益。简单来说，劣后投资人向优先投资人支付固定利息，如果出现损失，先损失劣后投资者投资的资金，如果取得高于优先投资人利息的收益，应把付给优先利息之后的金额归劣后所有。风险与利益成正比，优先不承担风险，享受固定收益。劣后承担风险，收益可能会较高。

（9）信托方案确认后，可由基金管理人或信托机构寻找资金募集中介机构来募集资金，费用一般为募集资金总额的2%。

二、普华商学院提示

（1）操作周期

一般为60～90天。

（2）操作费用

自筹无费用。

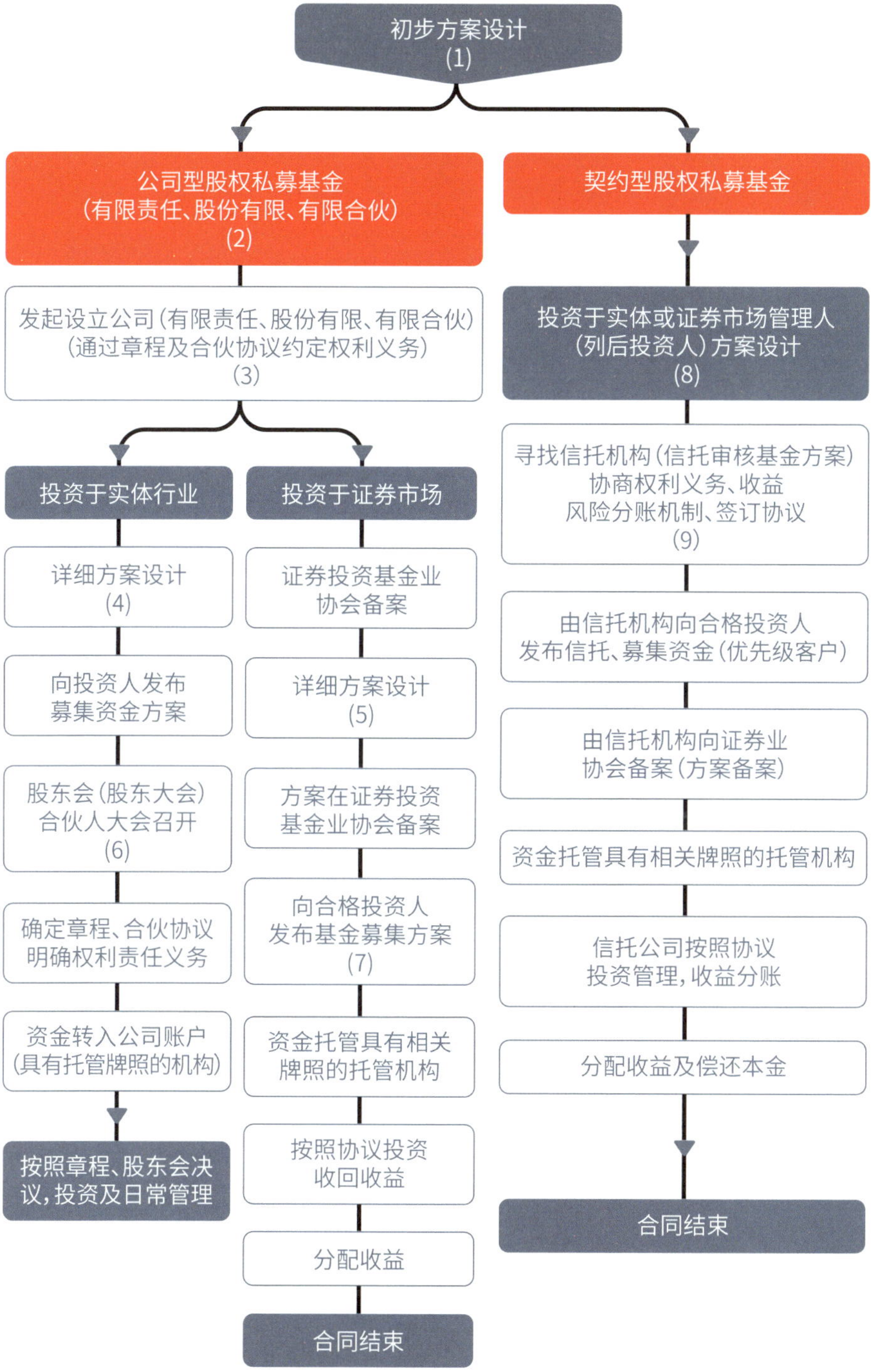

初步方案设计
(1)

公司型股权私募基金
(有限责任、股份有限、有限合伙)
(2)

发起设立公司(有限责任、股份有限、有限合伙)
(通过章程及合伙协议约定权利义务)
(3)

投资于实体行业

详细方案设计
(4)

向投资人发布
募集资金方案

股东会(股东大会)
合伙人大会召开
(6)

确定章程、合伙协议
明确权利责任义务

资金转入公司账户
(具有托管牌照的机构)

按照章程、股东会决议,投资及日常管理

投资于证券市场

证券投资基金业
协会备案

详细方案设计
(5)

方案在证券投资
基金业协会备案

向合格投资人
发布基金募集方案
(7)

资金托管具有相关
牌照的托管机构

按照协议投资
收回收益

分配收益

合同结束

契约型股权私募基金

投资于实体或证券市场管理人
(列后投资人)方案设计
(8)

寻找信托机构(信托审核基金方案)
协商权利义务、收益
风险分账机制、签订协议
(9)

由信托机构向合格投资人
发布信托、募集资金(优先级客户)

由信托机构向证券业
协会备案(方案备案)

资金托管具有相关牌照的托管机构

信托公司按照协议
投资管理,收益分账

分配收益及偿还本金

合同结束

通过信托渠道所需费用为募集资金额的1%～3%左右；

中国证券业协会备案费用：注册资本金在3000万元以下的企业每年需缴纳1万元的备案费用；注册资本金在3000万元以上的企业每年需缴纳2万元的备案费用。

目前社会上所说的股权私募基金和私募股权基金是一类，其本质都是通过私募方式的股权融资基金。只要是通过私下募集的方式，采用股权融资的基金都叫私募股权基金。

私募股权基金的两个关键点：一个是基金的私募和公开渠道的发行，第二个是通过股权融资方式设立的基金。

通过股份有限公司、有限责任公司、有限合伙企业等为募集主体的基金统称为公司型基金。通过信托或基金管理人募集的资金契约型基金。

公司型和契约型，其目的都是为了达到募集资金，投资获得收益，但因形式不同，结果也不同。从资金获得的难易程度上，信托、基金管理公司，可以在较短时间内获得较大数额的资金，而对于公司型基金，需要发起人具备相应的行业背景和投资人的人脉关系，否则募资难度较高。

从资金的运作规范程度和自由度角度，公司型基金投资决策、管理的主动权在股东手中，资金运作自由，限制较少。而契约型基金因有运作规范的信托、基金管理公司等相关机构的参与，在一定程度上会受到机构规章的限制。

所以选择公司型还是契约型基金，需要根据操盘团队的具体实力，募集资金的来源、要求、风险收益匹配度等多因素权衡之后做出决策。

此外，普华商学院还提醒您注意，基金管理人（公司）的高管及从业人员应具有基金从业资格。

私募股权基金投资于实体项目的业务流程

私募股权基金（简称为PE）一般投资于实体项目，待目标公司上市后出让股权或目标项目结束后获得利润分红获得相应收益，本流程指投资于实体项目或实体公司的流程。

有关私募股权基金的更多信息，可参阅《中国金融生态圈》一书。

一、关键点解析

流程图中红色标注的是核心环节，除此之外还有一些需要特别注意的关键环节，用序号标注，下面对这些环节进行详细的解析：

（1）项目初步审查应注意以下几点：商业模式和企业所处行业的确认，企业的内部管理体系、企业团队及员工素养的测评，企业的市场营销模式、财务和税务情况以及企业营收状况的测评、发展计划和重大风险的规避措施。

（2）基金管理人员应尽职调查的内容包括：该企业所处细分市场的市场容量和成长空间；该企业所处细分市场的市场位置和领先性；创业和管理团队的背景调查；企业经营业绩和关键财务指标；当前的现金、应收应付账款及债务状况；财务报表、销售和采购票据的核实；财务预测的方法及过去预测的准确性；销售量及财务预测的前提假设；企业的运营水平；企业对直营体系和加盟体系的管理和控制能力；管理信息系统的使用情况；互联网销售渠道、直销等竞争渠道对该连锁企业的影响；企业的股权状况以及对创业和管理团队的激励情况；政府政策和主管部门的管制对企业经营业绩的影响和预期；租赁、销售、采购、雇佣等方面的合约；已经发生的或者潜在的法律纠纷。

（3）形成尽职调查报告，提交审核。有限合伙企业提交投资决策委员会审核，有限责任公司提交董事会审核。

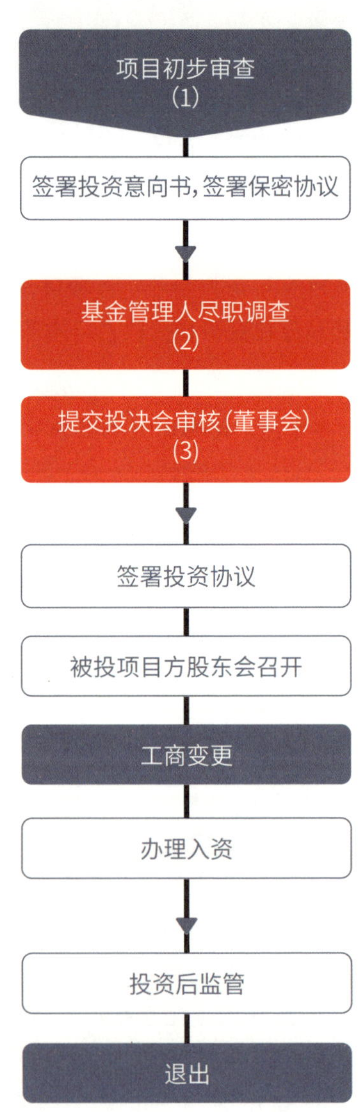

二、普华在线提示

（1）操作周期

根据项目开展的实际情况而定。

（2）操作费用

基金管理人每年收取的费率为私募基金数额的 2% 左右。

私募股权基金属于统称，投资于实体项目的私募股权基金不归属证监会管辖，也不需要向中国证券业协会备案。

私募股权投资的风险，首先源于其相对较长的投资周期。私募股权基金想要获利，不仅要满足企业的融资需求，还要为企业带来利益，这是一个长期的过程。私募股权投资成本较高，这无疑加大了私募股权投资的风险。此外，私募股权基金投资风险大，还与股权投资的流通性较差有关。

052 PPP 项目的融资流程

PPP 项目的融资流程是指企业通过 PPP 模式的项目进行融资的一种流程。PPP 项目是指政府提供项目、批文，利用民间资金完成项目建设的一种方式。本文中的 PPP 项目主要指 BT、BOT 项目。

一、关键点解析

流程图中红色标注的是核心环节，除此之外还有一些需要特别注意的关键环节，用序号标注，下面对这些环节进行详细的解析：

（1）经营项目实施方案应当包括以下内容：

①项目名称；

②项目实施机构；

③项目建设规模、投资总额、实施进度，以及提供公共产品或公共服务的标准等基本经济技术指标；

④投资回报、价格及其测算；

⑤可行性分析，即降低全生命周期成本和提高公共服务质量效率的分析估算等；

⑥特许经营协议框架草案及特许经营期限；

⑦特许经营者应当具备的条件及选择方式；

⑧政府承诺和保障；

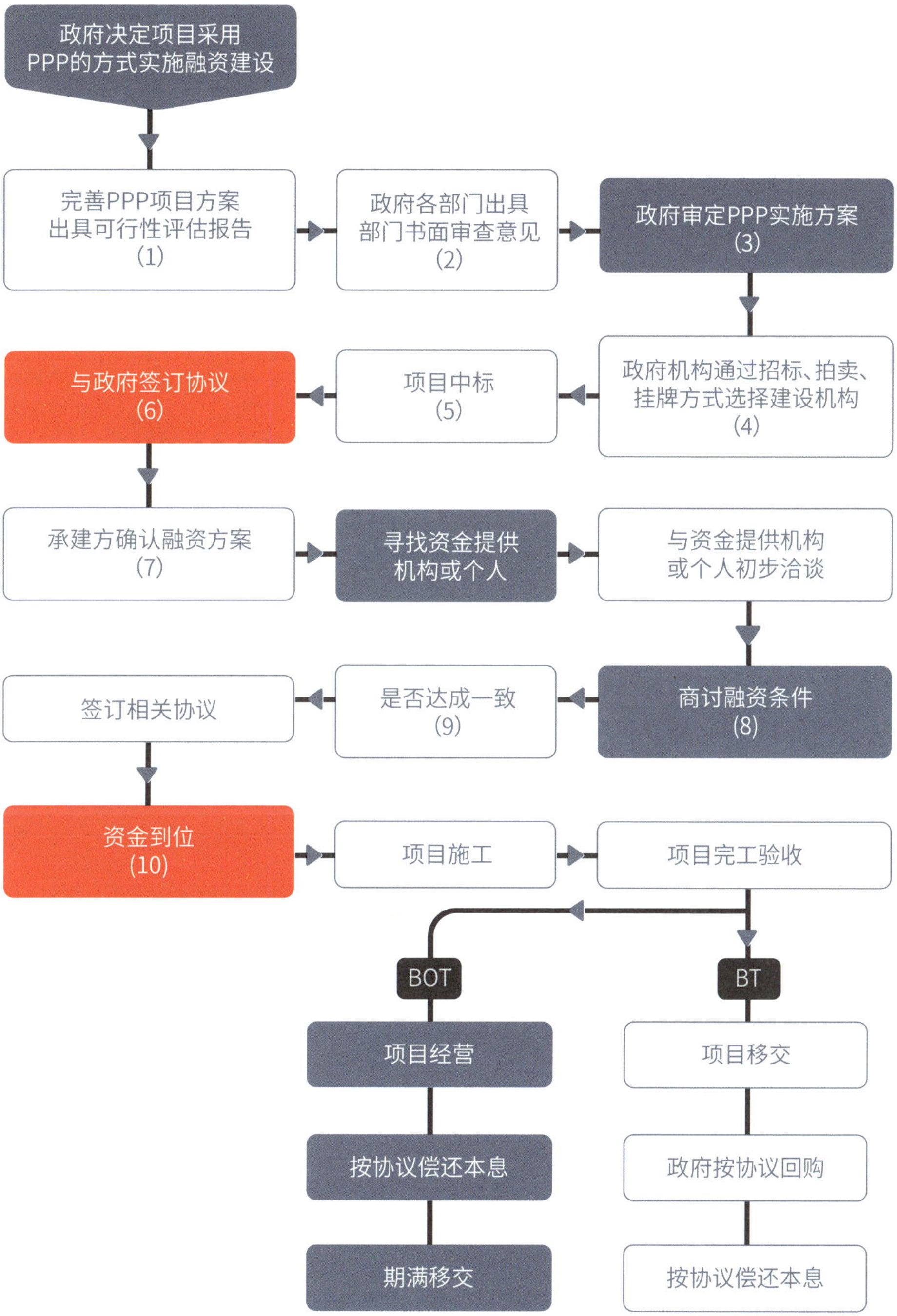

政府决定项目采用PPP的方式实施融资建设

完善PPP项目方案出具可行性评估报告（1）

政府各部门出具部门书面审查意见（2）

政府审定PPP实施方案（3）

政府机构通过招标、拍卖、挂牌方式选择建设机构（4）

项目中标（5）

与政府签订协议（6）

承建方确认融资方案（7）

寻找资金提供机构或个人

与资金提供机构或个人初步洽谈

商讨融资条件（8）

是否达成一致（9）

签订相关协议

资金到位（10）

项目施工

项目完工验收

BOT

项目经营

按协议偿还本息

期满移交

BT

项目移交

政府按协议回购

按协议偿还本息

⑨特许经营期限届满后资产处置方式；

⑩应当明确的其他事项。

特许经营可行性评估应当包括以下内容：

①特许经营项目生命周期成本、技术路线和工程方案的合理性分析，可能的融资方式、融资规模、资金成本，所提供公共服务的质量效率，建设运营标准和监管要求等；

②相关领域市场发展程度，市场主体建设运营能力状况和参与意愿；

③用户付费项目公众支付意愿和能力评估。

（2）发展改革、财政、城乡规划、国土、环保、水利等有关部门对特许经营项目实施方案进行审查。

（3）各部门审批通过后上报政府，政府通过后上报人大审批。

（4）政府一般以招标的方式选择建设机构。

（5）项目中标后，可成立项目公司，由政府下属公司占部分股权（以便承担部分融资压力），项目公司做PPP项目需要自己有30%启动资金。需要成立项目公司的实施机构应当与依法选定的投资人签订初步协议，约定在规定期限内注册成立项目公司，并与项目公司签订特许经营协议，协议主要包括以下内容：

①项目名称、内容；

②特许经营方式、区域、范围和期限；

②项目公司的经营范围、注册资本、股东出资方式、出资比例、股权转让等；

④所提供产品或者服务的数量、质量和标准；

⑤设施权属，以及相应的维护和更新改造；

⑥监测评估；

⑦投融资期限和方式；

⑧收益取得方式，价格和收费标准的确定方法以及调整程序；

⑨履约担保；

⑩特许经营期内的风险分担；

⑪政府承诺和保障；

⑫应急预案和临时接管预案；

⑬特许经营期限届满后，项目及资产移交方式、程序和要求等；

⑭变更、提前终止及补偿；

⑮违约责任；

⑯争议解决方式；

⑰需要明确的其他事项。

（6）与政府签订回购协议或特许经营协议，可要求政府下属国资公司担保（看政府是否同意），也可以成立新公司来签订合同。

（7）融资方式可选择信托、基金、银行贷款、大型公司投资、自己设立私募基金、发债、企业票据债（形式参股、直接投资）等。

（8）明确融资方案：包括投资方式、金额、回报条件等。看其是否有担保（国资公司），可同时与多家金融机构进行洽谈，选择条件优厚者进行合作。

（9）如未达成一致，需另寻找融资机构，如达成一致，则进行下一步合作。

（10）资金到位后，按照施工合同以及进度进行工程款拨付。

二、普华商学院提示

（1）操作周期

操作周期一般长达数年，具体视情况而定。

（2）操作费用

根据实际融资对象而定。

PPP是Public—Private—Partnership的字母缩写，即公私合作模式，指在城市基础设施领域（包括公租房），政府采取竞争性方式选择具有投资、运营管理能力的社会资金，并与其签订合同，由社会资本提供基础建设以及资金、公共服务，政府依据公共服务绩效评价结果向社会资本支付资金的一种项目融资模式。

通常情况下，由于PPP项目投资期限长、回报低、收益稳定，在实际操作中对民营企业提升经济效益并没有显著帮助。所以在实际运作过程中，大多数PPP项目都变相使用银行或银行间交易商协会的资金来完成项目，而事实上PPP承建项目方只是一个连接项目与银行的平台，一般不建议任何民营企业仅靠自有资金来完成PPP项目。鉴于人民币快速贬值，国内经济形势变化较大，可能会导致民营企业在使用自有资金完成PPP项目后，得到的资金不能满足企业发展的需要。

最后，需要特别注意的是PPP项目中的BT项目与BOT项目有所不同，BT项目是政府分期付款进行回购，不需建设者实际经营。而BOT项目建设公司实际经营后，以经营利润来收回投资，经营期限满后移交政府。由于BOT项目存在风险、年限较长，再加上政治、市场环境等因素的影响，会导致预期之外的事情发生，所以与政府签订BOT相关协议，要把相关风险纳入到协议里。

国内主板、中小板上市的流程 053

国内主板上市的流程是在上海证券交易所主板 IPO（首次发行）上市的流程。中小板上市的流程是在深圳证券交易所中小企业板 IPO（首次发行）上市的流程。

在中国的证券市场，企业上市和挂牌都允许公开向社会发售股票，上市受中国证监会监管，在证券交易所交易，信任度更高。而挂牌则由地方主管部门监管，是企业在区域性的股权交易场所交易。

一、关键点解析

流程图中红色标注的是核心环节，除此之外还有一些需要特别注意的关键环节，用序号标注，下面对这些环节进行详细的解析：

（1）企业要上市必须满足下列条件：

①依法设立且持续经营 3 年以上的股份有限公司；

②最近 3 个会计年度净利润均为正数且累计超过 3000 万元；最近 3 个会计年度经营活动产生的现金流量净额累计超过 5000 万元，或者最近 3 个会计年度营业收入累计超过 3 亿元；

③最近一期末不存在未弥补亏损；

④最近一期末无形资产占净资产的比例不高于 20%；

⑤发行前股本总额不少于 3000 万元，发行后的股本总额不少于 5000 万元；

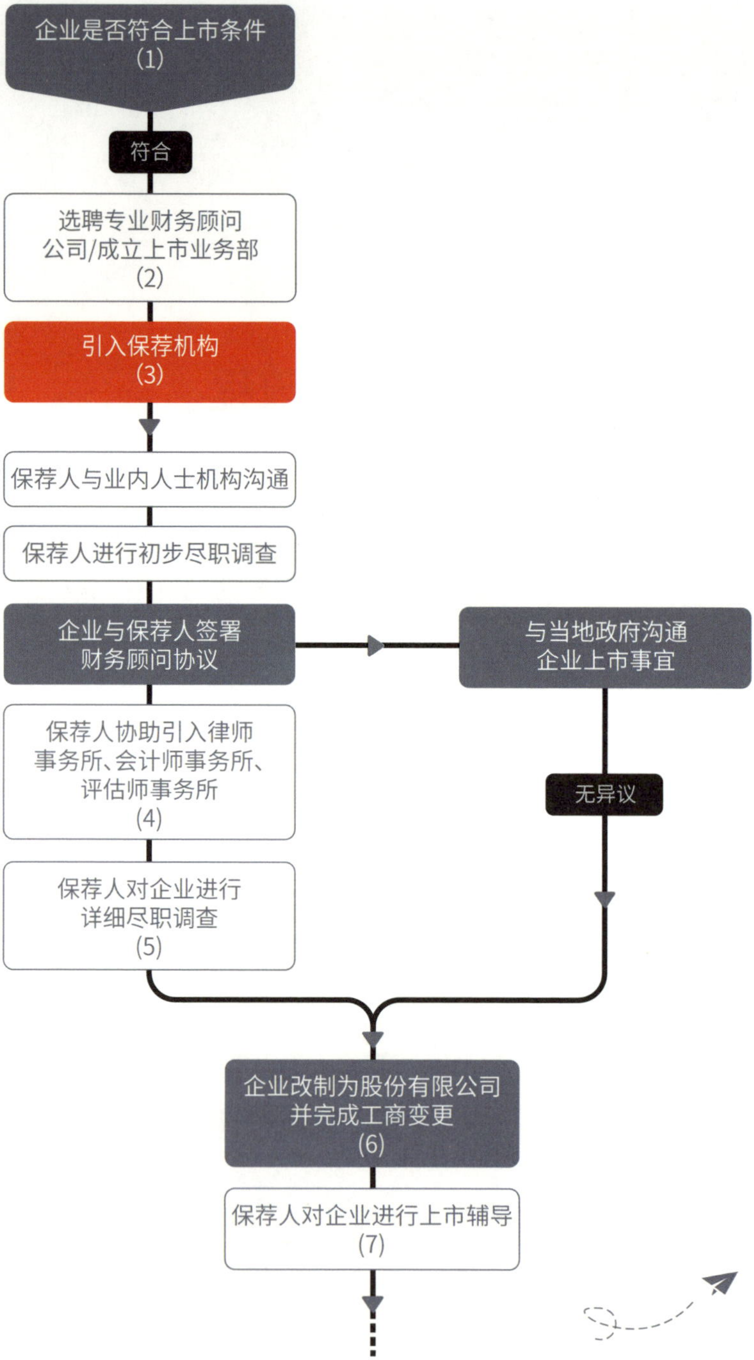

企业是否符合上市条件
(1)

符合

选聘专业财务顾问
公司/成立上市业务部
(2)

引入保荐机构
(3)

保荐人与业内人士机构沟通

保荐人进行初步尽职调查

企业与保荐人签署
财务顾问协议

与当地政府沟通
企业上市事宜

无异议

保荐人协助引入律师
事务所、会计师事务所、
评估师事务所
(4)

保荐人对企业进行
详细尽职调查
(5)

企业改制为股份有限公司
并完成工商变更
(6)

保荐人对企业进行上市辅导
(7)

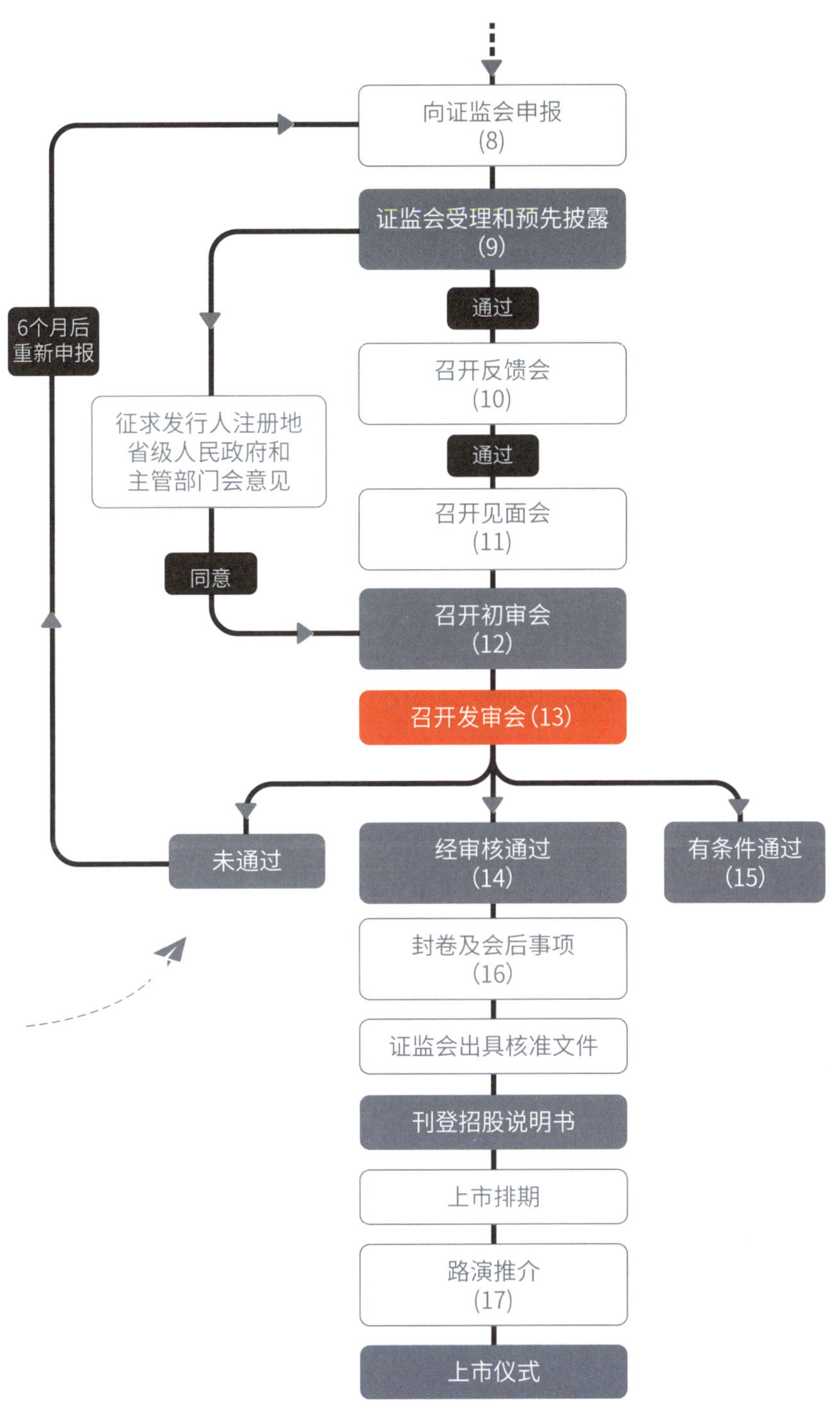
向证监会申报
(8)
证监会受理和预先披露
(9)
通过
召开反馈会
(10)
通过
召开见面会
(11)
6个月后
重新申报
征求发行人注册地
省级人民政府和
主管部门会意见
同意
召开初审会
(12)
召开发审会(13)
未通过
经审核通过
(14)
有条件通过
(15)
封卷及会后事项
(16)
证监会出具核准文件
刊登招股说明书
上市排期
路演推介
(17)
上市仪式

⑥完整的业务体系，直接面向市场独立经营的能力；最近3年主营业务、董事和高级管理人员无重大变动，实际控制人没有变更。

（2）一般情况下由财务顾问担任上市总协调人，全面协调上市工作和各中介机构工作分工，维护企业利益。

（3）选定合适的保荐代表人很关键，保荐代表人的能力和经验与企业能否上市密切相关。

（4）律师事务所、会计师事务所、评估师事务所需要具备政府批准的事务所执业证书，以经验丰富者为优先选择。

（5）尽职调查是保荐人对发行人全面调查，主要包括发行人基本情况调查、业务与技术调查、同业竞争与关联交易调查、高管人员调查、组织结构与内部控制调查、财务与会计调查、业务发展目标调查、募集资金运用调查、风险因素及其他重要事项调查。充分了解发行人是否符合发行条件的过程，保荐人建立尽职调查工作底稿制度。

（6）在保荐人的协助指导下进行企业股份制改制，落实改制方案，召开创立大会并向工商行政管理部门申请完成变更登记。

（7）签订财务顾问协议，保荐人根据主板（中小板）上市要求，对企业进行辅导并向当地证监会派出机构报备，辅导期满，在企业达到辅导目标后，保荐人报备派出机构验收。

（8）保荐人及保荐代表人履行审慎核查和辅导义务，保荐人与中介机构协助发行人制作申报材料，保荐代表人完成招股说明书，在尽职调查基础上形成保荐书，会计师事务所的审计报告、评估机构的资产评估报告、律师出具的法律意见书将为招股说明书有关内容提供法律及专业依据。保荐机构对申报资料内核后向中国证监会申报。

（9）中国证监会在收到申请文件后的5个工作日内决定是否受理，发行监管部正式受理后安排预先披露。

（10）反馈会按照申请文件受理顺序安排。反馈会主要讨论初步审核中关注的主要问题，确定需要发行人补充披露以及中介机构进一步核查说明的问题。反馈会后将形成书面意见，履行内部程序后反馈给保荐机构。

保荐机构收到反馈意见后，组织发行人及相关中介机构进行回复。

（11）反馈会后按照申请文件受理顺序安排见面会。见面会建立发行人与发行监管部的初步沟通机制，参会人员包括发行人代表、发行监管部相关负责人、相关监管处室负责人等。

（12）初审会由审核人员汇报发行人的基本情况、初步审核中发现的主要问题及反馈意见回复情况。初审会由综合处组织并负责记录，出具初审报告，并书面告知保荐机构需要进一步说明的事项以及做好上发审会的准备工作。

（13）发审委制度是发行审核中的专家决策机制，以记名投票方式对首发申请进行表决。目前主板中小板发审委委员共 25 人，创业板发审委委员共 35 人，发审会召开 5 天前发布公告。

首发发审会由审核人员向委员报告审核情况，并就有关问题提供说明，委员发表审核意见，发行人代表和保荐代表人各 2 名到会陈述和接受询问，聆询时间不超过 45 分钟，聆询结束后由委员投票表决。

（14）发行审核过程中，将按照对首发企业信息披露质量抽查。

（15）有条件通过时需要及时补交相关资料。

（16）发行人的首发申请通过发审会审核后，需要进行封卷工作，即将申请文件原件重新归类后存档备查。通过发审会审核后，招股说明书刊登前发生的可能影响本次发行上市及对投资者作出投资决策有重大影响的会后事项，发行人及其中介机构应按规定向综合处提交会后事项材料，履行会后事项程序，会后事项可与封卷可同时进行。核准发行前，发行人及保荐机构应及时报送发行确定的承销方案。

（17）介入发行和流通间的环节，在排期后、二级市场正式流通前，对待发行股票通过竞买先行承销。

二、普华商学院提示

（1）操作周期

2 年左右。

（2）操作费用

基本费用 2000 万元左右，承销与发行费用根据融资额确定。

主要费用明细如下所示：

费用名称	收费标准
保荐费用	200万～400万元
辅导费用	100万左右
承销及发行费用	融资额的3%～6%
会计师费用	80万～150万元
律师费用	60万～120万元
评估费用	10万～50万元
信息披露及路演费用	400万～800万元
上市维持费	每年100万左右

注：因为券商规模大小和公司个体差异较大，具体费用根据拟上市公司的财务顾问（主办券商）的报价为准。

中国证券市场最早只有主板市场。主板、中小板是同样类型市场的两个板块，上市流程一样，因为历史原因两个板块有所区别。目前发行量在 1 亿股以上的企业在上海证券交易所上市，即主板上市；1 亿股以下的企业在中小板上市，即在深圳证券交易所上市，同样因为一些历史原因，部分主板公司也在深圳证券交易所上市，但多为 1999 年以前上市的公司。

另外需要强调的是，上市保荐代表人至少要有两人，拟上市公司规模越大，保荐代表人的人数也就越多。

054 国内创业板上市的流程

国内的创业板一般又称二板市场，此处所讲的创业板上市的流程是指在国内创业板 IPO 上市的流程。

一、关键点解析

流程图中红色标注的是核心环节，除此之外还有一些需要特别注意的关键环节，用序号标注，下面对这些环节进行详细的解析：

（1）上市条件：

①依法设立且持续经营 3 年以上的股份有限公司；

②最近两年连续盈利，最近两年净利润累计不少于 1000 万元，且持续增长；或者最近一年盈利，且净利润不少于 500 万元，最近一年营业收入不少于 5000 万元，最近两年营业收入增长率均不低于 30%。

③最近一期末净资产不少于 2000 万元，最近一期末不存在未弥补亏损；

④发行前股本总额不少于 3000 万元；

⑤主要经营一种业务；最近 2 年主营业务、董事和高级管理人员无重大变动，实际控制人没有变更。

（2）财务顾问担任上市总协调人，全面协调上市工作和各中介机构工作分工，维护企业利益。

（3）选定合适的保荐代表人，保荐代表人的能力和经验与企业能否上市密

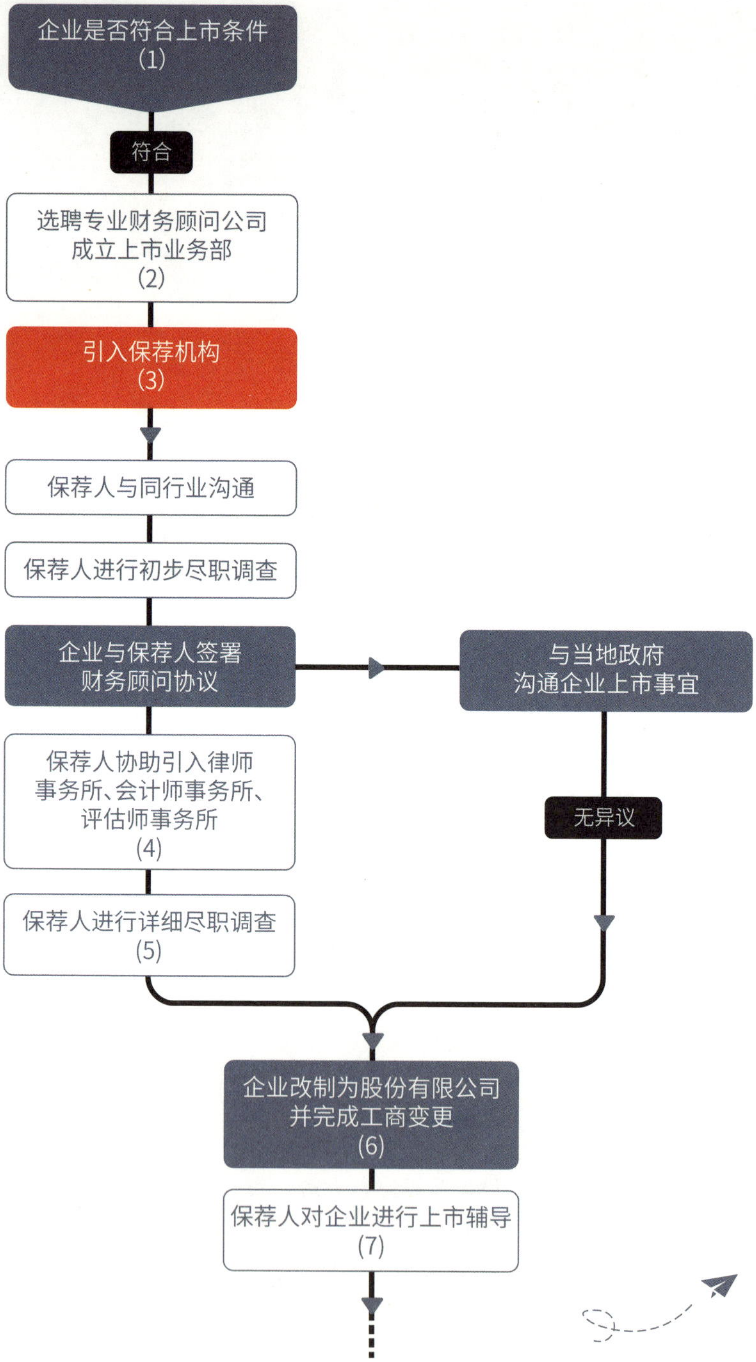

企业是否符合上市条件
(1)

符合

选聘专业财务顾问公司
成立上市业务部
(2)

引入保荐机构
(3)

保荐人与同行业沟通

保荐人进行初步尽职调查

企业与保荐人签署
财务顾问协议

与当地政府
沟通企业上市事宜

无异议

保荐人协助引入律师
事务所、会计师事务所、
评估师事务所
(4)

保荐人进行详细尽职调查
(5)

企业改制为股份有限公司
并完成工商变更
(6)

保荐人对企业进行上市辅导
(7)

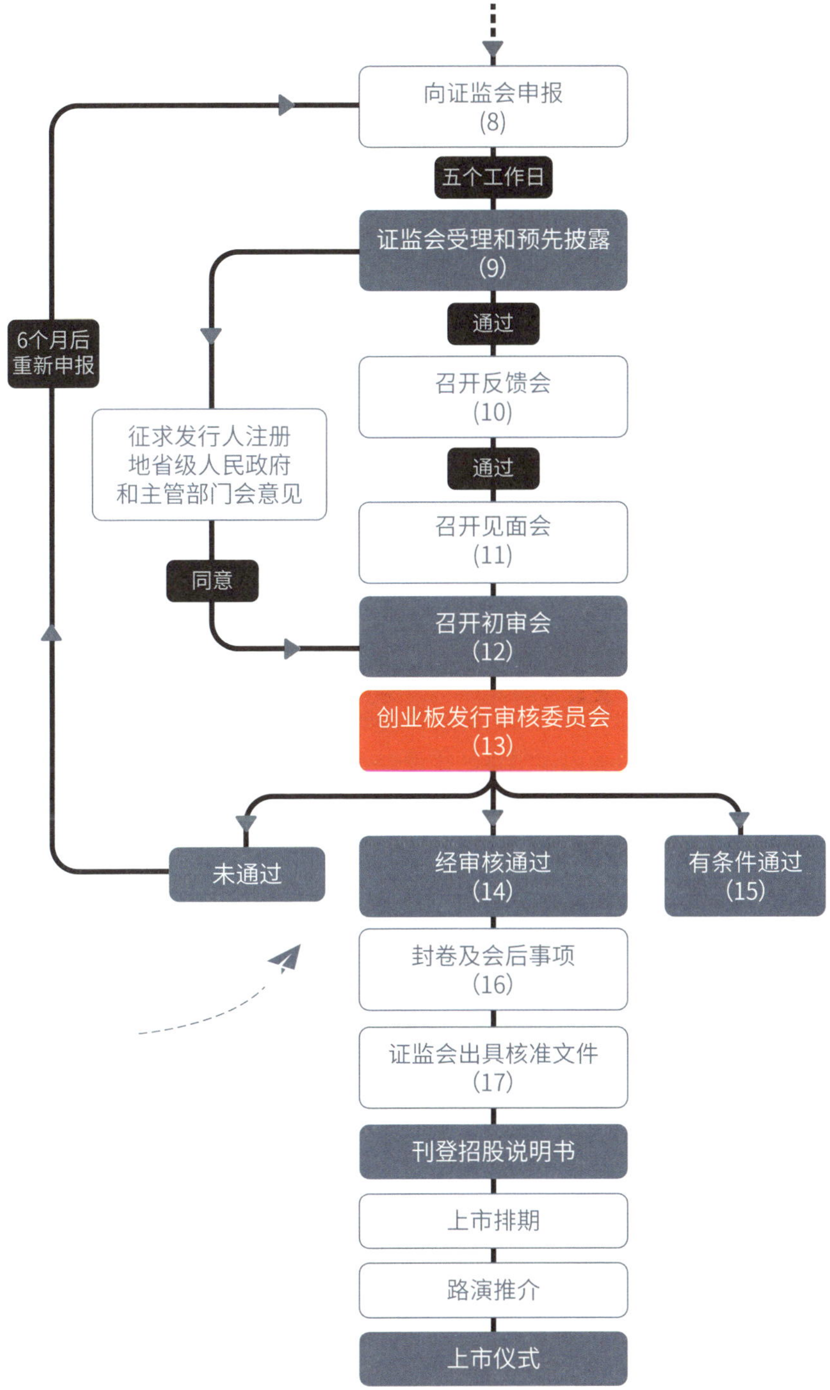

向证监会申报（8）

五个工作日

证监会受理和预先披露（9）

通过

召开反馈会（10）

通过

召开见面会（11）

征求发行人注册地省级人民政府和主管部门会意见

同意

召开初审会（12）

创业板发行审核委员会（13）

未通过

6个月后重新申报

经审核通过（14）

有条件通过（15）

封卷及会后事项（16）

证监会出具核准文件（17）

刊登招股说明书

上市排期

路演推介

上市仪式

切相关。

（4）律师事务所、会计师事务所、评估师事务所需要具备政府批准的事务所执业证书，以经验丰富者为优先选择。

（5）尽职调查是保荐人对发行人全面调查，主要包括发行人基本情况调查、业务与技术调查、同业竞争与关联交易调查、高管人员调查、组织结构与内部控制调查、财务与会计调查、业务发展目标调查、募集资金运用调查、风险因素及其他重要事项调查。充分了解发行人是否符合发行的条件，保荐人建立尽职调查工作底稿制度。

（6）在保荐人的协助指导下进行企业股份制改制，落实改制方案，召开创立大会并向工商行政管理部门申请完成变更登记。

（7）签订财务顾问协议，保荐人根据创业板上市要求，对企业进行辅导并向当地证监会派出机构报备，辅导期满，在企业达到辅导目标后，保荐人报备派出机构验收。

（8）保荐人及保荐代表人履行审慎核查和辅导义务，保荐人与中介机构协助发行人制作申报材料，保荐代表人完成招股说明书，在尽职调查基础上形成保荐书，会计师事务所的审计报告、评估机构的资产评估报告、律师出具的法律意见书将为招股说明书有关内容提供法律及专业依据。保荐机构对申报资料内核后向中国证监会申报。

（9）中国证监会在收到申请文件后的5个工作日内决定是否受理，发行监管部正式受理后安排预先披露。

（10）反馈会按照申请文件受理顺序安排。反馈会主要讨论初步审核中关注的主要问题，确定需要发行人补充披露以及中介机构进一步核查说明的问题。反馈会后将形成书面意见，履行内部程序后反馈给保荐机构。

保荐机构收到反馈意见后，组织发行人及相关中介机构进行回复。

（11）反馈会后按照申请文件受理顺序安排见面会。见面会建立发行人与发行监管部的初步沟通机制，参会人员包括发行人代表、发行监管部相关负责人、相关监管处室负责人等。

（12）初审会由审核人员汇报发行人的基本情况、初步审核中发现的主要问题及反馈意见回复情况。初审会由综合处组织并负责记录，出具初审报告，并书面告知保荐机构需要进一步说明的事项以及做好上发审会的准备工作。

（13）创业板发行审核委员会审核，以记名投票方式对首发申请进行表决。目前创业板发审委委员共35人，发审会召开5天前发布公告。首发发审会由审核人员向委员报告审核情况，并就有关问题提供说明，委员发表审核意见，发行人代表和保荐代表人各2名到会陈述和接受询问，聆询时间不超过45分钟，聆询结束后由委员投票表决。

（14）发行审核过程中，将按照对首发企业信息披露质量抽查。

（15）有条件通过时需要及时补交相关资料。

（16）发行人的首发申请通过发审会审核后，需要进行封卷工作，即将申请文件原件重新归类后存档备查。通过发审会审核后，招股说明书刊登前发生的可能影响本次发行上市及对投资者作出投资决策有重大影响的会后事项，发行人及其中介机构应按规定向综合处提交会后事项材料，履行会后事项程序，会后事项可以与封卷可同时进行。

（17）核准发行前，发行人及保荐机构应及时报送发行确定的承销方案。

二、普华商学院提示

（1）操作周期

两年左右。

（2）操作费用

基本费用在1500万元左右，承销发行费用根据融资额度确定，费用明细如下表所示：

费用名称	收费标准
保荐费用	200万～400万元
辅导费用	100万左右
承销及发行费用	融资额的2.5%～4%
会计师费用	80万～150万元
律师费用	60万～120万元
评估费用	10万～50万元
信息披露及路演费用	400万～800万元

注：因为券商规模大小和拟上市公司个体差异较大，具体费用根据拟上市公

司的财务顾问（主办券商）的报价为准。

从流程角度看，创业板上市流程与主板、中小板基本一致。

目前我国的创业板重点支持具有自主创新能力的企业上市，一般来讲，其市场风险要高于主板。

在成立中国首家证券交易所的时候，上交所和深交所是同时筹备的，两地政府之间有过激烈的竞争。从获批时间上看，上交所稍早了几天，但是深交所却先一步开始营业。于是，在究竟谁才是中国第一家证券交易所这个问题上，一直存在着争议。

这种竞争关系也一直伴随在后面的业务开展过程中。证券交易会带来大量的衍生收益，带动交易所所在地的银行、保险等一系列行业的发展，加上交割产生的手续费和其他收入，由此产生的资金流通和直接税收会给当地政府带来很可观的财政收益，因此证券交易所成为地方政府的优质获利平台，所以两个交易所在竞争中都使出了浑身解数。

最开始，双方的差异仅仅是股票代码的差别。深交所的股票代码以 0 开头，上交所的股票代码则以 6 开头，但双方都是主板交易。

这一局面在 2000 年前后发生变化。中央政府一度对美国纳斯达克股票交易市场的股票交易模式颇感兴趣，于是立志打造中国的纳斯达克，做中国的创业板。为了争取到这一机会，上交所和深交所均为此投入了大量精力，最终深交所成功中标。为了全心打造中国的纳斯达克，深交所连续 3 年停发新股。

后来发生的事情相信很多人都知道，2000 年 4 月份，美国纳斯达克股市崩盘，于是中国的纳斯达克项目被无限期推迟。而深交所因为连续 3 年没有新股票上市，

其股市规模严重萎缩，筹资功能丧失殆尽，不仅影响了深交所及深圳经济的发展，而且对中国证券市场的发展形成了空前的制约。

对此局面深交所不能忍受，再次向中央申报，获批后作为创业板的过渡，开设了中小企业板交易。2004 年 5 月获证监会批准，6 月深交所恢复发新股，8 只新股在中小板上市，时称中国股市“新八股”。相对主板来说，中小板的交易规则并没有显著区别，流通盘在 1 亿元以上的在主板上市，1 亿元以下的则是中小板。自此深交所在国内的地位得到确认，大量的企业在中小板上市。

2009 年 10 月，中国创业板正式上市。中央政府为了补偿当年深圳在等待中国的纳斯达克项目 3 年中所受的损失，将创业板的上市工作也交给了深交所。自此，中国的证券市场形成了主板公司在上交所上市，中小板和创业板公司在深交所上市的格局。

055

新三板挂牌的流程

国内新三板挂牌的流程是指在全国中小企业股份转让系统挂牌的流程。

全国中小企业股份转让系统，一般被俗称为“新三板”。

一、关键点解析

流程图中红色标注的是核心环节，除此之外还有一些需要特别注意的关键环节，用序号标注，下面对这些环节进行详细的解析：

（1）新三板挂牌需要满足以下基本条件：

①依法设立且存续满 2 年；

②业务明确，具有持续经营能力；

③公司治理机制健全，合法规范经营；

④股权明晰，股票发行、转让合法合规；

⑤主办券商推荐并持续督导。

（2）财务顾问担任挂牌总协调人，作为专业机构全面协调挂牌工作和各中介机构工作分工，维护企业利益。

（3）主办券商须经全国中小企业股份转让系统批准从事推荐业务的证券公司。主办券商业务包括推荐股份公司股票挂牌，对挂牌公司进行持续督导，代理投资者买卖挂牌公司股票，为股票转让提供做市服务及其他业务。

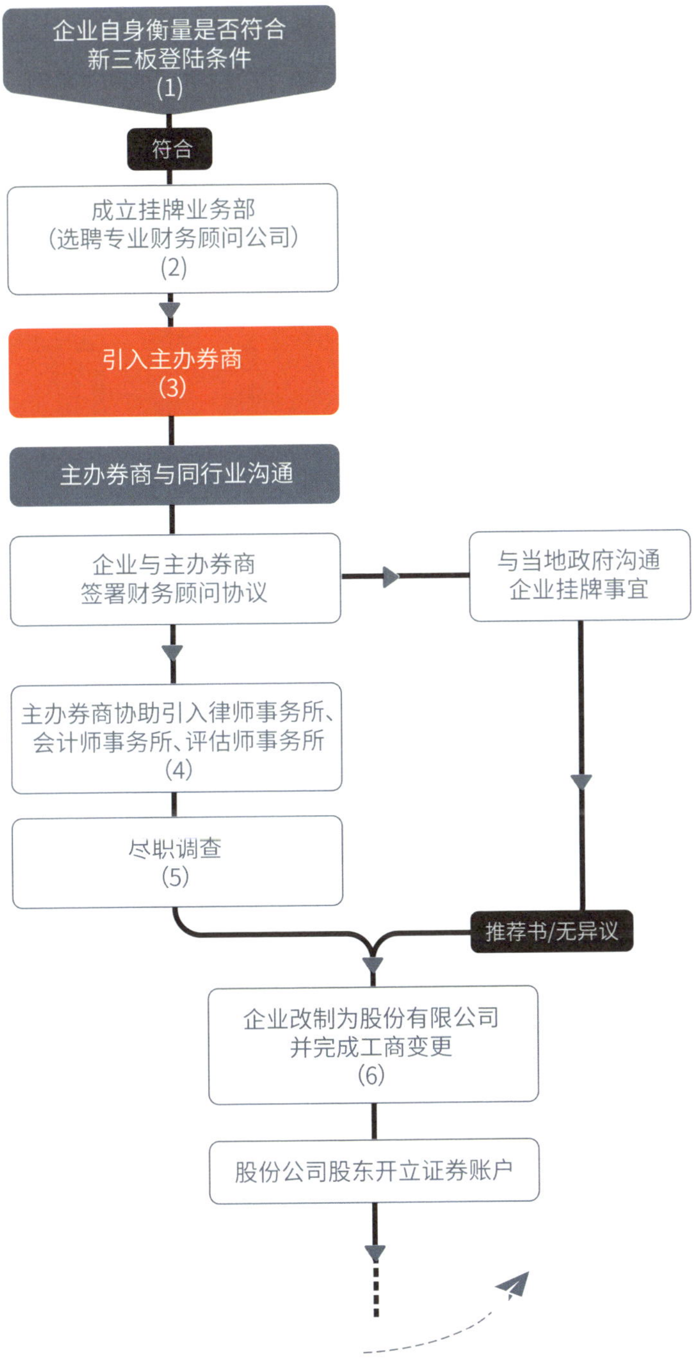

企业自身衡量是否符合新三板登陆条件
(1)

符合

成立挂牌业务部
(选聘专业财务顾问公司)
(2)

引入主办券商
(3)

主办券商与同行业沟通

企业与主办券商签署财务顾问协议

与当地政府沟通企业挂牌事宜

主办券商协助引入律师事务所、会计师事务所、评估师事务所
(4)

尽职调查
(5)

推荐书/无异议

企业改制为股份有限公司并完成工商变更
(6)

股份公司股东开立证券账户

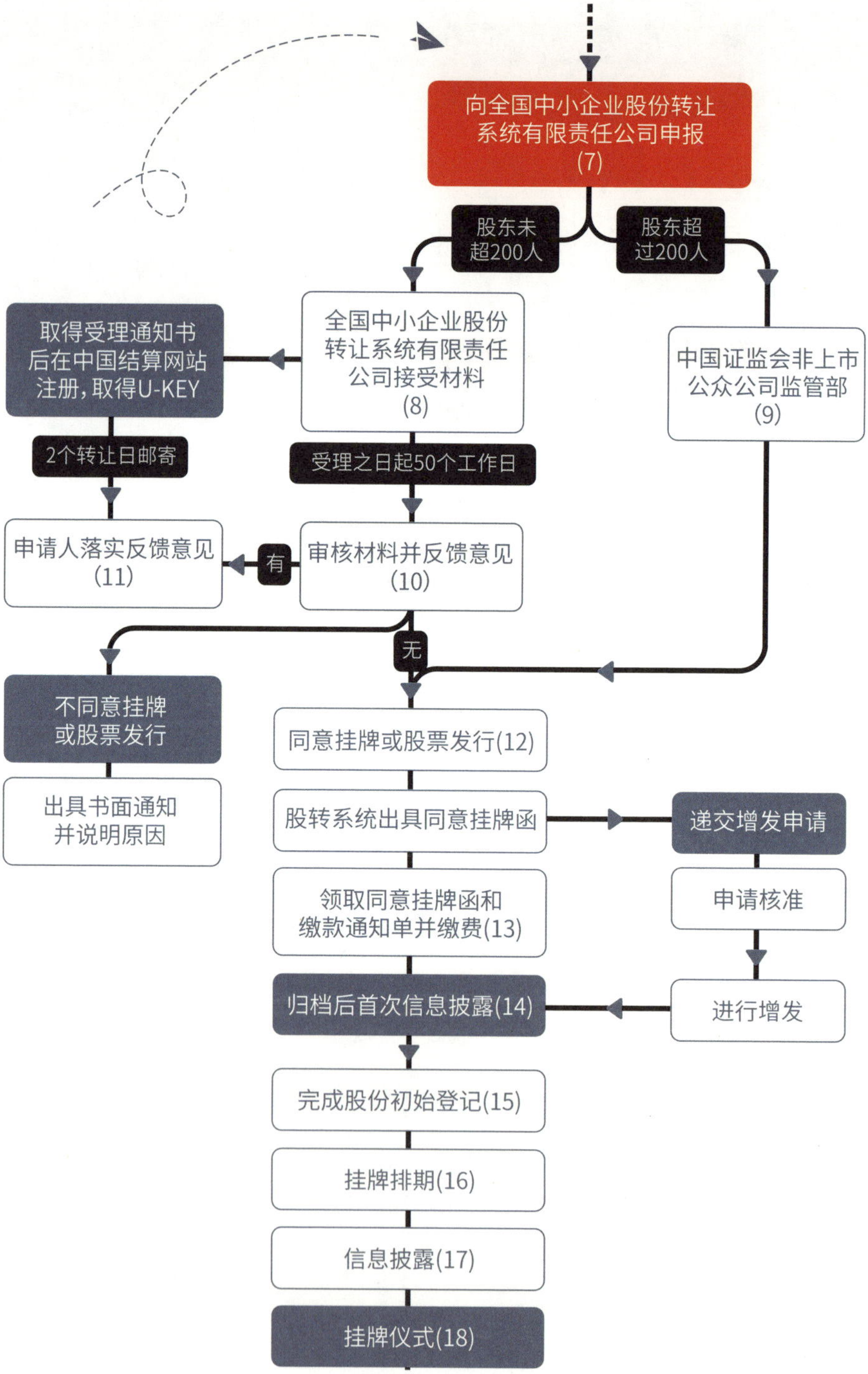

向全国中小企业股份转让系统有限责任公司申报(7)
股东未超200人
股东超过200人
全国中小企业股份转让系统有限责任公司接受材料(8)
中国证监会非上市公众公司监管部(9)
取得受理通知书后在中国结算网站注册，取得U-KEY
2个转让日邮寄
受理之日起50个工作日
申请人落实反馈意见(11)
有
审核材料并反馈意见(10)
无
不同意挂牌或股票发行
出具书面通知并说明原因
同意挂牌或股票发行(12)
股转系统出具同意挂牌函
递交增发申请
申请核准
领取同意挂牌函和缴款通知单并缴费(13)
归档后首次信息披露(14)
进行增发
完成股份初始登记(15)
挂牌排期(16)
信息披露(17)
挂牌仪式(18)

财务顾问根据挂牌进程分阶段收取费用，包括委托备案费、改制费、推荐费、督导费等。

（4）会计师事务所、评估师事务所要具有证券、期货业务资格，律师事务所没有要求，以经验丰富者优先选择。

（5）尽职调查主要检查公司挂牌是否存在实质性障碍，包括业务调查、公司治理调查、财务调查、合法合规调查等，充分了解申请公司是否符合挂牌条件，主办券商建立尽职调查工作底稿制度。

（6）在主办券商的协助指导下进行企业股份制改制，落实改制方案，根据企业情况进行挂牌前私募融资，召开创立大会并向工商行政管理部门申请完成变更登记。

（7）主办券商指导确定交易方式，主办券商指导进行挂牌申报工作，与中介机构在尽调资料的基础上协助拟挂牌公司制作申报材料，主要包括申请报告、公开转让说明书、财务报表及审计报告、法律意见书、公司章程、主办券商推荐报告、证券简称及证券代码申请书等。主办券商对申报资料内核后向全国中小企业股份转让系统申报。申报资料通过挂牌审查系统报送，受理窗口线上受理确认，不再接收纸质资料。

（8）股东200人以下的申报公司需要实施备案管理。审查内容为：公司是否符合挂牌条件；信息披露完备性、合规性；中介机构是否归位尽责。

（9）股东200人以上的申报公司统一纳入中国证监会非上市公众公司监管。

应提供省级人民政府的确认函的为：

《公司法》实施前，体改部门批准设立存在不规范情形的定向募集公司；依法批准向社会公开发行股票的公司；按国务院规定，清理整顿证券交易场所后“下柜”形成的股东超过200人的公司；中国证监会认为需要省级人民政府出具确认函的其他情形。

（10）财务和非财务审查人员对需要申请人补充披露、解释说明或中介机构进一步核查落实的主要问题撰写书面反馈意见，由窗口告知、送达申请人及主办券商。

（11）第一次回复反馈意见时向挂牌业务部提交股票初始登记申请表；申请人应在规定时间内向窗口提交反馈回复意见；如需延期回复可提交申请，但最长不得超过 30 个工作日。

（12）申请挂牌公司可在申请挂牌时或挂牌审查期间提出股票发行申请，履行董事会、股东大会审议程序，自主决定发行方式、发行价格和发行比例。申请挂牌同时股票发行后股东不超过 200 人的，中国证监会豁免核准。

（13）接到领取通知的第二个转让日，持申请挂牌公司出具的介绍信和经办人身份证复印件在全国股转公司受理窗口领取《同意挂牌函》和《缴费通知单》；申请挂牌公司缴纳挂牌初费和当年年费，暂免征收注册在内蒙古、广西、西藏、宁夏和新疆 5 个民族自治地区的挂牌公司挂牌费用。

（14）挂牌前首次信息披露日期。

（15）根据中国结算北京分公司的要求在线办理股票初始登记，取得电子版的《股份登记确认书》。

（16）取得《股份登记确认书》的当日 11 时前，向挂牌业务部递交《股票公开转让记录表》扫描件、《股份登记确认书》、《做市商持有证券信息表》（如有），确定挂牌日期。挂牌日为取得《股份登记确认书》当日起算的第三个转让日。

（17）挂牌前一日进行挂牌前第二次信息披露，申请挂牌公司通过全国股转系统业务支持平台报送，系统将在 15：30 后在 www.neeq.com.cn 或 www.neeq.cc 上披露。披露文件：《关于公司股票将在全国股转系统挂牌公开转让的提示性公告》、《关于公司挂牌同时发行的股票将在全国股转系统挂牌公开转让的公告》（如有）及其他公告文件。

（18）申请挂牌公司与全国股转公司信息研究部沟通挂牌仪式事宜。

二、普华商学院提示

（1）操作周期

6 ～ 14 个月。

（2）操作费用

200 万元左右，融资费用为定增总额的 3% ～ 6%。

新三板是经国务院批准设立的继上海证券交易所、深圳证券交易所之后第三家全国性公开转让股票的市场，在新三板挂牌的公司可以公开向全国的合格投资人出售股票，所有合格投资人都可以在新三板市场购买挂牌公司的股票。凡是正常经营两年以上的非国家禁止、限制行业的企业均可申请在新三板挂牌交易。

新三板做市商最少两个，增加时以倍数递增，需要强调的是，做市商越多，挂牌公司越受市场青睐。

国内 OTC 市场挂牌的流程

056

国内 OTC 市场挂牌流程即在场外交易市场挂牌的流程。行业内一般称场外交易市场为 OTC 交易市场。

一、关键点解析

流程图中红色标注的是核心环节，除此之外还有一些需要特别注意的关键环节，用序号标注，下面对这些环节进行详细的解析：

（1）在国内 OTC 市场挂牌要满足下列基本条件：

合法设立并存续；对属于房地产行业以及钢铁、水泥、矿产等高污染、高能耗、产能过剩行业的企业挂牌持谨慎态度，需与股份中心沟通。

（2）券商须为经股权交易中心认可的合格推荐机构；联系人负责组织、协调企业与股权交易中心和各中介业务往来。

（3）与当地政府金融办沟通是为了便于申报政府补贴资金。

（4）会计师事务所、评估师事务所要具有证券、期货业务资格，律师事务所没有要求，经验丰富者优先选择。

（5）尽职调查是检查公司挂牌是否存在实质性障碍，主要包括业务调查、公司治理调查、财务调查、合法合规调查等，充分了解申请公司是否符合挂牌条件，是企业改制的基础。

（6）在推荐机构的协助指导下进行企业股份制改制，落实改制方案，进行

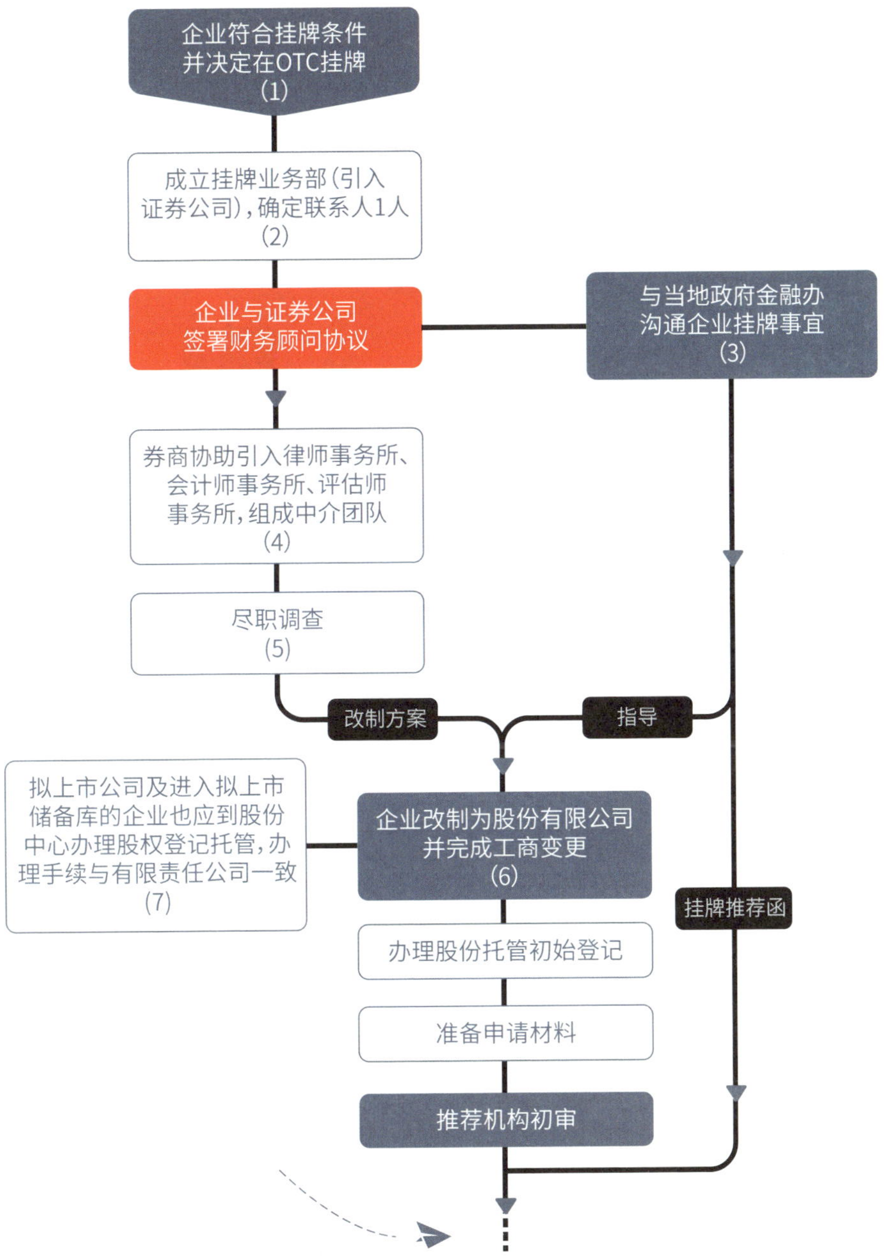

企业符合挂牌条件并决定在OTC挂牌（1）
成立挂牌业务部（引入证券公司），确定联系人1人（2）
企业与证券公司签署财务顾问协议
与当地政府金融办沟通企业挂牌事宜（3）
券商协助引入律师事务所、会计师事务所、评估师事务所，组成中介团队（4）
尽职调查（5）
改制方案
指导
拟上市公司及进入拟上市储备库的企业也应到股份中心办理股权登记托管，办理手续与有限责任公司一致（7）
企业改制为股份有限公司并完成工商变更（6）
挂牌推荐函
办理股份托管初始登记
准备申请材料
推荐机构初审

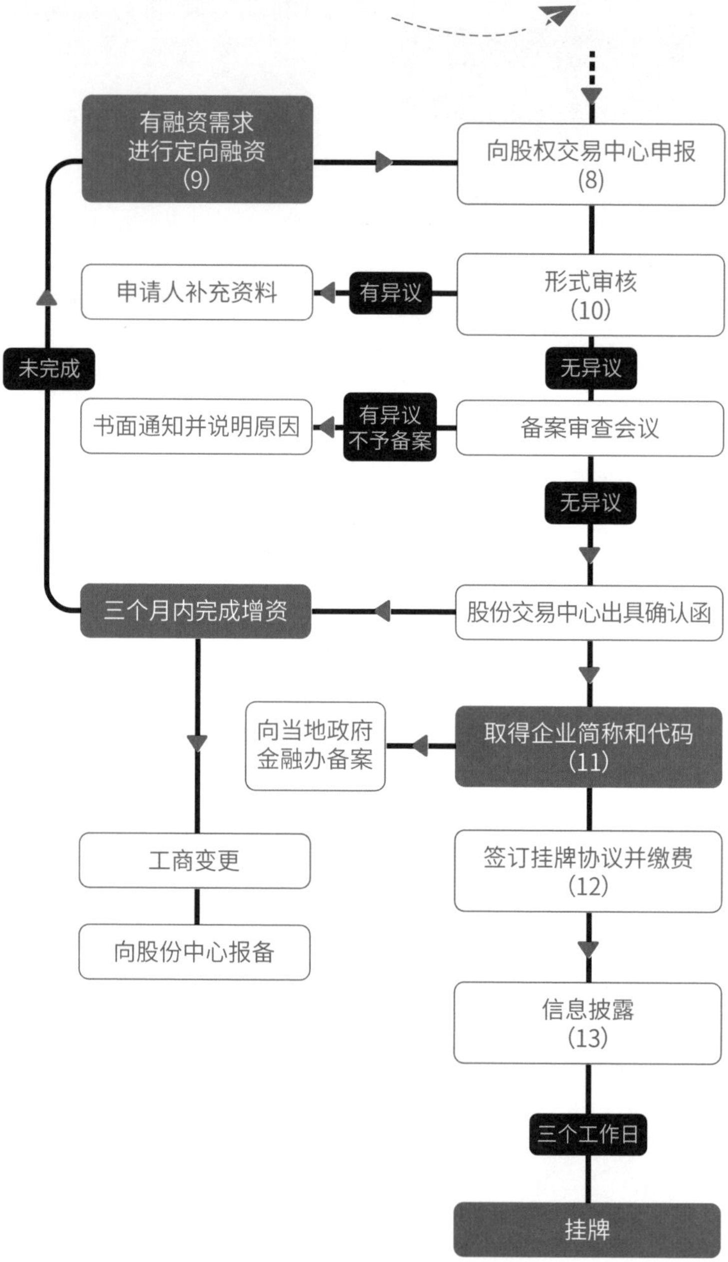

向股权交易中心申报
(8)

有融资需求
进行定向融资
(9)

形式审核
(10)

有异议

申请人补充资料

无异议

备案审查会议

有异议
不予备案

书面通知并说明原因

无异议

股份交易中心出具确认函

三个月内完成增资

未完成

工商变更

向股份中心报备

取得企业简称和代码
(11)

向当地政府
金融办备案

签订挂牌协议并缴费
(12)

信息披露
(13)

三个工作日

挂牌

挂牌前私募融资，召开创立大会并向工商行政管理部门申请完成变更登记。

（7）拟上市公司及进入拟上市储备库的企业即为拟在主板（中小板）创业板上市的企业。

（8）股份交易中心具有股份登记托管、挂牌交易、代办权益分派等功能。

（9）申报时需要提交的资料包括：

①孵化板挂牌企业信息表；

②拟挂牌企业的营业执照副本复印件或其他合法执业证照复印件；

③推荐机构与拟挂牌企业签订的推荐挂牌协议（可选）；

④交易中心要求的其他文件。

（10）有融资需求的可在挂牌前或挂牌后向股份中心申请，待审核通过后即可通过定增融资。

（11）形式审核经过初审和复核，审查申请资料完备性和合规性。

（12）代码与主板（中小板）创业板代码位数一致。

（13）挂牌费用总额在 1 万～ 10 万元之间；挂牌维持费用 1 万～ 10 万元。

（14）公司可自主选择披露等级，挂牌前三日在股交中心指定网站披露：《股份转让说明书》《公司章程》《审计报告》《法律意见书》。

二、普华商学院提示

（1）操作周期

2 ～ 4 个月。

（2）操作费用

视实际情况而定，具体费用如下表所示：

费用名称	收费标准
打包费用	50万元左右
挂牌费用	1万～10万元
维持费用	1万～10万元

OTC 交易市场其实是最早的证券交易市场，相对于如今的交易市场而言，OTC 市场没有固定的交易场所，主要是交易双方通过私下协商进行的一对一的交易。

OTC 市场的设立需要经过有关主管部门的批准，主要受地方政府金融办监管。凡是合法设立经营一年以上的公司均可在 OTC 市场上托管，进行股权融资等相关业务。

目前国内的 OTC 市场主要包括上海股权交易中心、深圳前海股权交易中心、北京股权交易中心、重庆股份转让交易中心。

057 搭建红筹构架的流程

搭建红筹构架的流程是指通过海外设立的公司控制国内公司并由海外公司实现上市的公司构架搭建流程。

一、关键点解析

流程图中红色标注的是核心环节，除此之外还有一些需要特别注意的关键环节，用序号标注，下面对这些环节进行详细的解析：

（1）企业决定选用红筹构架搭建的方式进行海外上市，需要先通过合法的途径对境内企业的股权、资产进行重组，将境内企业的股权或权益转移到海外控股公司拥有或控制。

（2）境内公司或其股东应当聘请在中国注册登记的中介机构担任顾问，为项目总协调人，全面协调各方工作。

（3）通常所说的“境外”一般包括英属维尔京群岛、BVI、开曼群岛、巴哈马群岛和百慕大群岛等。

（4）根据需要进行改制使企业更加规范化、合理化（非流程必须），红筹构架搭建后主要业务及资产在国内。

（5）涉及多个境内居民的，相关境内居民应出具委托书并委托其中 1 至 2 个境内居民办理相关外汇管理手续。

（6）境内公司增资，原股东应当在公司申请外商投资企业营业执照时缴付不低于 20% 的新增注册资本。并购后所设外商投资企业的经营范围、规模、土地

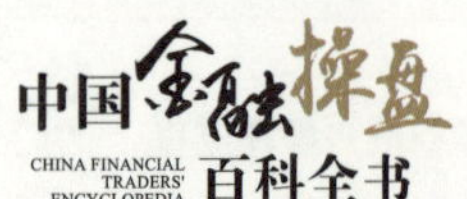

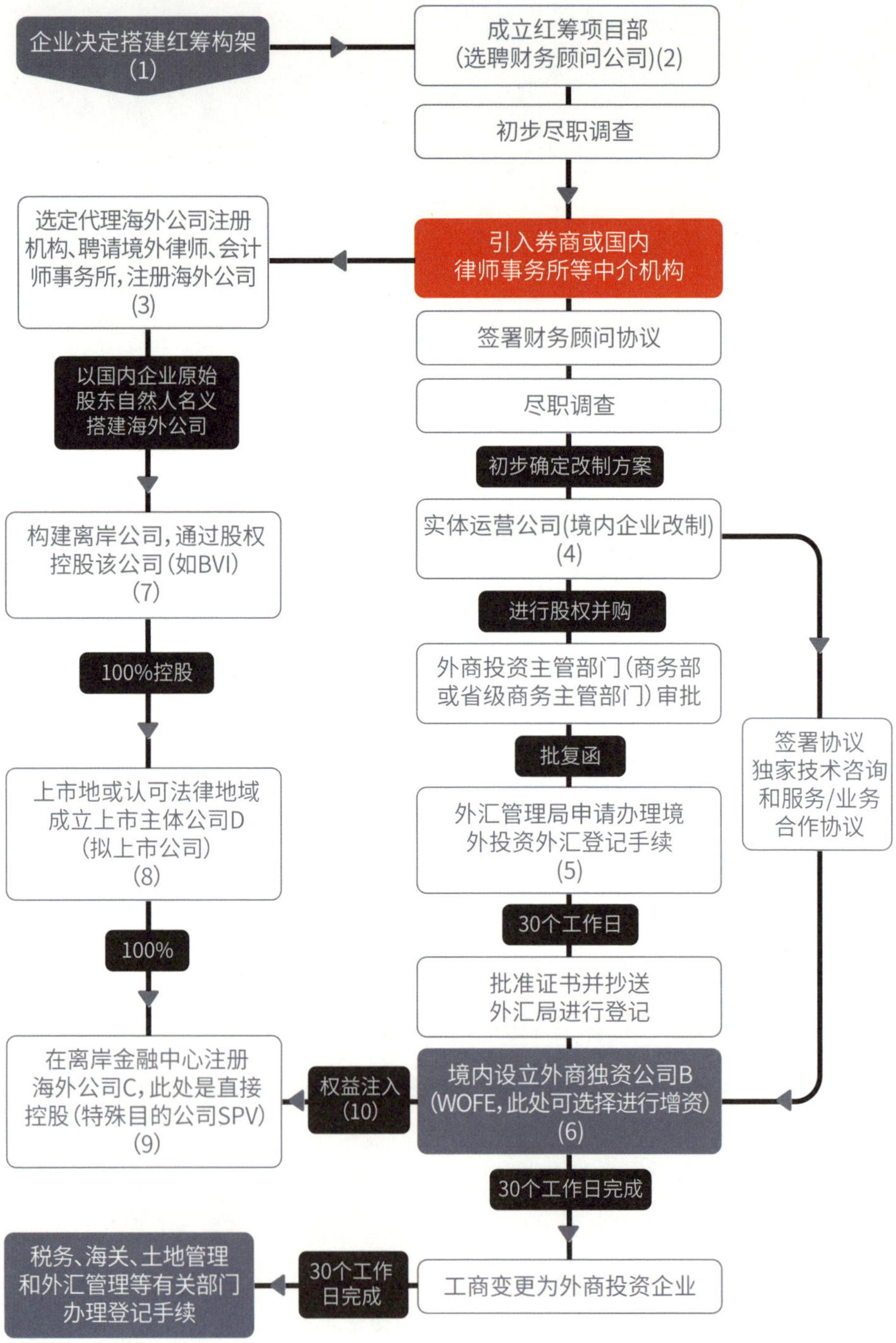

企业决定搭建红筹构架
(1)

成立红筹项目部
(选聘财务顾问公司)(2)

初步尽职调查

引入券商或国内
律师事务所等中介机构

选定代理海外公司注册
机构、聘请境外律师、会计
师事务所,注册海外公司
(3)

以国内企业原始
股东自然人名义
搭建海外公司

构建离岸公司,通过股权
控股该公司(如BVI)
(7)

100%控股

上市地或认可法律地域
成立上市主体公司D
(拟上市公司)
(8)

100%

在离岸金融中心注册
海外公司C,此处是直接
控股(特殊目的公司SPV)
(9)

签署财务顾问协议

尽职调查

初步确定改制方案

实体运营公司(境内企业改制)
(4)

进行股权并购

外商投资主管部门(商务部
或省级商务主管部门)审批

批复函

外汇管理局申请办理境
外投资外汇登记手续
(5)

30个工作日

批准证书并抄送
外汇局进行登记

签署协议
独家技术咨询
和服务/业务
合作协议

境内设立外商独资公司B
(WOFE,此处可选择进行增资)
(6)

权益注入
(10)

30个工作日完成

工商变更为外商投资企业

30个工作
日完成

税务、海关、土地管理
和外汇管理等有关部门
办理登记手续

使用权的取得等，涉及其他相关政府部门许可的，有关的许可文件应一并报送。

并购方式包括：

①间接并购法。即由在境外设立的具有特殊目的公司收购一家非关联的、于10号令生效之前设立的外商独资企业全部股权，再由该外商独资企业收购境内企业的资产或股权。

②控股并购法。先由非关联境外投资人通过境外壳公司收购境内企业超过50%的股权，将境内公司变更为一家中外合资经营企业，境内企业自然人股东再通过在境外设立的特殊目的公司直接或间接取得境外壳公司控股股权，或者以期权形式获取上市后的境外壳公司控股权益。

③参股并购法。非关联境外投资人通过境外壳公司收购境内企业部分股权，将境内公司变更为中外合资经营企业。在境外设立的特殊目的公司再收购中外合资经营企业中外双方全部股权，将中外合资经营企业变更为外商独资企业。

④ VIE 并购法。由在境外设立的特殊目的公司在境内新设外商独资企业，在外商独资企业与境内企业之间搭建 VIE 结构，实现外商独资企业对境内企业的实际控制以及境内企业利润向外商独资企业的转移。

（7）构建离岸公司的目的，通过股权控股，其实是为了便于大股东对上市公司的控制；便于股东绕开禁售期的限制；可以享受 BVI 公司所得税低税率待遇；降低公司业务变动对上市公司的影响。

（8）根据上市地点的要求选择不同的上市主体比如开曼香港百慕大；也可以寻找现有公司作为壳资源，可以是上市公司或拟上市公司，该公司作为 VC 融资的主体和日后境外挂牌上市的主体，同时也作为员工期权设置的主体。

（9）在上市公司与内地公司之间多设立一家公司，以利于将来内地公司具体经营发生变更或股权变动时不至影响上市公司的稳定性，起到一个缓冲的作用。

（10）权益注入可以是境外公司收购、股权置换等方式获得国内资产控股权。

香港合并法规定：收购方和被收购方在合并前后不可有任何的股权变动。收购方即 BVI 公司 B 和被收购方内地公司 A 拥有完全一样比例的股东，在收购后，内地公司所有运作基本上完全转移到公司 B 中。在这种情况下，内地公司过去 2 年的业绩、资产及负债，可包括在 BVI 公司的合并报表中。

上文中所讲的第 7 到第 10 个关键环节中凡涉及特殊目的公司发生增资或减

资、股权转让或置换、合并或分立、长期股权或债权投资、对外担保等重大资本变更事项且不涉及返程投资的，境内居民应于重大事项发生之日起 30 日内向外汇局申请办理境外投资外汇登记变更或备案手续。

在实际业务开展过程中，可根据公司发展需要在此流程基础上调整，设置更多层次构架。

二、普华商学院提示

（1）操作周期

1 年左右。

（2）操作费用

根据业务的实际情况而定。

国内企业海外上市主要有两种途径，一种是国内公司经国内监管机构批准后，直接在国外上市地申请上市，即通常我们所说的 H 股上市；另一种是由海外设立的公司收购国内公司，由海外公司在国外申请上市，即搭建红筹构架上市。因为中国国内对于 H 股上市的审批手续复杂且极为严格，所耗费时间和资金各项成本较高，所以搭建红筹构架是国内企业海外上市首选的模式。

红筹构架是最早的私募交易构架，是国内公司的股东在海外开设的公司，通过各种方式控制国内公司，主营业务及资产在国内，海外公司为融资平台进行私募融资或实现海外上市。注册地多为：英属维京群岛、开曼群岛、百慕大等。具体实施中，按照主体和方式不同分为大红筹（国有企业收购常用）、小红筹（民营企业收购常用）和 VIE 构架（协议收购）。

有些企业在经营过程中，可能会选择回归国内上市，这就会涉及到红筹构架的拆除，一般需要先办理境外上市主体注销，然后递交国内上市申请，在完成主体注销（包括工商、税务等）并被通过申请后回到国内上市。

058 搭建 H 股上市构架的流程

搭建 H 股上市构架的流程是指国内企业（不包括港、澳、台地区）在港澳台地区和国外证券市场直接 IPO 申请上市的流程。

一、关键点解析

流程图中红色标注的是核心环节，除此之外还有一些需要特别注意的关键环节，用序号标注，下面对这些环节进行详细的解析：

（1）需要确认公司是否适宜 H 股上市。

（2）通常由财务顾问担任上市总协调人，全面协调上市工作和各中介机构工作分工，维护企业利益。

（3）选定合适的保荐机构，保荐机构须在上市地且具有保荐业务资格；或由国内律师事务所协助引入保荐机构。

（4）委任一名保荐人，协助处理首次上市申请。委任保荐人后向当地证券监管机构或交易所报备或预沟通。

（5）特殊行业和国企向行业监管部门或国有资产主管部门提出境外上市申请，境内企业或者中资控股股东的境内股权持有单位按照隶属关系经省级人民政府或者国务院有关主管部门同意，并报中国证监会审核后，按国家产业政策、国务院有关规定和年度总规模审批。其中，国有企业在政府主管部门出具同意发行

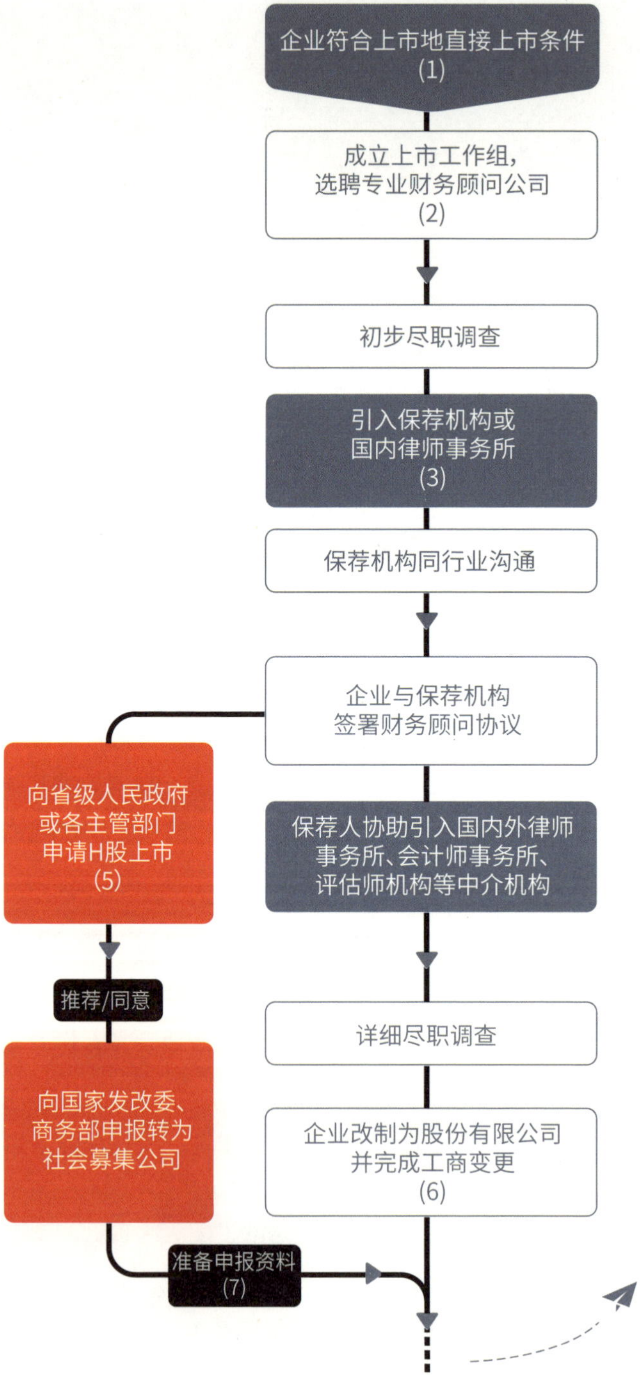

企业符合上市地直接上市条件
(1)

成立上市工作组，
选聘专业财务顾问公司
(2)

初步尽职调查

引入保荐机构或
国内律师事务所
(3)

保荐机构同行业沟通

企业与保荐机构
签署财务顾问协议

保荐人协助引入国内外律师
事务所、会计师事务所、
评估师机构等中介机构

详细尽职调查

企业改制为股份有限公司
并完成工商变更
(6)

向省级人民政府
或各主管部门
申请H股上市
(5)

推荐/同意

向国家发改委、
商务部申报转为
社会募集公司

准备申报资料
(7)

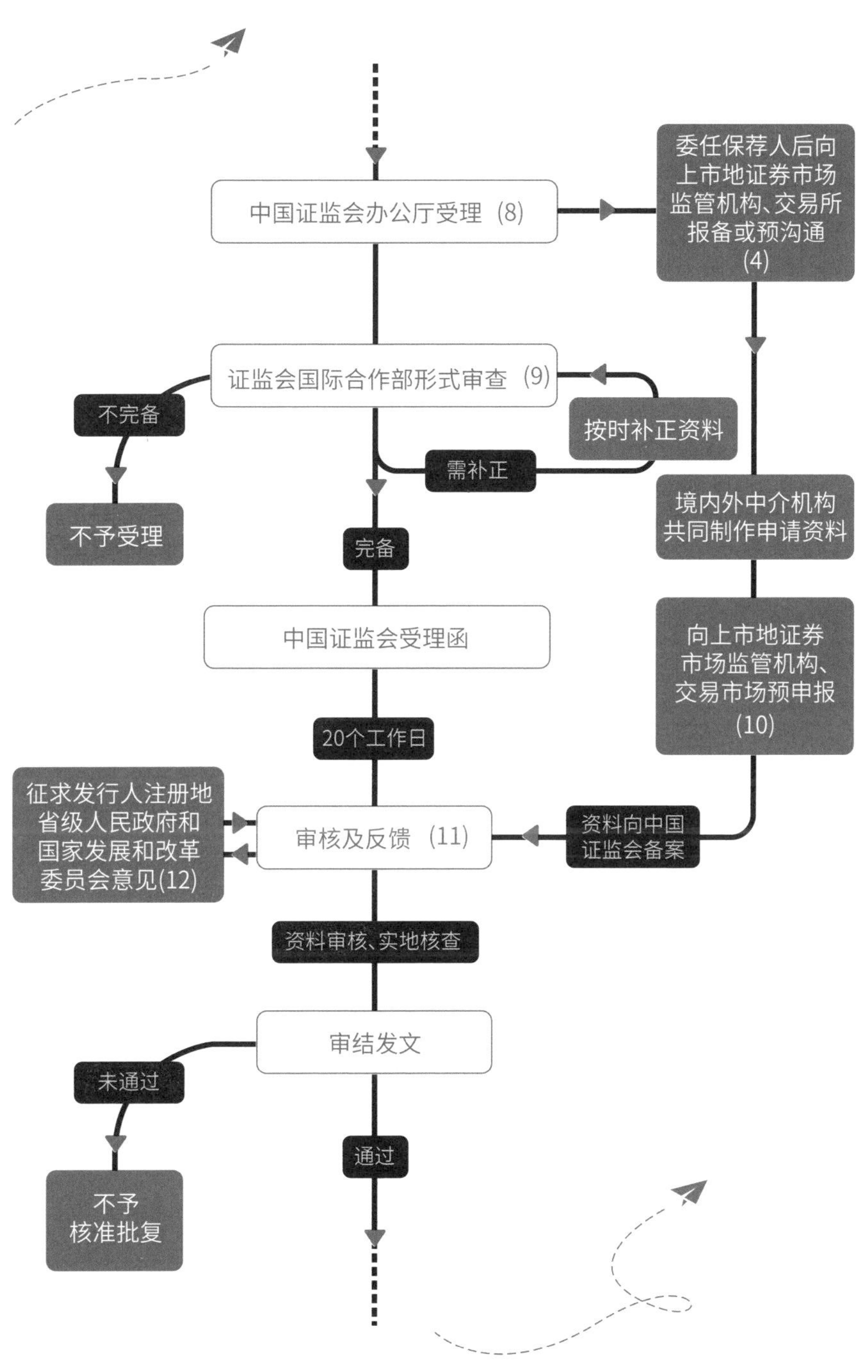

中国证监会办公厅受理（8）
委任保荐人后向上市地证券市场监管机构、交易所报备或预沟通（4）
证监会国际合作部形式审查（9）
不完备
不予受理
按时补正资料
需补正
完备
境内外中介机构共同制作申请资料
中国证监会受理函
向上市地证券市场监管机构、交易市场预申报（10）
20个工作日
征求发行人注册地省级人民政府和国家发展和改革委员会意见(12)
审核及反馈（11）
资料向中国证监会备案
资料审核、实地核查
审结发文
未通过
不予核准批复
通过

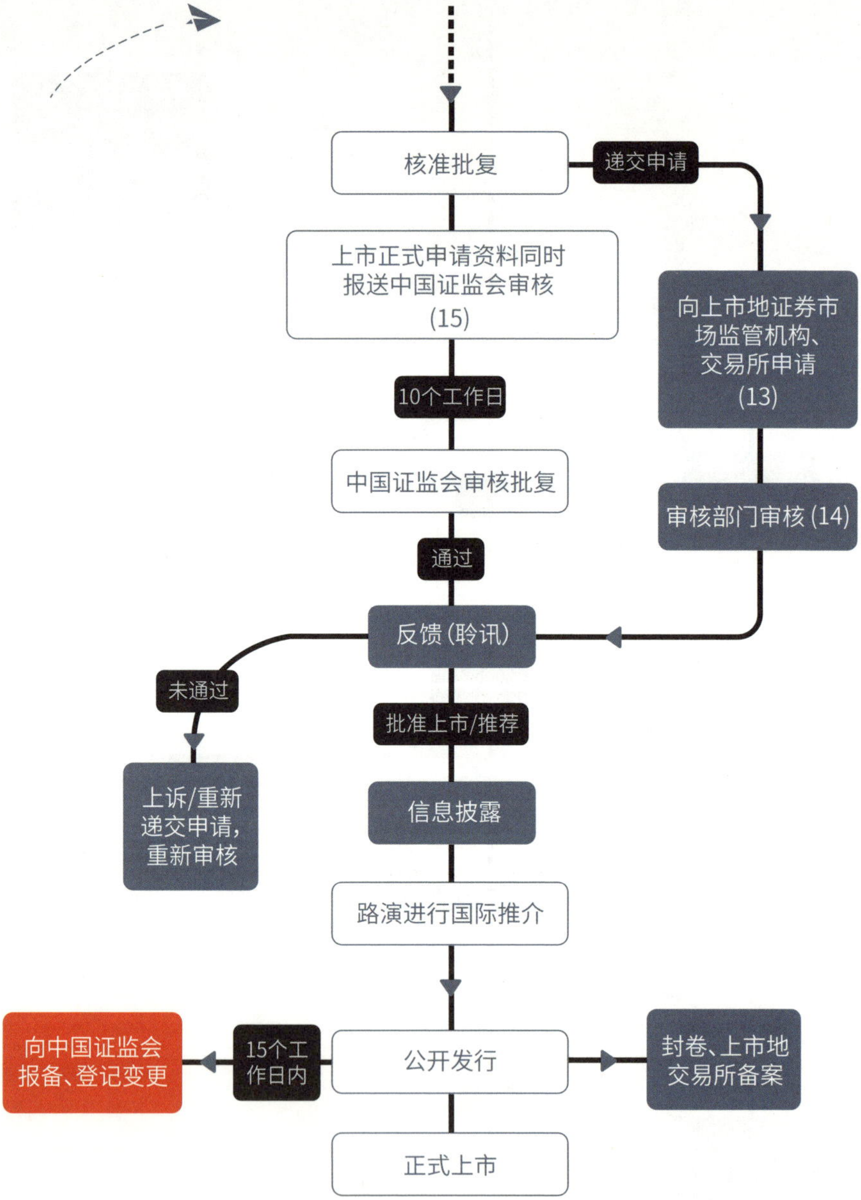

核准批复

递交申请

上市正式申请资料同时报送中国证监会审核(15)

向上市地证券市场监管机构、交易所申请(13)

10个工作日

中国证监会审核批复

审核部门审核(14)

通过

反馈(聆讯)

未通过

批准上市/推荐

上诉/重新递交申请，重新审核

信息披露

路演进行国际推介

向中国证监会报备、登记变更

15个工作日内

公开发行

封卷、上市地交易所备案

正式上市

H股文件后，将国有股转由全国社保基金理事会持有，并出金融办牵头主导上市工作。

（6）根据公司需要适当引入私募投资。

（7）向证监会申报时需提供以下资料：

①申请报告，内容包括：公司演变及业务概况、股本结构、公司治理结构、财务状况与经营业绩、经营风险分析、发展战略、筹资用途、符合境外上市地上市条件的说明、发行上市方案；

②股东大会及董事会相关决议；

③公司章程；

④公司营业执照、特殊许可行业的业务许可证明（如适用）；

⑤行业监管部门出具的监管意见书（如适用）；

⑥国有资产管理部门关于国有股权设置以及国有股减（转）持的相关批复文件（如适用）；募集资金投资项目的审批、核准或备案文件（如适用）；纳税证明文件；环保证明文件；法律意见书；财务报表及审计报告；招股说明书（草稿）；

⑦中国证监会规定的其他文件。

2014年12月证监会取消了财务审核、删除了环保证明文件。

（8）窗口接收：中国证监会行政许可申请受理服务中心（北京市西城区金融大街19号富凯大厦一层）。

（9）证监会国际合作部就公司是否符合国家产业政策、利用外资政策以及其他有关规定会商财政部（20个工作日）证监会给予受理函。

（10）根据上市地证券监管机构和交易所要求进行预申报或沟通。

（11）证监会就申请资料进行形式上审核。

（12）证监会根据宏观调控政策、外资产业政策、投资管理规定以及特殊行业监管要求征求有关主管部门的意见。

（13）向上市地证券市场监管机构、交易所进行正式申请，缴纳首次上市费用。

（14）新申请人应向上市地证券市场监管机构、交易所寻求非正式及保密的指引，以便能及早得知上市申请建议是否符合要求。

（15）聆讯或反馈会之前，须向中国证监会报送下列文件：

公司审批机关对设立股份公司和转为境外募集公司的批复；公司股东大会决议；公司章程；招股说明书；重组协议、服务协议及其他关税交易协议；法律意见书；审计报告、资产评估报告及盈利预测报告；发行上市方案；证监会要求的其他文件。

二、普华商学院提示

（1）操作周期

6 个月～ 2 年。

（2）操作费用

约 2000 万～ 5000 万元。

除了搭建红筹构架的方式之外，在海外上市都可以称为“H 股上市”。其典型的区别在于，H 股是国内企业走正常手续，在香港以及其他国家和地区上市。而其他方式则不需要国内监管机构的审批。

所以，与红筹构架和海外直接上市不同，企业选择 H 股上市的方式，其公司要同时受国内和上市地证券监管机构管理。

在境外发行股票和上市是政策性很强的工作，必须严格按照国家现行规定有组织有步骤的进行，并及时与所在地政府沟通。境外上市公司在境外同一市场转板上市的，需要在完成转板上市后 15 个工作日内，就转板上市的有关情况向中国证监会提交书面报告进行备案。

中国证监会关于公司境外发行股票和上市的核准文件有效期为 12 个月。

059

美国主板上市的流程

美国主板上市的流程是指在纽约股票交易所主板注册上市的流程。

一、关键点解析

流程图中红色标注的是核心环节，除此之外还有一些需要特别注意的关键环节，用序号标注，下面对这些环节进行详细的解析：

（1）首先要确认公司是否适宜在美国主板上市。

（2）一般由财务顾问担任上市总协调人，全面协调上市工作和各中介机构工作分工，维护企业利益。

（3）美国投资银行协助组建承销团；或由国内律师事务所协助引入美国投行及承销商。

（4）一般签署委托协议书，委托投资银行协助处理首次上市申请。

（5）特殊行业和国企向行业监管部门或国有资产主管部门提出境外上市申请，境内企业或者中资控股股东的境内股权持有单位按照隶属关系经省级人民政府或者国务院有关主管部门同意，并报中国证监会审核后，按国家产业政策、国务院有关规定和年度总规模审批。其中，国有企业在政府主管部门出具同意赴美发行上市文件后，将国有股转由全国社保基金理事会持有。并由金融办牵头主导上市工作。

（6）根据公司需要适当引入私募投资。

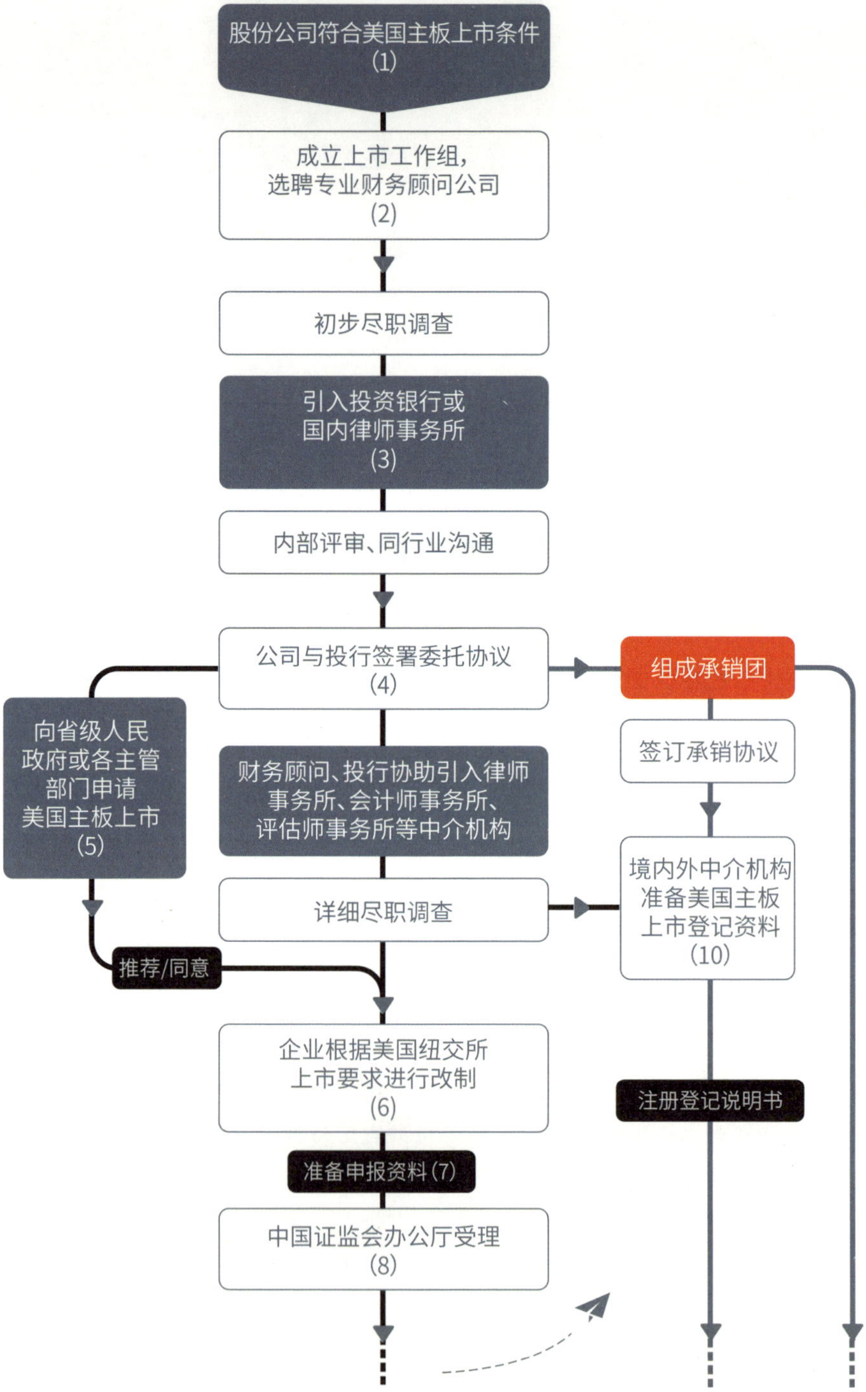

股份公司符合美国主板上市条件（1）

成立上市工作组，选聘专业财务顾问公司（2）

初步尽职调查

引入投资银行或国内律师事务所（3）

内部评审、同行业沟通

公司与投行签署委托协议（4）

组成承销团

签订承销协议

向省级人民政府或各主管部门申请美国主板上市（5）

财务顾问、投行协助引入律师事务所、会计师事务所、评估师事务所等中介机构

详细尽职调查

境内外中介机构准备美国主板上市登记资料（10）

推荐/同意

企业根据美国纽交所上市要求进行改制（6）

注册登记说明书

准备申报资料（7）

中国证监会办公厅受理（8）

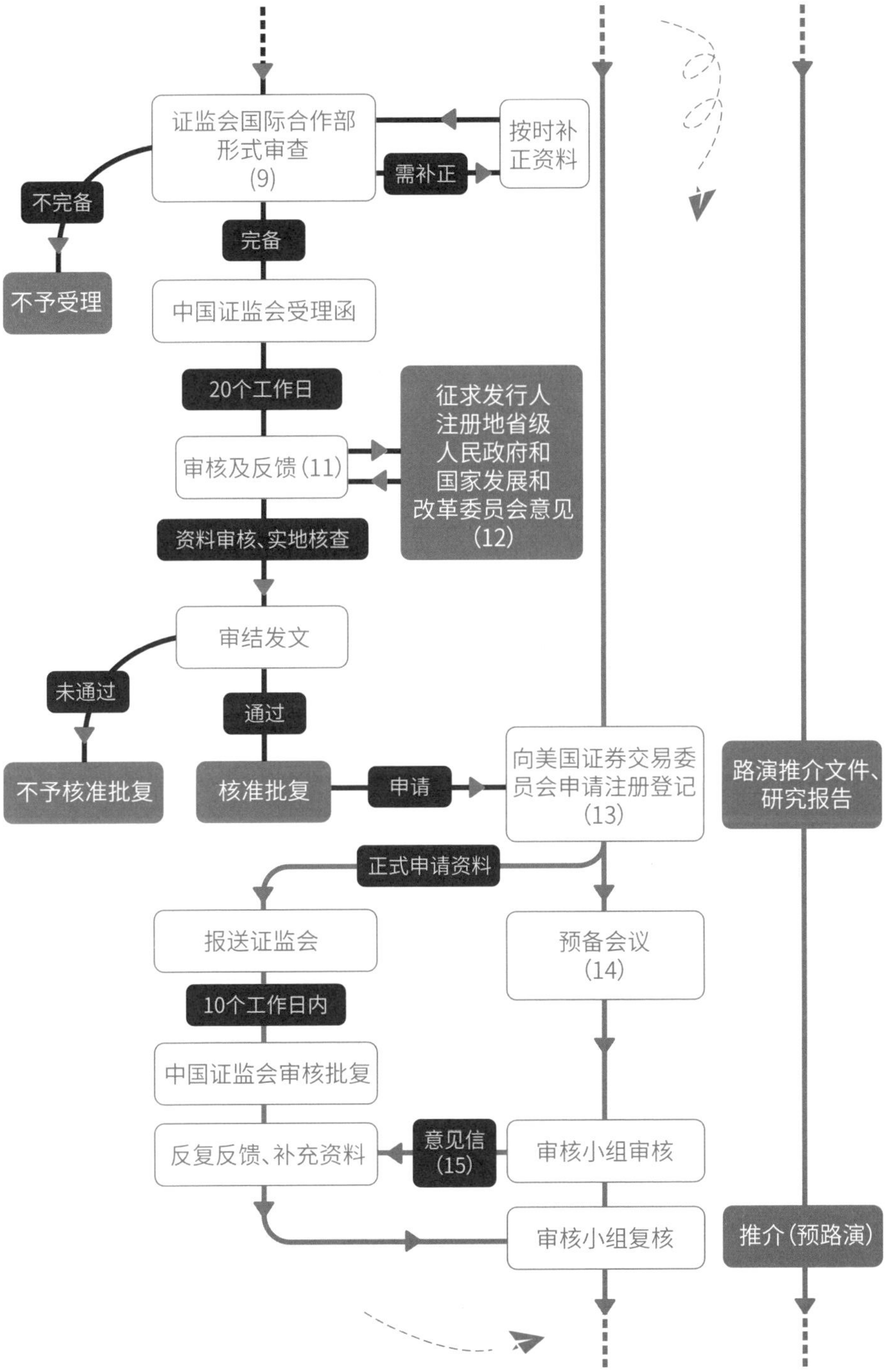

证监会国际合作部形式审查(9)

需补正

按时补正资料

不完备

不予受理

完备

中国证监会受理函

20个工作日

审核及反馈(11)

征求发行人注册地省级人民政府和国家发展和改革委员会意见(12)

资料审核、实地核查

审结发文

未通过

不予核准批复

通过

核准批复

申请

向美国证券交易委员会申请注册登记(13)

路演推介文件、研究报告

正式申请资料

报送证监会

10个工作日内

中国证监会审核批复

预备会议(14)

审核小组审核

意见信(15)

反复反馈、补充资料

审核小组复核

推介(预路演)

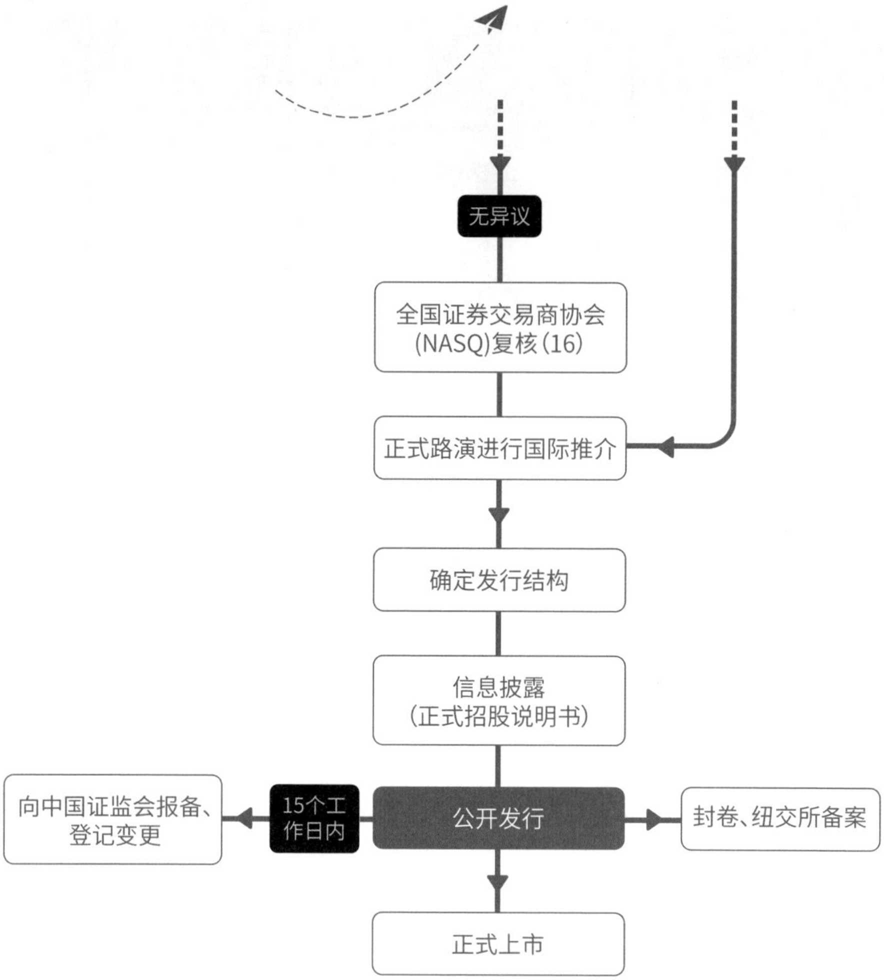

无异议

全国证券交易商协会(NASQ)复核(16)

正式路演进行国际推介

确定发行结构

信息披露(正式招股说明书)

公开发行

15个工作日内 → 向中国证监会报备、登记变更

封卷、纽交所备案

正式上市

(7)国内申请应早于美国申请至少3个月。向证监会提交的申报资料应包括:

①申请报告及相关文件。申请报告内容包括:公司演变及业务概况、股本结构、公司治理结构、财务状况与经营业绩、经营风险分析、发展战略、筹资用途、符合境外上市地上市条件的说明、发行上市方案等。申请相关文件包括:股东大会及董事会决议、营业执照、特殊行业许可证(如适用)、公司章程、申请人及中介机构联络表;

②行业监管部门出具的监管意见书(如适用);

③国有资产管理部门关于国有股权设置以及国有股减（转）持的相关批复文件（如适用）；

④募集资金投资项目的审批、核准或备案文件（如适用）；

⑤近三年（主板）或两年（创业板）税务部门出具的纳税证明；

⑥境内法律意见书；

⑦招股说明书（草稿）。

2014 年 12 月证监会取消了财务审核、删除了环保证明文件。

（8）窗口接收：中国证监会行政许可申请受理服务中心，北京市西城区金融大街 19 号富凯大厦一层。

（9）证监会国际合作部就公司是否符合国家产业政策、利用外资政策以及其他有关规定会商国家经贸委、财政部（20 个工作日）证监会给予受理函。

（10）准备美国主板上市需要填写注册登记说明书，注册登记说明书由两部分组成：一部分是招股书及注册说明书；另一部分是非正式招股书，用红墨印刷，俗称“红鲱鱼”。此处还需要填制 S—1 表格等。承销商及其律师对资料进行初审。

（11）证监会就申请资料进行形式上审核。

（12）证监会根据宏观调控政策、外资产业政策、投资管理规定以及特殊行业监管要求征求有关主管部门的意见。

（13）预约股票代码并及缴纳费用。

（14）与 SEC 有关人员开见面会，以得到以下具体指导：帮助公司完善有关文件；咨询如何处理法律及会计问题；就已有的不十分明确的法规向 SEC 人员咨询；搞清会对注册登记产生影响的具体事项，以避免注册登记报告递交后不必要的等待；就有关特殊问题作出有限度的问答。

（15）首次递交报告后的 30 天内会收到美国证券交易委员会的第一封意见信，然后公司反馈修改上市登记表。大概需要两个月左右的时间反复修改。

上市费用包括：首次上市费、上市年费、日后发行的费用及其他费用的资料，连同新发行的经纪佣金、交易征费及交易费。

（16）全国证券交易商协会（NASQ）对承销协议等资料进行复核。

二、普华商学院提示

（1）操作周期

9～24个月。

（2）操作费用

5000万元人民币左右。

类目	费用
总协调人费用	200万人民币左右
法律顾问、审计师等费用	1500万人民币左右
承销费用	融资金额8%～12%
首发上市费	基本费用（一次交付）3.68万美元， 每发行百万份1900美元～1.475万美元。
其他费用	1000万人民币左右

美国纽约股票交易所为注册制。中国企业在美国的股票交易所申请上市公开发售，首先需要得到中国证监会的批准，该审批申请手续应该比向美国证券交易委员会秘密送件提交申请的时间至少提前三个月进行。在向中国证监会递交的申请文件里，应该包括企业所在省或所属主管部委的同意书或推荐信。

企业股票一旦上市，其筹集资金的能力在很大程度上将取决于股票的市场价值。企业需要塑造提升自身的形象，维护好与投资者之间的关系。

060 香港主板上市的流程

香港主板上市的流程是指内地公司直接在香港主板申请 IPO 上市的流程。

一、关键点提示

流程图中红色标注的是核心环节，除此之外还有一些需要特别注意的关键环节，用序号标注，下面对这些环节进行详细的解析：

（1）先要确认企业是否适宜在香港主板上市。

（2）一般由财务顾问担任上市总协调人，全面协调上市工作和各中介机构工作分工，维护企业利益。

（3）选定合适的保荐机构，具有香港联交所保荐资格的证券公司、财务公司及投资银行；也可以由国内律师事务所协助引入保荐机构。

（4）以委聘协议书委任至少一名保荐人（只承担一家保荐），协助处理首次上市申请。委任保荐人后 5 个工作日内向香港交易所报备，委任保荐人最少两个月。根据企业规模可以选择多家保荐机构，但其中要有一家作为主保荐人，全面协调上市工作。

（5）特殊行业和国企向行业监管部门或国有资产主管部门提出境外上市申请，境内企业或者中资控股股东的境内股权持有单位按照隶属关系经省级人民政府或者国务院有关主管部门同意，并报中国证监会审核后，按国家产业政策、国务院有关规定和年度总规模审批。其中，国有企业在政府主管部门出具同意赴港发行 H 股文件后，将国有股转由全国社保基金理事会持有，并由金融办牵头主导

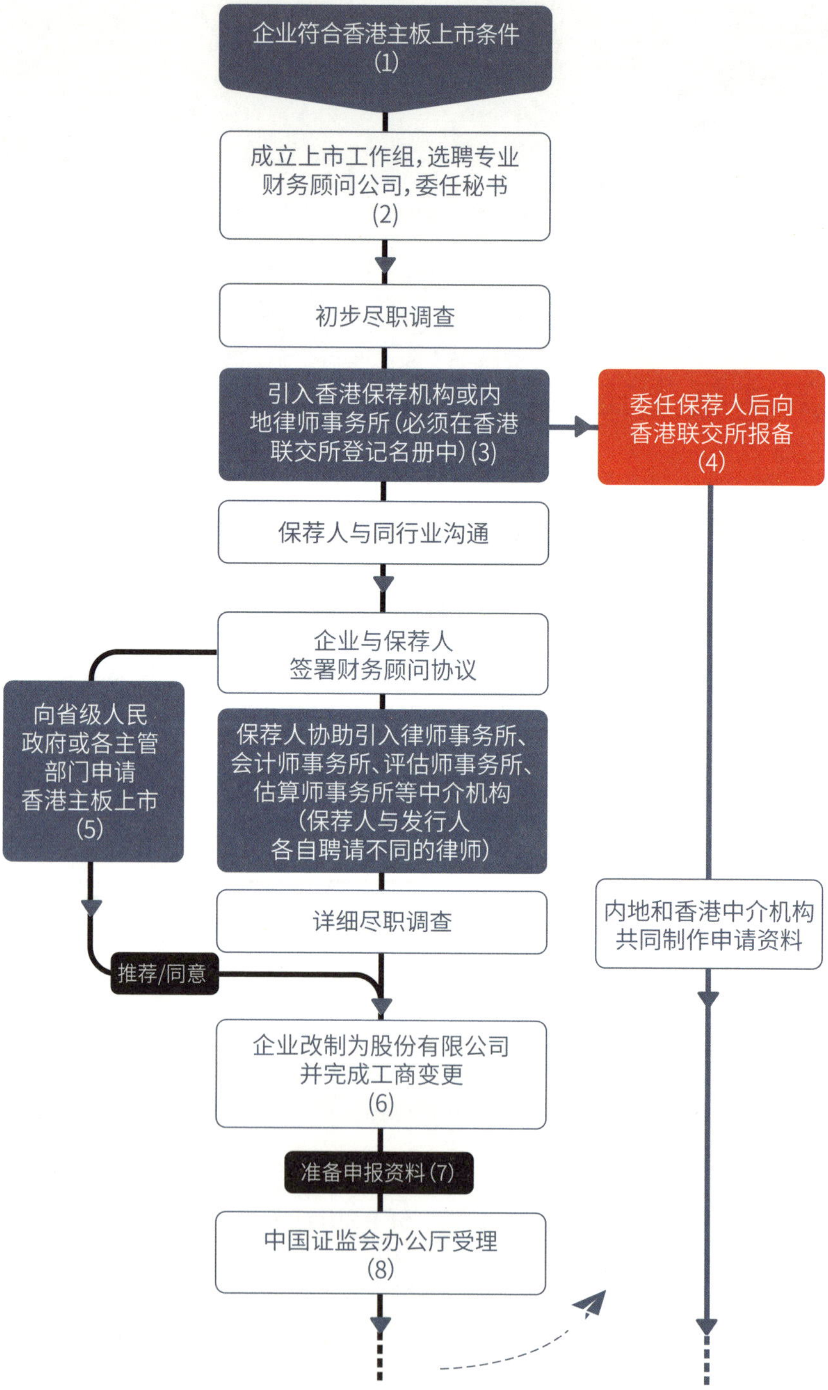

企业符合香港主板上市条件（1）

成立上市工作组，选聘专业财务顾问公司，委任秘书（2）

初步尽职调查

引入香港保荐机构或内地律师事务所（必须在香港联交所登记名册中）（3）

委任保荐人后向香港联交所报备（4）

保荐人与同行业沟通

企业与保荐人签署财务顾问协议

向省级人民政府或各主管部门申请香港主板上市（5）

保荐人协助引入律师事务所、会计师事务所、评估师事务所、估算师事务所等中介机构（保荐人与发行人各自聘请不同的律师）

详细尽职调查

内地和香港中介机构共同制作申请资料

推荐/同意

企业改制为股份有限公司并完成工商变更（6）

准备申报资料（7）

中国证监会办公厅受理（8）

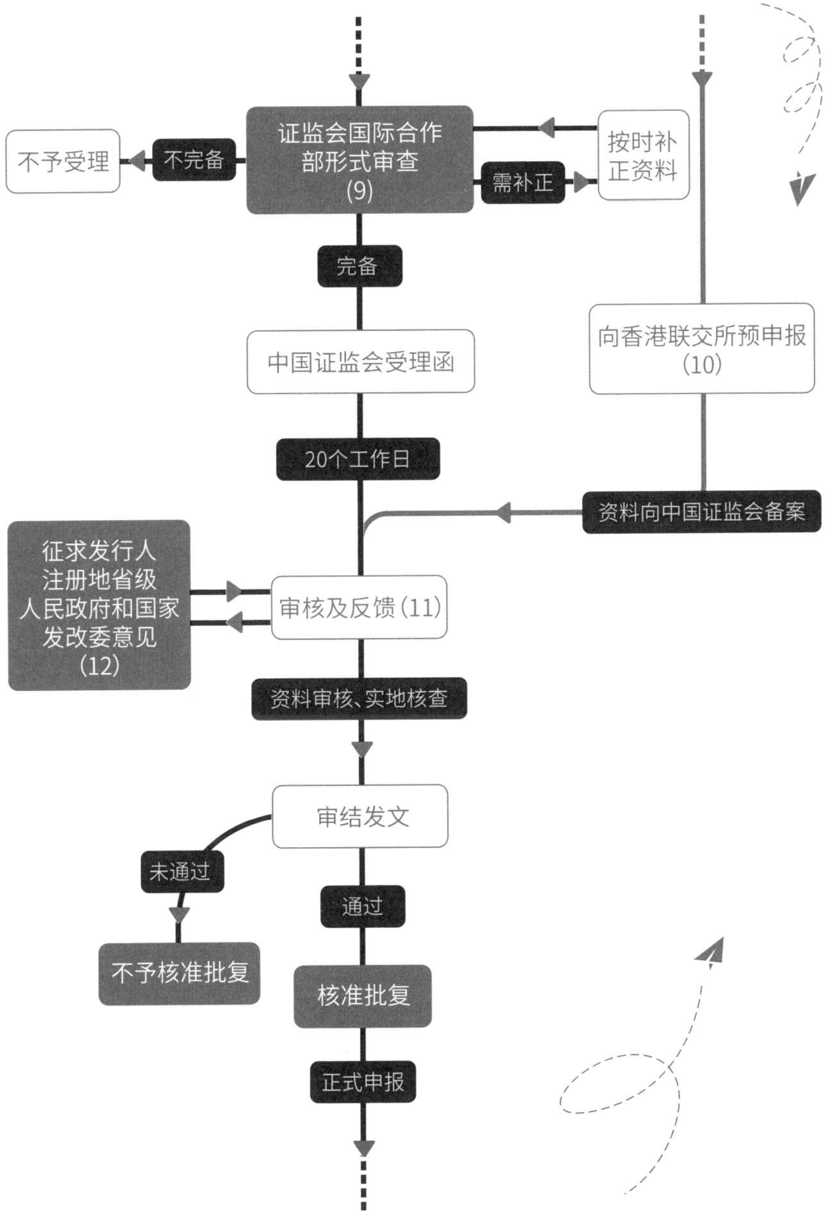

证监会国际合作部形式审查(9)

不完备

不予受理

需补正

按时补正资料

完备

中国证监会受理函

向香港联交所预申报(10)

20个工作日

资料向中国证监会备案

审核及反馈(11)

征求发行人注册地省级人民政府和国家发改委意见(12)

资料审核、实地核查

审结发文

未通过

不予核准批复

通过

核准批复

正式申报

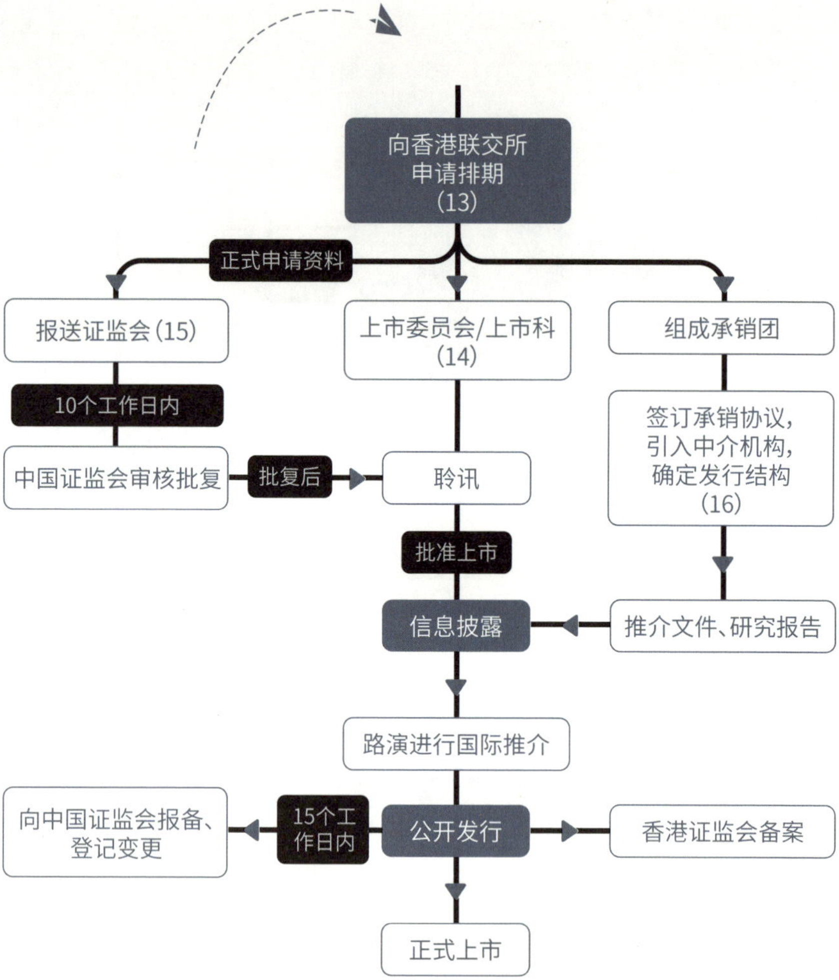

向香港联交所申请排期(13)

正式申请资料

报送证监会(15)

上市委员会/上市科(14)

组成承销团

10个工作日内

中国证监会审核批复

批复后

聆讯

签订承销协议，引入中介机构，确定发行结构(16)

批准上市

信息披露

推介文件、研究报告

路演进行国际推介

向中国证监会报备、登记变更

15个工作日内

公开发行

香港证监会备案

正式上市

上市工作。

（6）可在这一步之前引入私募投资。

（7）向证监会申报需要提交的资料包括：

①申请报告，内容包括：公司演变及业务概况、股本结构、公司治理结构、财务状况与经营业绩、经营风险分析、发展战略、筹资用途、符合境外上市地上市条件的说明、发行上市方案；

②股东大会及董事会相关决议；

③公司章程；

④公司营业执照、特殊许可行业的业务许可证明（如适用）；

⑤行业监管部门出具的监管意见书（如适用）；

⑥国有资产管理部门关于国有股权设置以及国有股减（转）持的相关批复文件（如适用），募集资金投资项目的审批、核准或备案文件（如适用），纳税证明文件，环保证明文件，法律意见书，财务报表及审计报告，招股说明书（草稿）；

⑦中国证监会规定的其他文件。

2014 年 12 月证监会取消了财务审核、删除了环保证明文件。

（8）窗口接收：中国证监会行政许可申请受理服务中心，北京市西城区金融大街 19 号富凯大厦一层。

（9）证监会国际合作部就公司是否符合国家产业政策、利用外资政策以及其他有关规定会商国家经贸委、财政部（20 个工作日）证监会给予受理函。

（10）预申请，需要向香港联交所递交 A1 表。公司在向境外证券监管机构或交易所提交发行上市初步申请 5 个工作日前，应将初步申请的内容（如向香港联交所提交的上市申请表）报证监会备案。

（11）证监会就申请资料进行形式上的审核。

（12）证监会根据宏观调控政策、外资产业政策、投资管理规定以及特殊行业监管要求征求有关主管部门的意见。

（13）向香港联交所上市科正式提交资料，缴纳首次上市费用。

（14）新申请人应向上市科寻求非正式及保密的指引，以便能及早得知上市申请建议是否符合要求。上市委员会由 28 名或董事会议定的更大数目的委员组成，上市委员会委员的任期约为一年，并须在任期届满时退任（除非其再获委任），上市委员会商讨任何事项所需的法定人数须为亲自出席的五名委员。若未通过可进行上诉。

（15）聆讯 10 个工作日前，须向证监会报送下列文件：公司审批机关对设立股份公司和转为境外募集公司的批复；公司股东大会决议；公司章程；招股说明书；重组协议、服务协议及其他关税交易协议；法律意见书；审计报告、资产评估报告及盈利预测报告；发行上市方案；证监会要求的其他文件。

（16）承销团引入的中介机构与保荐人引入的是不同的机构。

二、普华商学院提示

（1）操作周期

1 年半到 2 年。

（2）操作费用

基本费用大概在 3000 万港元左右，略高于国内主板上市费用。

类目	费用	
财务顾问	200万港元左右	
保荐人	200万港元左右	
法律顾问	300万港元，国内200万元人民币	
申报会计师	300万港元	
包销商/配售代理	融资金额2.5%～4%	
存管人	70万港元	
联交所	将予上市的股本证券的市值(百万港元)	首次上市费(港元)
不超过	100	150,000
	200	175,000
	300	200,000
	400	225,000
	500	250,000
	750	300,000
	1,000	350,000
	1,500	400,000
	2,000	450,000
	2,500	500,000
	3,000	550,000
	4,000	600,000
	5,000	600,000
超过	5,000	650,000

香港的证券市场有主板市场、创业板市场，相对来说创业板融资能力较差。我们通常所讲的香港主板上市是在香港联交所主板上市交易，内地企业到香港上市，通常采取 H 股模式、红筹模式或 VIE 构架模式。

香港作为国际公认的金融中心，没有外汇管制，资金流出流入不受限制，上市标准趋于国际化，更有助于内地公司“走出去”，在香港上市的股票可以在海外交易所同时上市。

在香港交易所上市 6 个月后，上市发行人可以进行新股融资。

承销商为拟上市公司组织的路演推介工作，一般包括了午餐推介会、一对一会议等多种形式，通常由承销商、公关公司陪同公司高级管理层走访香港、新加坡、东京及欧美主要大城市进行推介。

061 上市公司定向增发的流程

上市公司定向增发的流程是上市公司经过证监会审批通过向明确的投资人和投资机构发行新股进行融资的流程。

一、关键点解析

流程图中红色标注的是核心环节，除此之外还有一些需要特别注意的关键环节，用序号标注，下面对这些环节进行详细的解析：

（1）定向增发发行对象要求：特定对象要符合股东大会决议规定的条件；发行对象不超过 10 名（创业板不超过 5 名）。发行对象为境外战略投资者的，应当经国务院相关部门事先批准。

（2）通常由财务顾问担任发行总协调人，全面协调发行工作和各中介机构工作分工，维护企业利益。

（3）选定合适的券商，由券商为公司寻找优质投资人，券商能力和经验与上市公司等增融资规模密切相关；也可由律师事务所协助完成定增过程。

（4）与中国证监会预沟通并获得同意。

（5）律师事务所、会计师事务所、评估公司需要具备政府批准的事务所执业证书，经验丰富者优先选择。

（6）尽职调查是对发行人全面调查，充分了解发行人是否符合定向发行条件的过程，券商建立尽职调查工作底稿制度，并在此基础上准备申请资料。

（7）董事会应当对下列事项作出决议并提议召开股东大会：

①新股种类及数额；

②新股发行价格；

③新股发行的起止日期；

④向原有股东发行新股的种类及数额。

此外，需确定董事会决议公告基准日。

（8）股东大会审议预增发方案，公告定向增发方案。

（9）券商与中介机构协助发行人制作申报材料，券商对申报资料内核后向中国证监会申报。中国证监会行政许可申请受理服务中心接受申报资料。申请文件一经受理，未经证监会同意不得增加、撤回或更换。

特殊情况需要向商务部申报定向增发材料。境外股权资产持有人是境外公司，在股东大会通过定向增发方案之后，在向证监会申请批准之前，境内上市公司应向商务部申报定向增发材料，由商务部对境外股权资产持有人认购境内上市公司定向发行的股份进行审批

（10）中国证监会在收到申请文件后的 5 个工作日内决定是否受理，发行监管部正式受理后安排预先披露。

（11）反馈会按照申请文件受理顺序安排。反馈会主要讨论初步审核中关注的主要问题，确定需要发行人补充披露以及中介机构进一步核查说明的问题。反馈会后将形成书面意见，履行内部程序后反馈给保荐机构。保荐机构收到反馈意见后，组织发行人及相关中介机构进行回复。

（12）初审会由审核人员汇报发行人的基本情况、初步审核中发现的主要问题及反馈意见回复情况。初审会由综合处组织并负责记录，出具初审报告，并书面告知保荐机构需要进一步说明的事项以及做好发审会的准备工作。

（13）发审委制度是发行审核中的专家决策机制，以记名投票方式对首发申请进行表决。目前主板中小板发审委委员共 25 人，创业板发审委委员共 35 人，发审会召开 5 天前发布公告。

发审会由审核人员向委员报告审核情况，并就有关问题提供说明，委员发表审核意见，发行人代表和保荐代表人各两名到会陈述和接受询问，聆讯时间不超

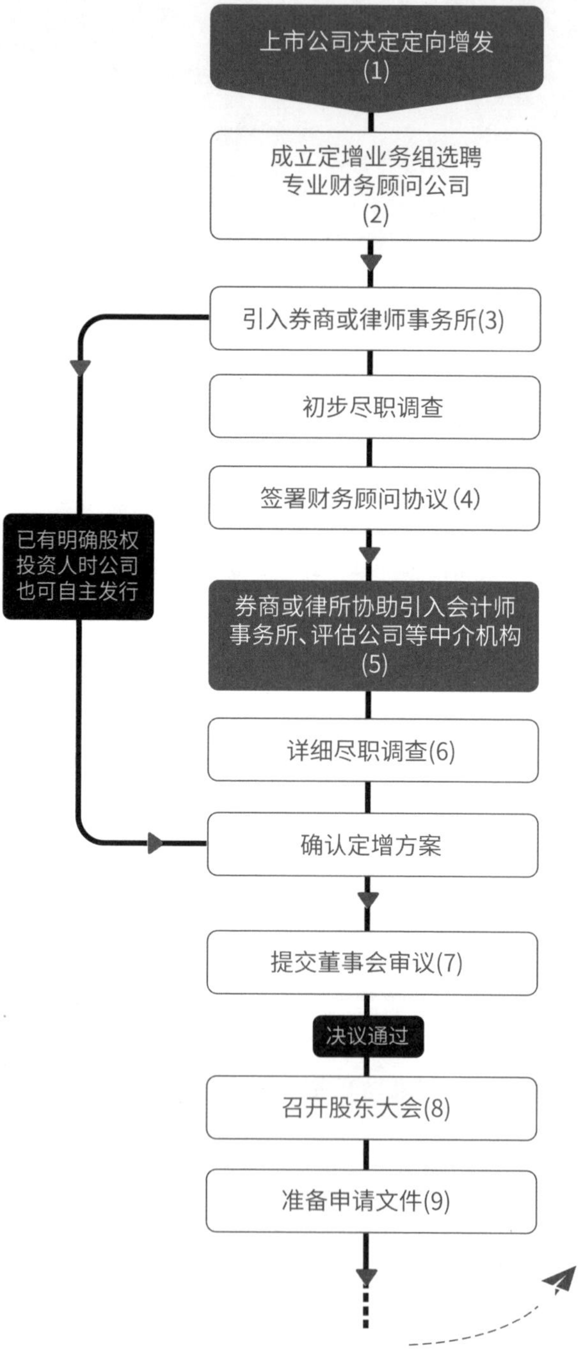

上市公司决定定向增发
(1)

成立定增业务组选聘
专业财务顾问公司
(2)

引入券商或律师事务所(3)

初步尽职调查

签署财务顾问协议(4)

已有明确股权
投资人时公司
也可自主发行

券商或律所协助引入会计师
事务所、评估公司等中介机构
(5)

详细尽职调查(6)

确认定增方案

提交董事会审议(7)

决议通过

召开股东大会(8)

准备申请文件(9)

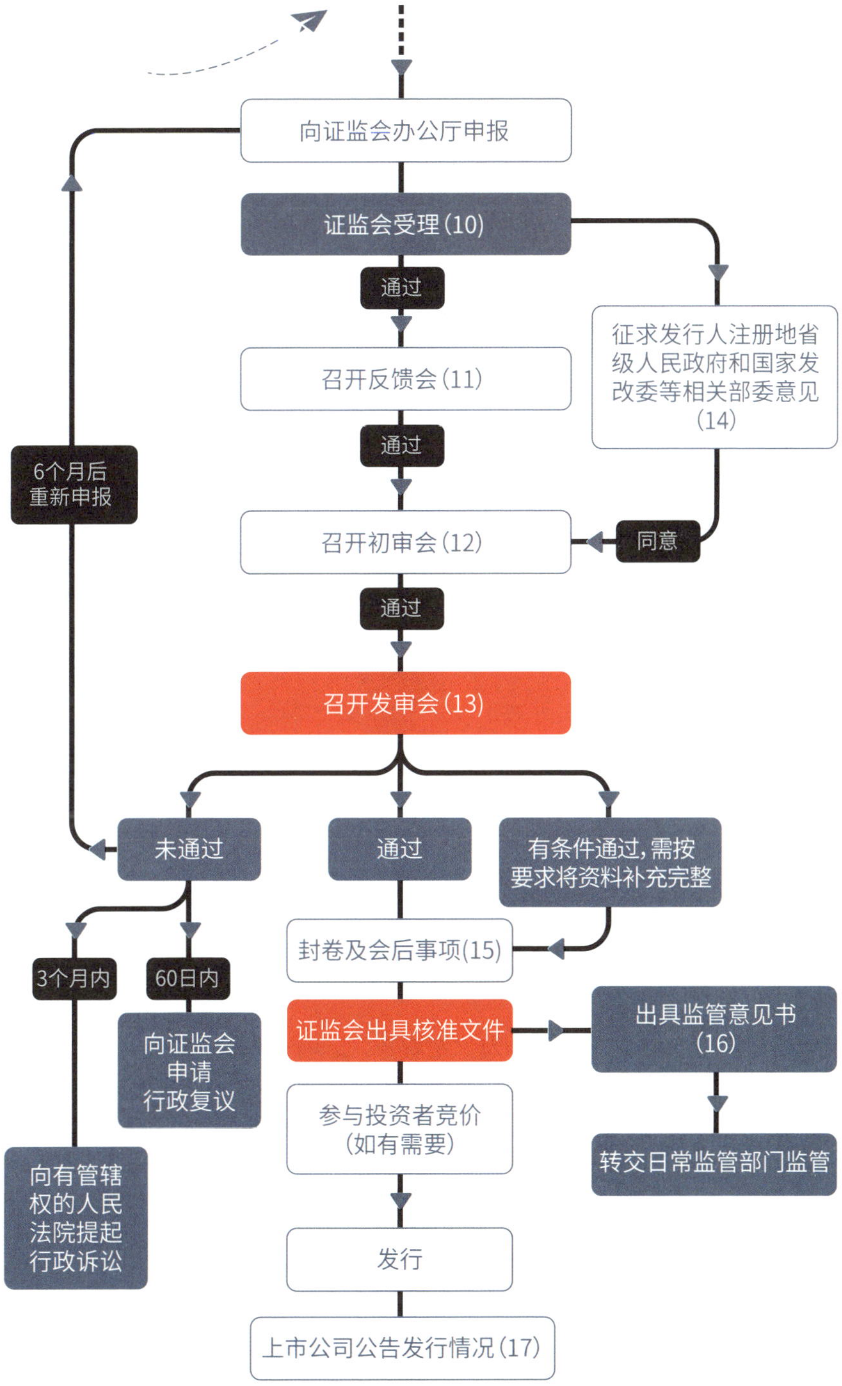

向证监会办公厅申报

证监会受理（10）

通过

召开反馈会（11）

征求发行人注册地省级人民政府和国家发改委等相关部委意见（14）

通过

同意

召开初审会（12）

通过

召开发审会（13）

6个月后重新申报

未通过

通过

有条件通过，需按要求将资料补充完整

3个月内

60日内

封卷及会后事项（15）

向证监会申请行政复议

证监会出具核准文件

出具监管意见书（16）

向有管辖权的人民法院提起行政诉讼

参与投资者竞价（如有需要）

转交日常监管部门监管

发行

上市公司公告发行情况（17）

过45分钟，聆讯结束后由委员投票表决（对运作规范、市场表现良好的上市公司，在符合法定条件的前提下，取消反馈环节，可以不再要求发行人到发审会上接受询问，15个工作日内作出行政许可决定）

（14）发行审核过程中，将按照对首发企业信息披露质量抽查；涉及国家产业政策、宏观调控等事项的（限主板和中小板企业），证监会将征询国务院相关部委的意见。

（15）存档备查，发行人的首发申请通过发审会审核后，需要进行封卷工作，即将申请文件原件重新归类后存档备查。

（16）5个工作日出具监管意见书并转日常监管部门。

（17）上市公司公告股份发行情况及股份变动报告书。

二、普华商学院提示

（1）操作周期

6个月。

（2）操作费用

成本大概在1000万元人民币，承销费率约为4%。

上市公司定向增发一般简称为“定增”。定增一般包括货币型和资产型。定增一般锁定期为一年期或三年期。其中，投资者通过定增持有的新股锁定期为一年，新股流通性较好，以竞价方式确定发行价格和发行对象；三年期多为控股股东及其关联方认购，发行对象及其认购价格由上市公司董事会确定，股票锁定期为36个月。

此外需要注意的是，定增的过程中，认购股份的投资人和投资机构总数不能超过10个。

买壳上市的流程

062

买壳上市的流程是指一家与现有上市公司没有股权关系的非上市公司通过并购重组获得上市公司控股权实现间接上市的过程。

买壳上市分为正向收购和反向收购两种形式。

一、关键点解析

流程图中红色标注的是核心环节，除此之外还有一些需要特别注意的关键环节，用序号标注，下面对这些环节进行详细的解析：

（一）正向收购流程图关键点解析

（1）要确认公司是否适宜买壳上市。

（2）通常由财务顾问担任总协调人，全面协调买壳上市工作和各中介机构工作分工，维护企业利益。

（3）该步骤必须要与企业实际控制人达成共识。

（4）选定合适的券商，由券商为公司寻找优质壳资源，其能力和经验与买壳成功率及成本等密切相关。

（5）尽职调查是对壳公司全面调查，充分了解壳公司是否符合条件的过程。决定买壳上市的公司在此基础上准备买壳方案。同时与实际控制人商讨形成初步方案，并与当地政府和上级主管部门沟通。

正向收购流程图

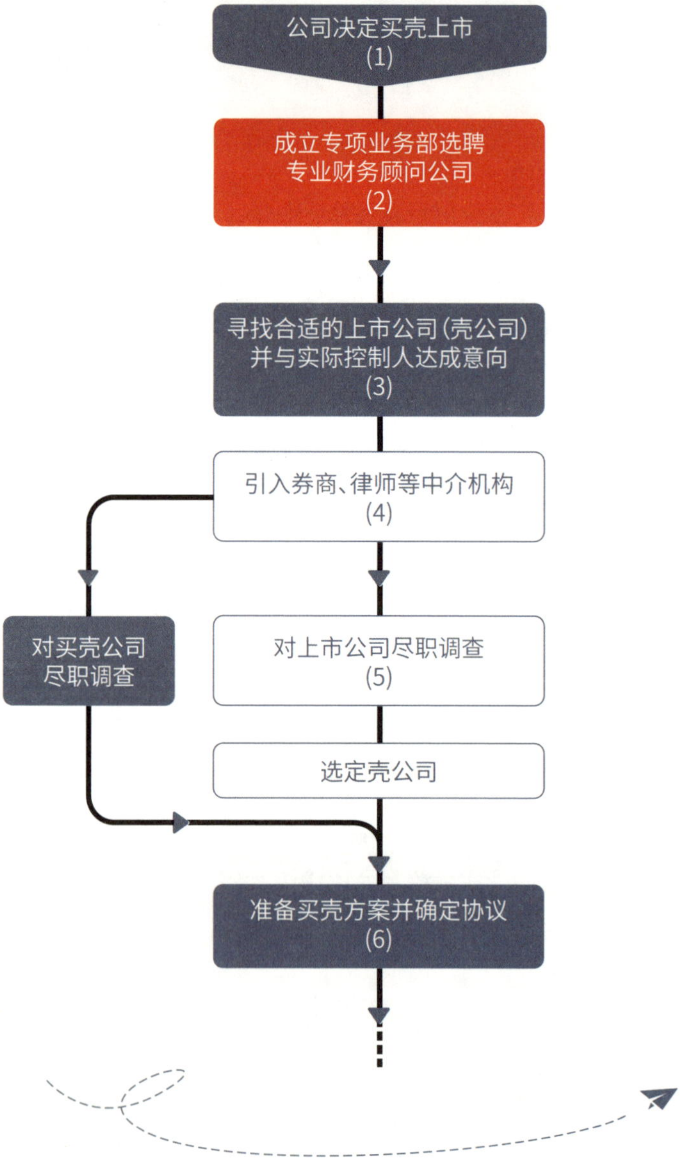

公司决定买壳上市
(1)

成立专项业务部选聘专业财务顾问公司
(2)

寻找合适的上市公司(壳公司)并与实际控制人达成意向
(3)

引入券商、律师等中介机构
(4)

对买壳公司尽职调查

对上市公司尽职调查
(5)

选定壳公司

准备买壳方案并确定协议
(6)

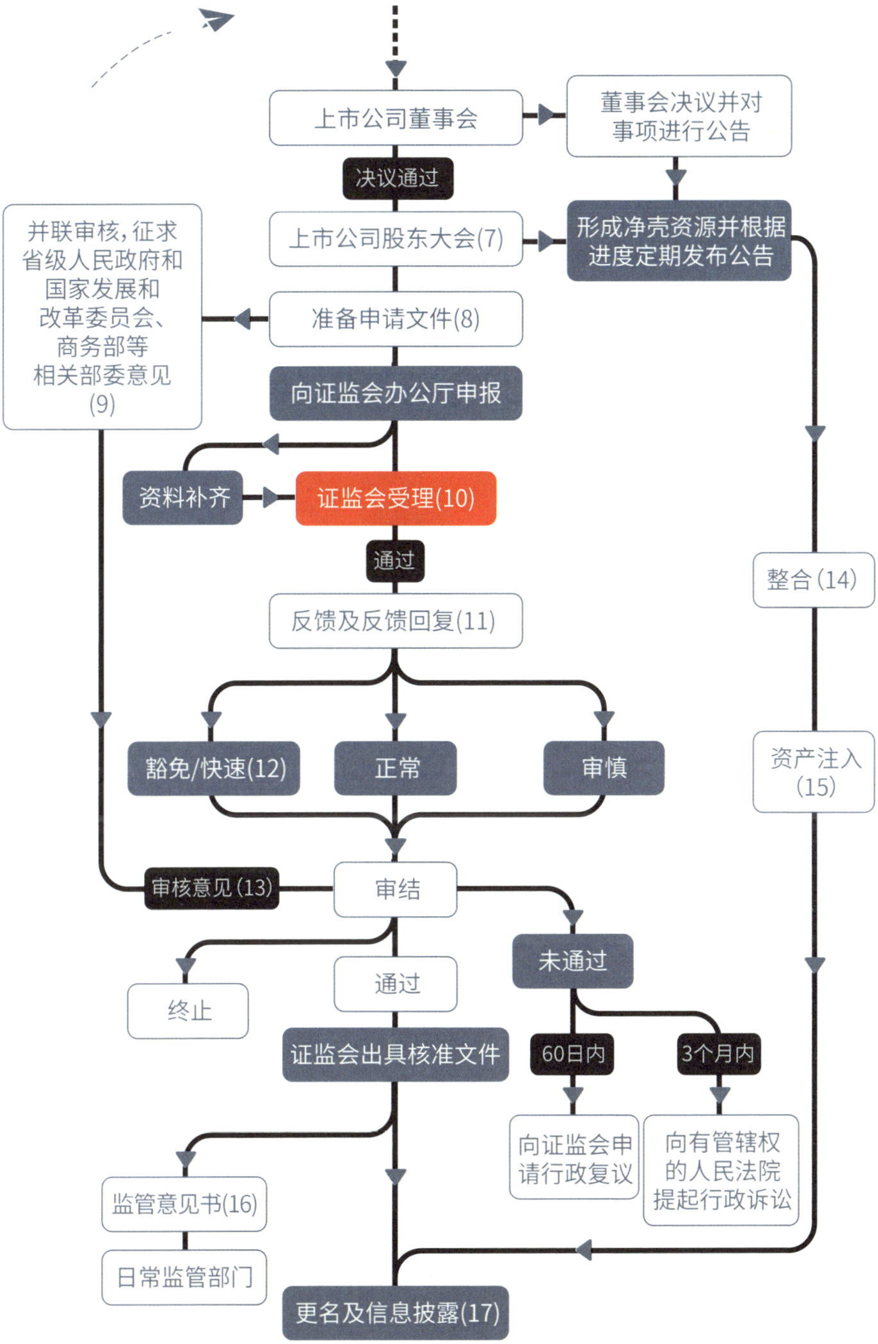

上市公司董事会

董事会决议并对事项进行公告

决议通过

上市公司股东大会(7)

形成净壳资源并根据进度定期发布公告

准备申请文件(8)

并联审核，征求省级人民政府和国家发展和改革委员会、商务部等相关部委意见(9)

向证监会办公厅申报

资料补齐

证监会受理(10)

通过

反馈及反馈回复(11)

豁免/快速(12)

正常

审慎

整合(14)

资产注入(15)

审核意见(13)

审结

终止

通过

未通过

证监会出具核准文件

60日内

3个月内

向证监会申请行政复议

向有管辖权的人民法院提起行政诉讼

监管意见书(16)

日常监管部门

更名及信息披露(17)

（6）准备买壳方案及准备相关法律文书。

（7）上市公司董事会、股东大会审议方案通过后按照要求进行信息披露。

（8）券商与中介机构协助制作申报材料，券商对申报资料内核后向中国证监会申报。中国证监会行政许可申请受理服务中心接受申报资料。申请文件一经受理，未经证监会同意不得增加、撤回或更换。

（9）发改委实施的境外投资项目核准和备案、商务部实施的外国投资者战略投资上市公司核准、经营者集中审查。

（10）中国证监会在收到申请文件后的 5 个工作日内决定是否受理。

（11）反馈一般按照申请文件受理顺序安排，主要有两次反馈。反馈将形成书面意见，履行内部程序后反馈给券商。券商收到反馈意见后，组织相关人员进行回复。

（12）豁免 / 快速、正常、审慎三条审核通道。进入豁免 / 快速通道、不涉及发行股份的项目，豁免审核，由证监会直接核准；涉及发行股份的，实行快速审核，取消预审环节，直接提请并购重组审核委员会审议。

（13）并联审核中各审核部门独立给出审核意见。

（14）内部整合，优化经营业绩。

（15）注入优质资产。

（16）在 5 个工作日内出具监管意见书并转日常监管部门（中国证监会上市公司监管部）。

（17）上市公司更名并按照规则进行公告。

（二）反向收购流程图关键点解析

（1）要确认公司是否适宜买壳上市。

（2）通常是由财务顾问担任总协调人，全面协调买壳上市工作和各中介机构工作分工，维护企业利益。

（3）与实际控制人达成共识。

（4）选定合适的券商，由券商为公司寻找优质壳资源，券商能力和经验与买壳成功率及成本等密切相关。

反向收购流程图

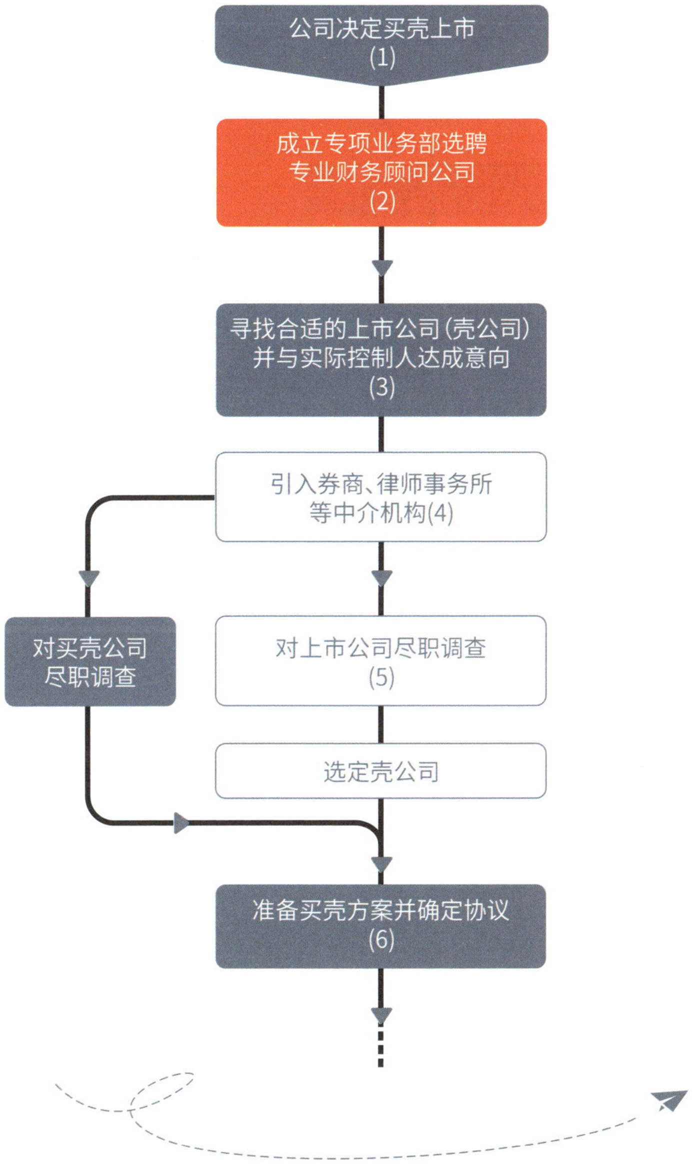

公司决定买壳上市
(1)

成立专项业务部选聘
专业财务顾问公司
(2)

寻找合适的上市公司(壳公司)
并与实际控制人达成意向
(3)

引入券商、律师事务所
等中介机构(4)

对买壳公司
尽职调查

对上市公司尽职调查
(5)

选定壳公司

准备买壳方案并确定协议
(6)

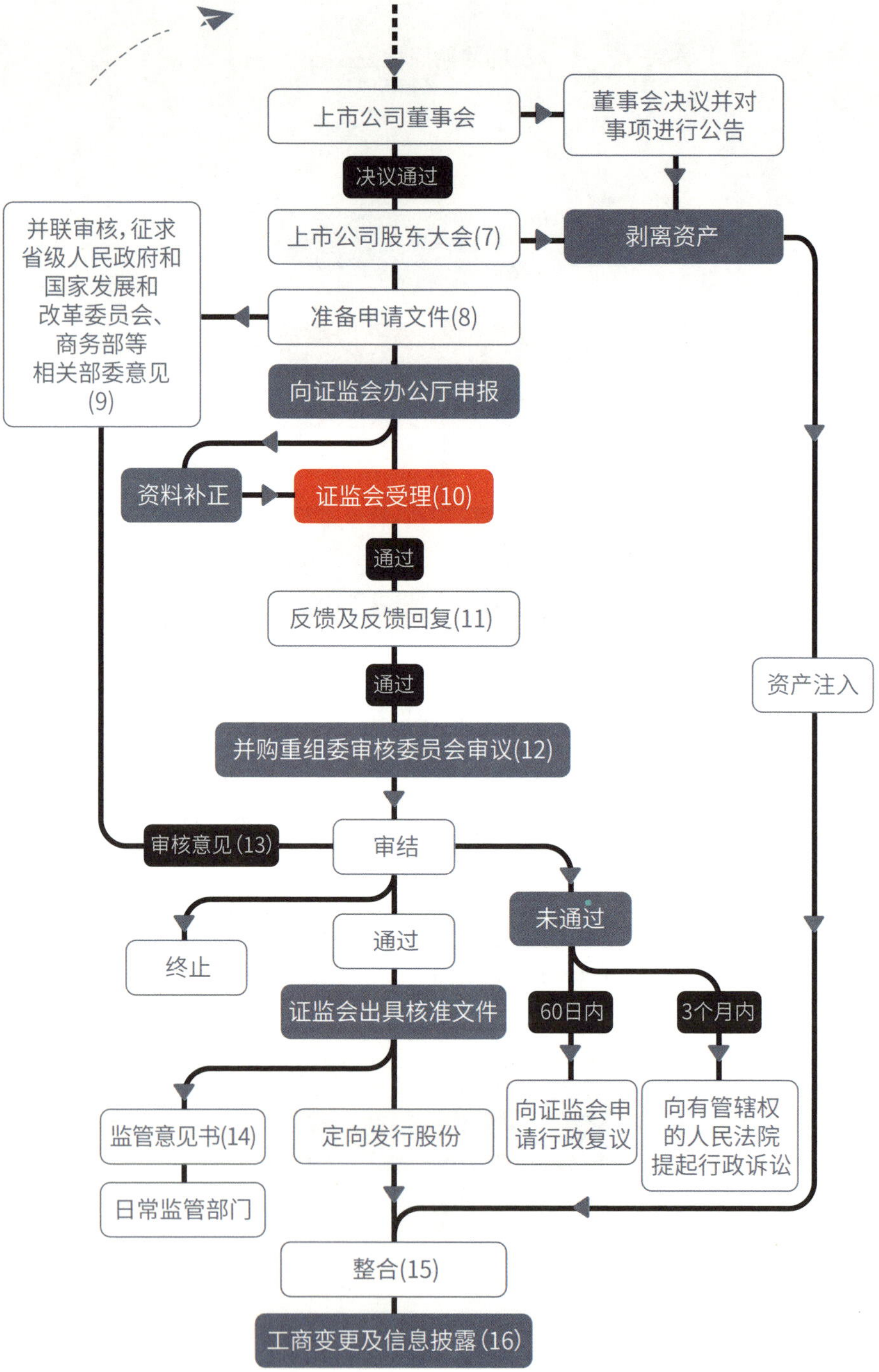

上市公司董事会

董事会决议并对事项进行公告

决议通过

上市公司股东大会(7)

剥离资产

准备申请文件(8)

并联审核，征求省级人民政府和国家发展和改革委员会、商务部等相关部委意见(9)

向证监会办公厅申报

资料补正

证监会受理(10)

通过

反馈及反馈回复(11)

通过

并购重组委审核委员会审议(12)

资产注入

审核意见(13)

审结

终止

通过

未通过

证监会出具核准文件

60日内

3个月内

向证监会申请行政复议

向有管辖权的人民法院提起行政诉讼

监管意见书(14)

日常监管部门

定向发行股份

整合(15)

工商变更及信息披露(16)

（5）尽职调查是对壳公司全面调查，充分了解壳公司是否符合条件的过程，在此基础上准备买壳方案。同时与实际控制人商讨形成初步方案，如有需要，与当地政府和上级主管部门沟通。

（6）准备买壳方案及准备相关法律文书。

（7）上市公司董事会、股东大会审议方案通过后并按照要求进行信息披露。

（8）券商与中介机构协助制作申报材料，券商对申报资料内核后向中国证监会申报。中国证监会行政许可申请受理服务中心接受申报资料。申请文件一经受理，未经证监会同意不得增加、撤回或更换。

（9）发改委实施的境外投资项目核准和备案、商务部实施的外国投资者战略投资上市公司核准、经营者集中审查。

（10）中国证监会在收到申请文件后的 5 个工作日内决定是否受理。自受理申请人重大资产重组申请文件之日起 20 个工作日内作出行政许可决定。

（11）反馈一般按照申请文件受理顺序安排，主要有两次反馈。反馈将形成书面意见，履行内部程序后反馈给券商。券商收到反馈意见后，组织相关人员进行回复。

（12）涉及发行股份的，实行快速审核，取消预审环节，直接提请并购重组审核委员会审议。

（13）并联审核中各审核部门独立给出审核意见。

（14）在 5 个工作日内出具监管意见书并转日常监管部门（中国证监会上市公司监管部）。

（15）注入优质资产，移交管理权经营权等，内部整合，改变经营业绩。

（16）上市公司更名并按照规则进行公告。

二、普华商学院提示

（1）操作周期

4 ～ 9 个月。

（2）操作费用

成本根据壳公司资产规模和买壳方式不同而不一样。

我们通常将买壳上市流程中的上市公司称为壳公司，具体方式为：非上市公司向原有大股东买老股变更股东身份或对壳公司的人员、资产、债务实行重组，向壳公司注入自己的优质资产与业务，实现自身资产与业务的间接上市。

此外，需要注意的是，正向收购和反向收购流程的审核要求和时间均不一样，反向收购流程的审核更为严格，审核时间更久。

企业被上市公司收购的流程 063

企业被上市公司收购的流程是指一家公司因为业务发展情况或战略需要将股权出售给上市公司，上市公司获得该公司控股权，然后对该公司的人员、资产、债务实行重组的过程。

一、关键点解析

流程图中红色标注的是核心环节，除此之外还有一些需要特别注意的关键环节，用序号标注，下面对这些环节进行详细的解析：

（1）公司识别核心竞争力，评估企业发展战略，识别并购协同机会，愿意被上市公司收购。

（2）财务顾问担任总协调人，全面协调企业被并购工作和各中介机构工作分工，维护企业利益。

（3）寻找合适的存在收购意向的上市公司。

（4）双方的实际控制人达成初步共识，签署框架协议，如有需要，与当地政府和上级主管部门沟通。

（5）尽职调查是上市公司对并购标的全面调查，充分了解并购标的的真实情况，在此基础上准备并购方案。

（6）双方就并购事宜进行谈判。

（7）上市公司董事会、股东大会决议后对事项进行公告，并确定停牌日期，审议方案通过后按照要求进行信息披露。上市公司收购过程中涉及定增的需要经

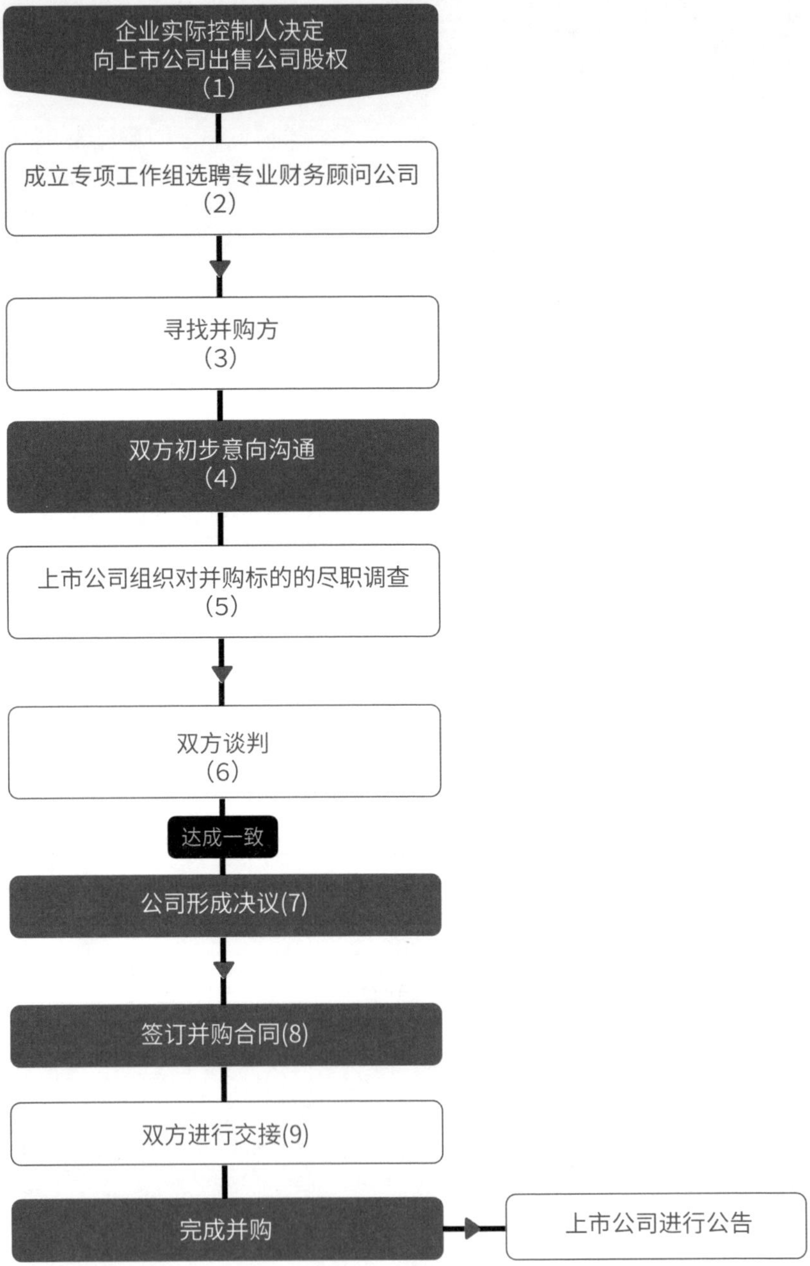

企业实际控制人决定
向上市公司出售公司股权
（1）

成立专项工作组选聘专业财务顾问公司
（2）

寻找并购方
（3）

双方初步意向沟通
（4）

上市公司组织对并购标的的尽职调查
（5）

双方谈判
（6）

达成一致

公司形成决议(7)

签订并购合同(8)

双方进行交接(9)

完成并购

上市公司进行公告

过股东大会决议。

（8）上市公司准备申请资料并报中国证监会审核通过。

（9）进行产权交接、管理权交接、财务交接及相关变更登记。

二、普华商学院提示

（1）操作周期

3～6个月。

（2）操作费用

200万元左右。

上市公司在对企业进行收购的过程中，往往不会全部采用现金的形式，一般多为30%～40%的现金支付，其余部分以上市公司的股权作为交易筹码。

上市公司在收购时一般会与被收购企业签订对赌协议，协议内容往往会约定未来利益。这通常会决定被收购企业持有上市公司股票的销售价格，如果被收购企业未能在规定期限内做到协议中承诺的业绩，上市公司往往会要求被收购企业以一定的价格回购其所持有的股份。

国债逆回购的流程

064

国债逆回购的流程是通过证券账户投资债券逆回购品种，到期收回本金和收益的过程。国债逆回购也称国债回购。

一、关键点解析

流程图中红色标注的是核心环节，除此之外还有一些需要特别注意的关键环节，用序号标注，下面对这些环节进行详细的解析：

（1）通过证券公司开立证券账户，开通国债逆回购业务，取得账户名和密码。

（2）可以在交易所内交易，也可通过券商交易，各券商交易软件不同，在官网软件下载区下载，安装后登陆进入软件即可。

（3）国债逆回购的操作一般都是在网上进行，必须确保资金账户里有资金。

（4）国债逆回购的操作在“卖出”操作菜单下。

（5）沪市逆回购代码以 204 开头，10 万起购，并以 10 万的倍数增长。深市以 1318 开头，1000 起购，并以 1000 的整数倍增长。

（6）输入“证券代码”处填代码如 204001。“卖出价格”指操作一天逆回购的利率，因利率波动而不断变化，可根据当天情况自己合理确定，需要一定的操作技巧。“卖出数量”显示的是资金账户里金额对应可以操作数量，选好之后，点击卖出。

（7）以一天期为例，逆回购是 T+1 模式，当天操作成功后，收益会在第二

天早上 9 点回到资金账户，可用不可取，在第三天可用可取，第二天可以继续操作逆回购，但资金无法取出。

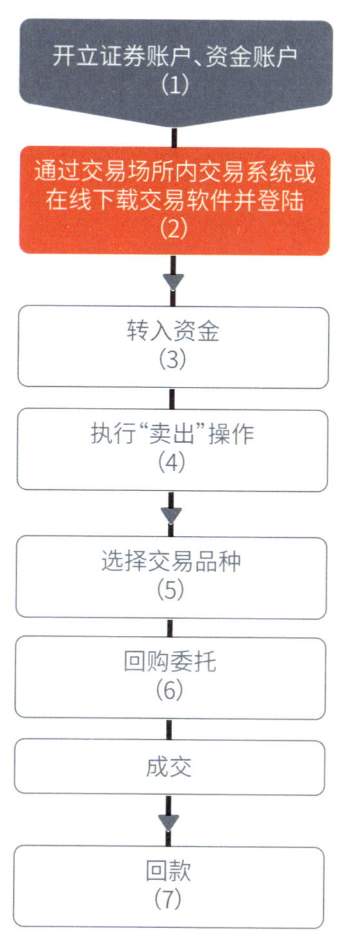

二、普华商学院提示

（1）操作周期

根据市场实际情况，一般分为 1 天期、2 天期、3 天期、4 天期、7 天期、14 天期、28 天期、91 天期、182 天期。

（2）操作费用

手续费一般为0.01‰，即每10万元收1元，每1000元收1分，根据天数不同，大概在1～30元不等。

国债逆回购本质上是一种短期贷款，把资金投资于国债，到期后收回本金并获得固定利息，即为逆回购交易。用国债抵押融资，到期还本付息即为国债正回购交易，一般为金融机构。

债券逆回购在沪市、深市各有9个品种，沪市交易起购金额10万元起，或其整数倍，操作方向是卖出。在卖出数量上输入："100"等于借出10万元，并按成交价为年化利率计收利息；相较而言，深市是企业债逆回购，起购金额是1000元，操作方向是卖出，在股票软件上作卖出，在数量上输入：10等于借出1000元，并按你成交价计算年化利率，系统自动扣除手续费，到期本金利息自动进入操作账户。

国债逆回购操作简单、收益相对稳定，适合有大量闲置资金，对流动性要求较高，不愿承担投资风险并期望获得高于银行同期收益率的投资者。股市行情不好时，也可以参与国债回购。

此外，普华商学院在这里提醒大家，我国规定证券经纪商向客户收取的佣金不得高于证券交易金额的3‰，也不得低于代收的证券交易监管费和证券交易所手续费。目前在证券公司开户时，基本都是3‰，可以跟证券商沟通降低交易手续费。资金量越大，可协商的空间就越大。降到0.8‰、0.5‰或者0.3‰都是有可能的。

065

退市（主板、中小板、新三板）的流程

退市的流程是指上市公司终止上市的流程。此处讲的是企业主动私有化的流程以及在主板（中小板）退市和新三板摘牌的流程。

一、关键点解析

流程图中红色标注的是核心环节，除此之外还有一些需要特别注意的关键环节，用序号标注，下面对这些环节进行详细的解析：

（一）主动私有化流程的关键点解析

（1）上市公司向所有股东回购股份或部分股份的要约导致其不再具备上市条件；上市公司股东向其他股东发出收购全部股份或部分股份的要约导致其不再具备上市条件；上市公司以外其他收购人向所有股东回购股份或部分股份的要约导致其不再具备上市条件。

（2）股东大会召开前三日需公告前十名股东持股情况，并对以下内容进行表决：回购股份的方式；回购股份的价格或价格区间、定价原则；拟回购股份的种类、数量和比例；拟用于回购的资金总额；回购股份的期限；对董事会实施回购方案的授权；其他相关事项。

上市公司在公告股东大会决议时，应当载明“本回购方案尚需报中国证监会备案无异议后方可实施”。

股东大会通过终止上市决议后 15 个工作日内需向交易所提出申请。

主动私有化流程图

上市公司准备私有化
聘请券商和律师事务所
上市公司确定私有化方案或协议
(1)
董事会通过决议
股东大会通过决议
(2)
通知债权人
报送申请资料
(3)
交易所上市委员会受理审核
(4)
同意
执行方案/协议
(5)
交易所出具通知书
退市
(6)
证券交易场所交易或者转让其股票
(7)

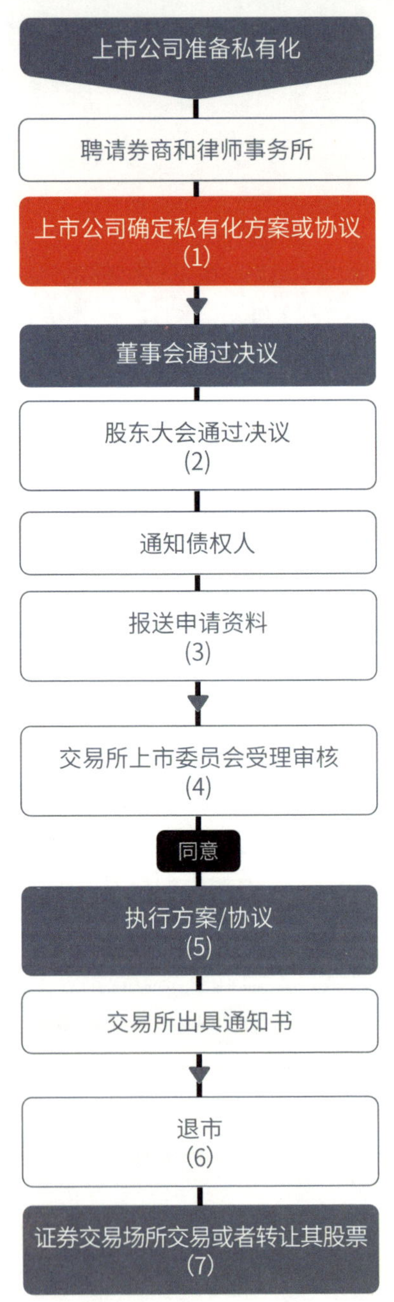

（3）申请资料包括：股东大会决议、退市申请书、退市后去向安排的说明、异议股东保护的专项说明及证券交易所规定的其他材料，申报材料抄报上市公司所在地的证监会派出机构。

交易所将在接受资料五个工作日做出是否接受申请。

（4）证监会自受理上市公司退市申请材料之日起 15 个工作日内做出审核决议，在审查决策程序合规性的基础上，从保护投资者特别是中小投资者权益的角度，作出同意或者不同意其股票终止上市交易的决定。同意公司股票终止上市决定后两个交易日内通知上市公司，并于两个交易日内发布相关公告。

因全面要约收购上市公司股份、实施以上市公司为对象的公司合并、上市公司全面回购股份以及上市公司自愿解散，导致公司股票退出市场交易的，证券交易所应当在上市公司公告回购或者收购结果、完成合并交易、作出解散决议之日起 15 个交易日内，作出终止其股票上市的决定。

证券交易所应当在作出同意或者不同意上市公司主动退市决定之日起 15 个工作日内，以及上市公司退出市场交易之日起 15 个工作日内，将上市公司主动退市情况报告证监会。

（5）申请同意后，上市公司即可实施回购方案。主要有集中竞价方式和要约方式。

（6）在证券交易所公告股票终止上市公告并退市。

（7）上市公司重新确权和登记，可以选择在交易所交易或转让股票。

（二）主板（中小板）退市流程关键点解析

（1）一般来讲企业退市会满足以下标准：

净资产为负值；营业收入低于人民币 1000 万元；年度审计报告为否定意见或无法表示意见；暂停上市后未在法定期限内披露年度报告；股票累计成交量过低；股票成交价格连续低于面值；连续受到交易所公开谴责（不适用于主板上市公司）。

（2）公司出现终止上市情形 15 个工作日内做出终止上市决定。如果涉及并购重组退市的需由股东大会决议是否进入退市整理期并向交易所申请。

（3）自受理申请之日起的 30 个交易日内作出决定，上市公司补充材料的期限不计入审核期限，申请人补充材料的期限累计均不得超过 30 个交易日。

主板（中小板）退市流程图

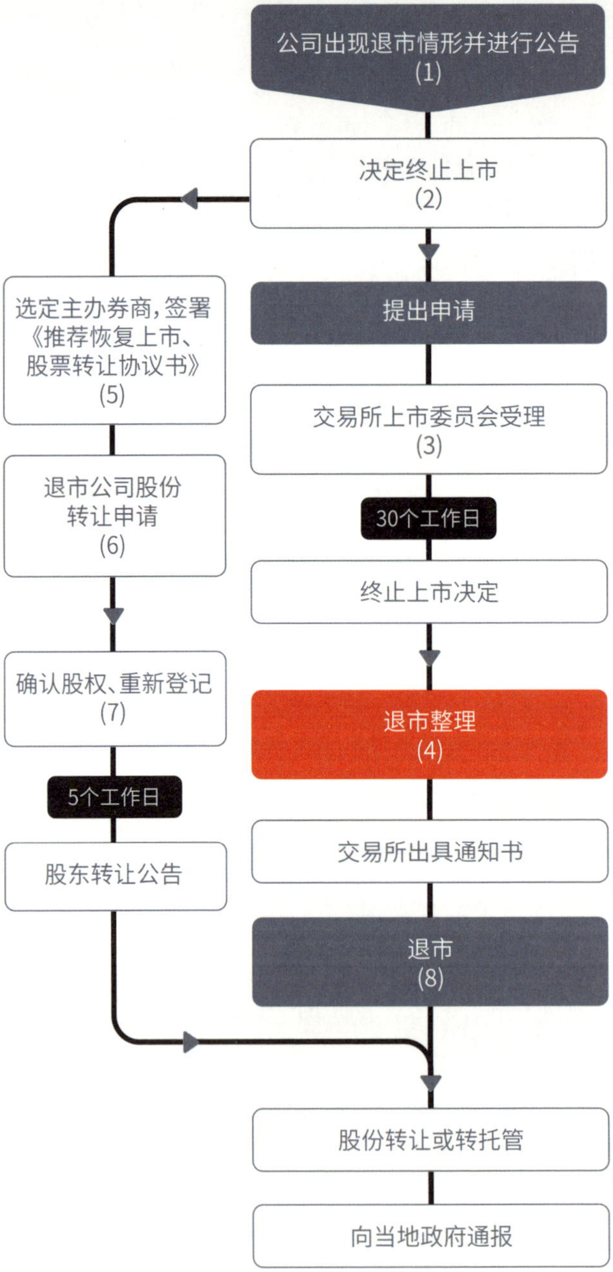

公司出现退市情形并进行公告（1）

决定终止上市（2）

提出申请

交易所上市委员会受理（3）

30个工作日

终止上市决定

退市整理（4）

交易所出具通知书

退市（8）

选定主办券商，签署《推荐恢复上市、股票转让协议书》（5）

退市公司股份转让申请（6）

确认股权、重新登记（7）

5个工作日

股东转让公告

股份转让或转托管

向当地政府通报

（4）上市公司的股票被交易所作出终止上市决定后，交易所给予其30个交易日的退市整理期，沪市公司股票进入风险警示板交易，深市为退市整理板交易。

（5）截至交易所作出终止上市决定时仍未签订《推荐恢复上市、股票转让协议书》、由证券交易所指定主办券商的，由指定推荐公司股票挂牌的主办券商办理退市公司股票在全国股份转让系统挂牌手续。

（6）选择并申请全国性的场外交易市场或符合条件的区域性场外交易市场挂牌转让。在上海证券交易所上市的企业退市，应选择并申请将股票转入全国性的场外交易市场、其他符合条件的区域性场外交易市场或者上海证券交易所设立的退市公司股份转让系统进行股份转让；公司不申请的安排其股票在上海证券交易所退市公司股份转让系统进行股份转让。在深圳证券交易所上市的企业退市，应选择并申请将股票转入全国性的场外交易市场、其他符合条件的区域性场外交易市场。

（7）在证券交易所公告股票终止上市决定、退市整理期届满或接到交易所指定通知后的 5 个转让日内，向中国结算取得相关资料，刊登“股份确权公告”。

（8）退市整理期届满后5个交易日内，对公司股票予以摘牌，公司股票终止上市。

（三）新三板摘牌流程关键点解析

（1）新三板摘牌的原因一般为：

公司因IPO、并购重组或不符合挂牌标准等原因需要摘牌，全国中小企业股份转让系统终止其股票挂牌。具体原因一般有以下几种：

①中国证监会核准其公开发行股票并在证券交易所上市，或证券交易所同意其股票上市；

②终止挂牌申请获得全国中小企业股份转让系统同意；

③未在规定期限内披露年度报告或者半年度报告的，自期满之日起2个月内仍未披露年度报告或半年度报告；

④主办券商与挂牌公司解除持续督导协议，挂牌公司未能在股票暂停转让之日起3个月内与其他主办券商签署持续督导协议的；

⑤挂牌公司经清算组或管理人清算并注销公司登记的；

⑥全国中小企业股份转让系统规定的其他情形。

（2）公司股东会做出终止挂牌决定。

（3）全国中小企业股份转让系统受理后即进行信息披露。

（4）最快一个工作日。

新三板摘牌流程图

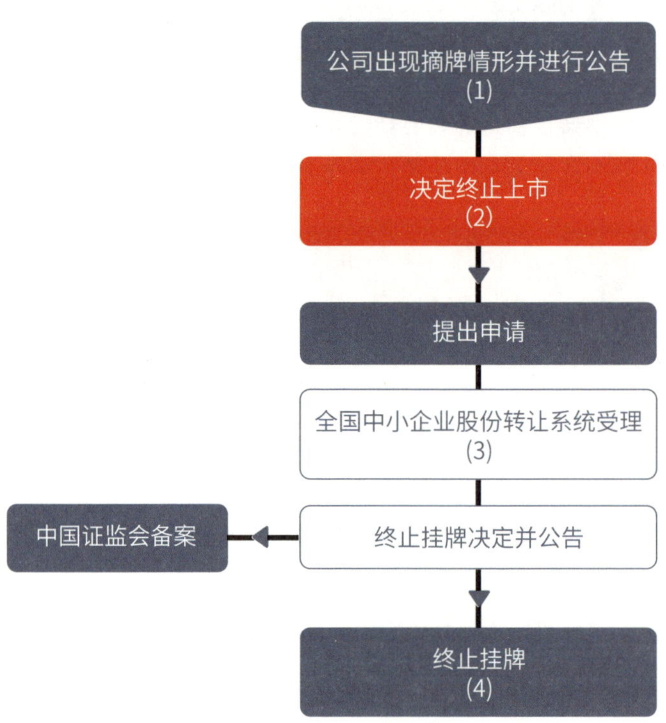

二、普华商学院提示

（1）操作周期

主板（中小板）2 个月，新三板 10 天左右。

（2）操作费用

视具体情况而定，退市具体情况不同，费用也不同。

退市一般是因为公司经营情况不良或公司战略调整需要。因而又分为主动退市和被动退市。

主动退市的原因可能是主动私有化，也可能是被收购合并。被动退市可能是出现重大违法事件、未满足交易所上市标准（如财务问题）等原因，从而导致被动终止上市。

主动退市公司可以随时向其选择的证券交易所提出重新上市申请。强制退市公司在证券交易所规定的间隔期届满后，符合相关条件可以向其选择的证券交易所提出重新上市申请。

存在强制退市可能的上市公司在触及强制退市指标前，实施主动退市，在消除可能导致强制退市的情形后，可以重新申请上市。

第四篇

类金融机构操盘流程

典当公司的设立流程

066

典当公司（典当行）是指依法设立的专门从事典当业务的法人机构。此处讲解的是典当公司的设立流程。

有关典当公司（典当行）的更多信息，可参阅《中国金融生态圈》一书。

一、关键点解析

流程图中红色标注的是核心环节，除此之外还有一些需要特别注意的关键环节，用序号标注，下面对这些环节进行详细的解析：

（1）典当公司（典当行）的设立条件包括：

①注册资本最低限额为300万元；从事房地产抵押典当业务的典当行，注册资本最低限额为500万元；从事财产权利质押典当业务的典当行，注册资本最低限额为1000万元。

②典当行的注册资本最低限额应当为股东实缴的货币资本，不包括以实物、工业产权、非专利技术、土地使用权作价出资的资本。

③符合工商、商务部及公安部门规定的相关要求。

具备下列条件的典当行可以跨省（自治区、直辖市）设立分支机构：

①经营典当业务3年以上，注册资本不少于人民币1500万元；

②最近两年连续盈利；

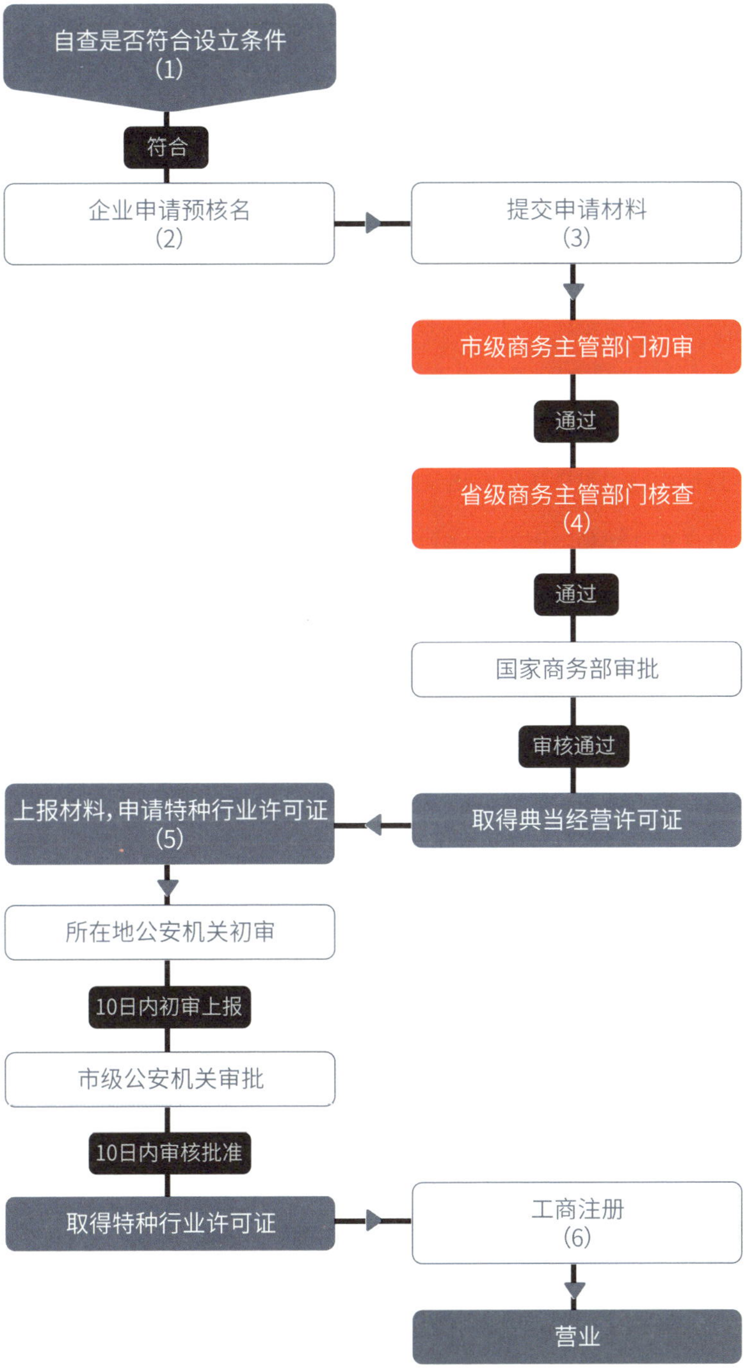

自查是否符合设立条件（1）

↓ 符合

企业申请预核名（2） → 提交申请材料（3）

↓

市级商务主管部门初审

↓ 通过

省级商务主管部门核查（4）

↓ 通过

国家商务部审批

↓ 审核通过

取得典当经营许可证 → 上报材料，申请特种行业许可证（5）

↓

所在地公安机关初审

↓ 10日内初审上报

市级公安机关审批

↓ 10日内审核批准

取得特种行业许可证 → 工商注册（6）

↓

营业

③最近两年无违法违规经营记录；

④典当行应当对每个分支机构拨付不少于500万元的营运资金；

⑤典当行各分支机构营运资金总额不得超过典当行注册资本的50%。

（2）典当行的名称应当符合企业名称登记管理的有关规定，典当行名称中的行业表述应当标明“典当”字样。

（3）申请人需向所在地设区的市（地）级商务主管部门（商务局）提交书面申请及申报材料包括：

①设立申请（应当载明拟设立典当行的名称、住所、注册资本、股东及出资额、经营范围等内容）及可行性研究报告；

②典当行章程、出资协议及出资承诺书；

③典当行业务规则、内部管理制度及安全防范措施；

④具有法定资格的验资机构出具的验资证明；

⑤档案所在单位人事部门出具的个人股东、拟任法定代表人和其他高级管理人员的简历；

⑥具有法定资格的会计师事务所出具的法人股东近期财务审计报告及出资能力证明、法人股东的董事会（股东会）决议及营业执照副本复印件；

⑦符合要求的营业场所的所有权或者使用权的有效证明文件；

⑧工商行政管理机关核发的“企业名称预先核准通知书”。

典当行申请设立分支机构，应当向拟设分支机构所在地设区的市（地）级商务主管部门提交下列材料：

①设立分支机构的申请报告（应当载明拟设立分支机构的名称、住所、负责人、营运资金数额等）、可行性研究报告、董事会（股东会）决议；

②具有法定资格的会计师事务所出具的该典当行最近两年的财务会计报告；

③档案所在地人事部门出具的拟任分支机构负责人的简历；

④符合要求的营业场所的所有权或者使用权的有效证明文件；

⑤省级商务主管部门及所在地县级人民政府公安机关出具的最近两年无违法

违规经营记录的证明。

（4）省级商务主管部门对审核通过的符合条件的申请人进行公示，并将公示后无争议的申请材料、正式行文上报国家商务部。省级商务主管部门应当在收到商务部批准文件后5个工作日内将有关情况通报同级人民政府公安机关。省级人民政府公安机关应当在5个工作日内将通报情况通知设区的市（地）级人民政府公安机关。

（5）申请人领取典当经营许可证后，应当在10日内向所在地县级人民政府公安机关申请典当行特种行业许可证，并提供下列材料：

①申请报告；

②典当经营许可证及复印件；

③法定代表人、个人股东和其他高级管理人员的简历及有效身份证复印件；

④法定代表人、个人股东和其他高级管理人员的户口所在地县级人民政府公安机关出具的无故意犯罪记录证明；

⑤典当行经营场所及保管库房平面图、建筑结构图；

⑥录像设备、防护设施、保险箱（柜、库）及消防设施安装、设置位置分布图；

⑦各项治安保卫、消防安全管理制度；

⑧治安保卫组织或者治安保卫人员基本情况。

（6）申请人领取特种行业许可证后，应当在10日内持典当经营许可证、特种行业许可证到工商行政管理机关申请登记注册，领取营业执照后，方可营业。

二、普华商学院提示

（1）操作周期

45个工作日左右。

（2）操作费用

参考常规公司的注册费用。

典当属于民营的泛金融类机构，典当行可以为缺乏资金的企业和个人，提供短期的流动资金借贷，缺乏资金的人可以将动产、不动产或者财产权利当做抵押物或者质押物交给典当行，典当行借款给当户并按照时间收取利息。典当行的主要利润来源是借款产生的综合服务费和利息。

由于典当行业的竞争比较激烈，很多典当行变成了中高端产品、奢侈品或者收藏品的新颖的销售渠道，其主要收入不再来源于他人闲置物品的典当。有些典当行联合电视台等传媒机构，打造百姓藏宝、鉴宝等栏目，定期将收藏品作为他人典当的物品进行拍卖。事实上这些物品是由当事人委托给典当行进行售卖的，而并非是作为典当物品。此时，典当行就成为了收取中介费、手续费的中介机构。

067

典当公司业务开展流程

典当公司（典当行）业务开展流程是指典当公司（典当行）开展典当业务的流程。

有关典当公司（典当行）的更多信息，可参阅《中国金融生态圈》一书。

一、关键点解析

流程图中红色标注的是核心环节，除此之外还有一些需要特别注意的关键环节，用序号标注，下面对这些环节进行详细的解析：

（1）交当

当户执合法有效证件及当物所有权证明将当物交付给典当行营业员。

（2）验当

典当行营业员查验当户及当物的以下情况：

①查验当户身份证件；

②查验当物是否属于禁当品；

③查验当物权属的合法性。

（3）估当

典当行营业员根据商品市场行情，对当物现行价格进行评估。

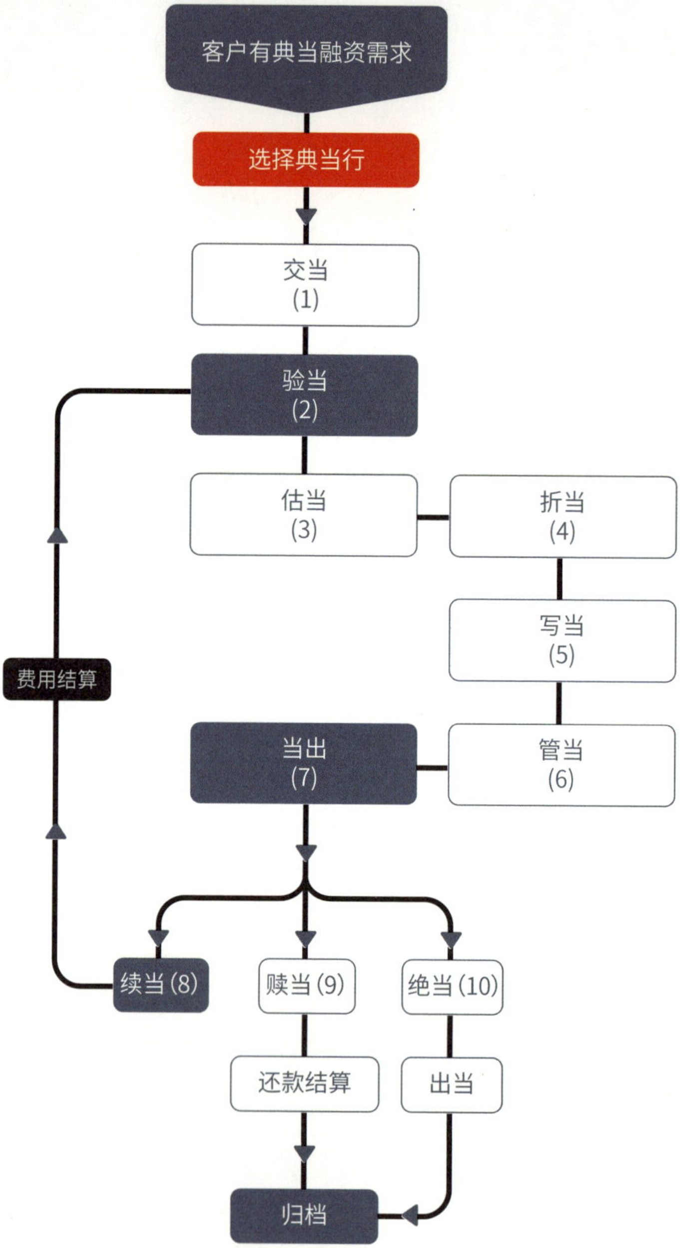

客户有典当融资需求

选择典当行

交当 (1)

验当 (2)

估当 (3)

折当 (4)

写当 (5)

管当 (6)

当出 (7)

续当 (8)

费用结算

赎当 (9)

还款结算

绝当 (10)

出当

归档

（4）折当

典当行营业员根据估当结果和当户协商，按一定比例折扣确定典当金额。一般按估价的 50% ～ 70% 报价。

（5）写当

填写当票，与当户协商确定当金数额以及明确当期、费率等事项后，由营业员填写当票，签订借贷契约。

（6）管当

又叫“存当”，典当行营业员凭当票保管联收妥当物，当面封包（袋），将当物存放到库房进行保管。

（7）当出

发放当金，简称“放当”，典当行营业员根据当票实付金额向当户支付当金。

（8）赎当

当户按期偿还当金本息，赎取当物，赎取当物时对当物进行检查。

（9）续当

又称展期、延期，当户典当期限届满时，不能偿还本金，经双方同意仍以原当物继续典当，续签当票和合同，续当应于典当期内或期满后 5 日内办理。

（10）绝当

俗称“死当”，典当期限届满 5 日后，当户既不赎当也不续当。绝当物估价金额不足 3 万元的，典当行可以自行变卖或者折价处理，损溢自负。而当物估价金额在 3 万元以上的，如果双方在典当的时候没有事先约定，典当行没有资格对当物进行自行处置，而是应该按照法规向人民法院提请，委托拍卖行公开拍卖，拍卖所得才可以用于对典当行的赔偿。

二、普华商学院提示

（1）操作周期

典当期限由双方约定，最长不得超过 6 个月，但是可以续当。

（2）操作费用

无。

典当公司利率不固定，淡季利率比较低，旺季利率比较高。一般每年的五、六、七月份是用钱的淡季，年底是用钱的旺季。除利率之外，典当行还以各种名义收取顾问费、咨询费、管理费、仓储费等费用。有些典当行的典当利息前置前收，在发放借款的时候便已经扣除。

典当公司由于本身为非金融机构，资金的募集会受到限制，所以很多典当公司会嫁接 P2P 平台，此时的典当公司就成为了中介。在操作过程中涉及很多法律问题，需要分别对待。此外，国家经济环境将会对典当公司的业务产生直接影响，当整体经济环境恶化时，典当公司的物品不好拍卖，典当公司会变相和保理公司合作。

068

小贷公司的设立流程

小额贷款公司也称小贷公司，是由自然人、企业法人与其他社会组织投资设立，不吸收公众存款，经营小额贷款业务的有限责任公司或股份有限公司。此处讲解的是小贷公司的设立流程。

有关小贷公司的更多信息，可参阅《中国金融生态圈》一书。

一、关键点解析

2015 年 8 月份，央行牵头起草了《非存款类放贷组织条例（征求意见稿）》（简称《条例》），拉开了规范民间金融尤其是小额贷款公司的序幕。截止本书出版前，《条例》尚未正式发布，目前还没有实施。因此本书将小贷公司的设立流程图分为两个，一个是现行小贷公司的设立流程，一个是《条例》实施后小贷公司的设立流程。在该条例实施之前设立的非存款类放贷组织，应当在条例实施之日起 90 日内申请经营放贷业务许可证。在该条例实施之后设立的非存款类放贷组织，应该按照“《条例》实施后小贷公司设立流程图”操作。

流程图中红色标注的是核心环节，除此之外还有一些需要特别注意的关键环节，用序号标注，下面对这些环节进行详细的解析：

（1）小贷公司设立前的预沟通

主发起人与区（县）主管部门、市金融办等机构预沟通，申请查询发起人、拟任高管人员工商信息和信用情况。小贷公司的主发起人须是企业法人，主发起人的成立年限、注册资本金要达到当地监管部门要求，主发起人的实力对审批是

现行小贷公司设立流程图

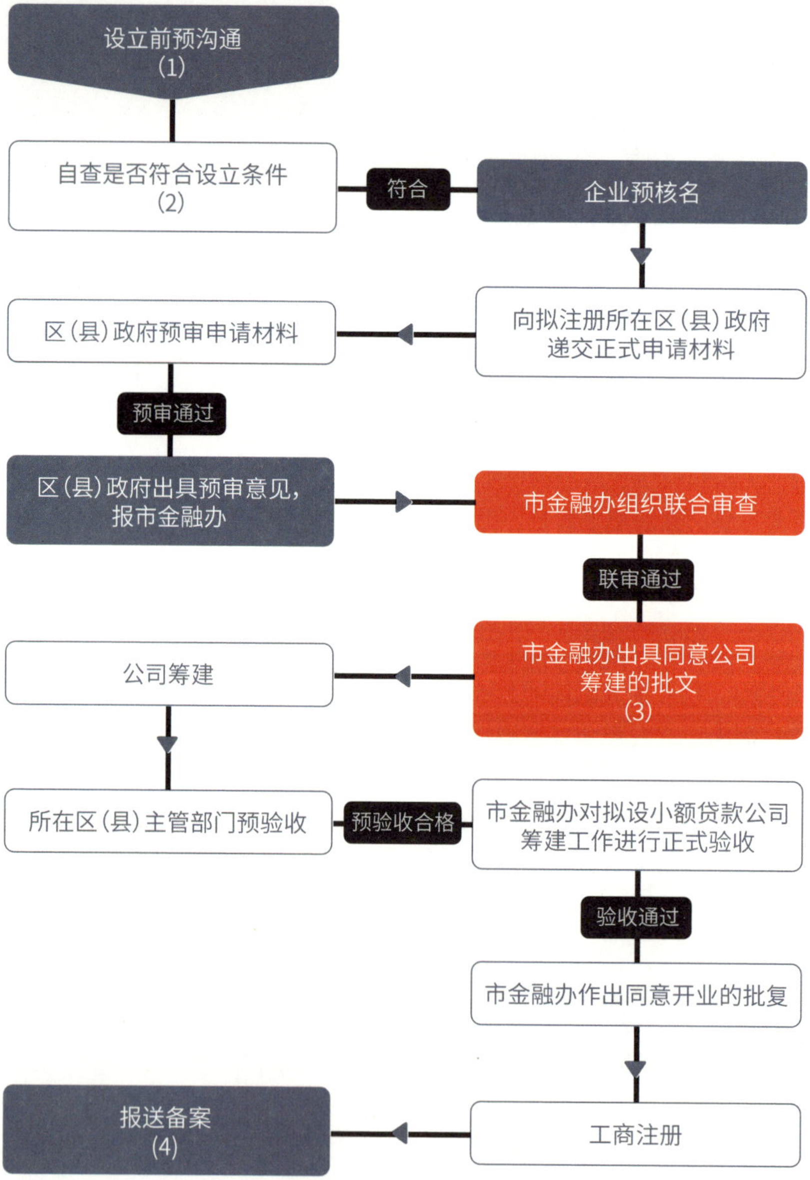

设立前预沟通（1）

自查是否符合设立条件（2）

符合

企业预核名

向拟注册所在区（县）政府递交正式申请材料

区（县）政府预审申请材料

预审通过

区（县）政府出具预审意见，报市金融办

市金融办组织联合审查

联审通过

市金融办出具同意公司筹建的批文（3）

公司筹建

所在区（县）主管部门预验收

预验收合格

市金融办对拟设小额贷款公司筹建工作进行正式验收

验收通过

市金融办作出同意开业的批复

工商注册

报送备案（4）

否通过和审批时长有直接影响。

（2）小贷公司传统设立条件

①小贷公司申请经营放贷业务许可，应当具有与业务规模相适应的实缴注册资本。但有限责任公司的注册资本不得低于等值 500 万元人民币，股份有限公司的注册资本不得低于等值 1000 万元人民币。但我国大部分地区规定小额贷款公司对同一借款人的贷款余额不得超过小额贷款公司资本净额的 5%，对单一集团企业客户的授信余额不得超过资本净额的 15%，所以大部分小贷公司的注册资本金都大于 5000 万元，如果注册资本金太小，很多项目就无法参与；

②小贷公司的董事、监事、高级管理人员，应当具备相应的任职专业知识、3 年以上金融、法律、会计或其他相关业务的从业经验和良好的品行、声誉；

③向所在地区的金融局（办）提交申请书、章程草案、法定验资机构出具的验资证明以及未被列入全国法院系统失信被执行人名单的声明等。

（3）金融办审查

目前大多数地区的小贷公司设立审批都分为批准设立和批准筹建两个阶段，部分地区批准设立和批准筹建已经合一，合一是趋势。金融办审批的主要参考因素是股东背景、资金来源、业务模式。

（4）报送备案

领取工商营业执照 5 个工作日内向当地公安机关、银监局和中国人民银行分支机构报送相关资料。

每年向金融办报备审计结果和公司运营情况。

（5）《非存款类放贷组织条例》正式发布后，小贷公司设立条件：

①非存款类放贷组织申请经营放贷业务许可，应当具有与业务规模相适应的实缴注册资本。但有限责任公司的注册资本不得低于等值 500 万元人民币，股份有限公司的注册资本不得低于等值 1000 万元人民币；

②小贷公司的董事、监事、高级管理人员，应当具备相应的任职专业知识、3 年以上金融、法律、会计或其他相关业务的从业经验和良好的品行、声誉；

③有必需的组织机构和管理制度。有符合要求的营业场所、安全防范措施和与业务有关的其他设施。

（6）企业预核名

非存款类放贷组织名称应当包含“放贷”、“贷款”或“贷”字样。任何单位和个人未经监督管理部门批准，不得在名称中使用“放贷”、“贷款”、“贷”或类似字样，法律、行政法规、国务院另有规定的除外。

（7）需向金融办提交的文件、资料包括：

①申请书，内容包括拟设立非存款类放贷组织的名称、所在地、注册资本、业务范围等；

②章程草案；

③拟任职的董事、监事、高级管理人员的资格证明、信用报告、信用承诺书和无《条例》第十一条第二款第一项、第二项所列犯罪记录的声明；

④股东名册；

⑤法定验资机构出具的验资证明；

⑥营业场所、安全防范措施和与业务有关的其他设施的资料；

⑦经营方针和计划；

⑧未被列入全国法院系统失信被执行人名单的声明；

⑨监督管理部门规定的其他文件、资料。

（8）审批发证

监督管理部门收到完整的申请材料后，应当在20日内作出许可或不予许可的书面决定。经审查决定不予许可的，应当书面说明理由，并告知申请人享有依法申请行政复议或者提起行政诉讼的权利。经审查决定许可经营放贷业务的，监督管理部门应当自作出决定之日起10日内向申请人颁发经营放贷业务许可证。

《条例》实施后小贷公司设立流程图

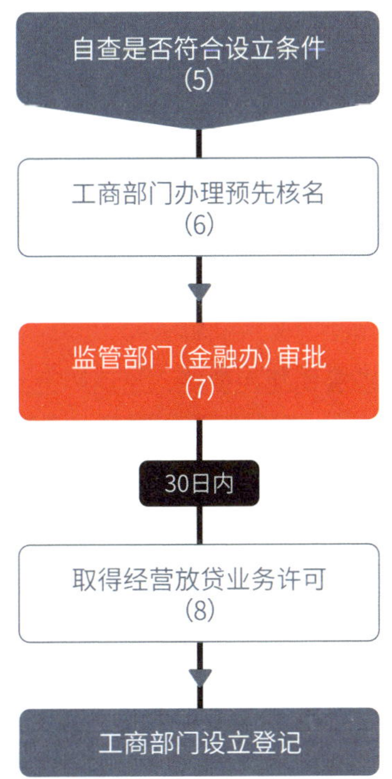

二、普华商学院提示

（1）操作周期

按照批准设立和批准筹建的两级审批流程，操作周期约为 6 个月。

股东背景、申请所在区域不同，申请周期长短不一，批筹和批设合一的地区申请周期较短，目前重庆、广州、江西、江苏、浙江、山东、海南等地区已经批筹、批设合一。主发起人的实力越强，审核通过的可能性越，审核周期越短。

（2）操作费用

参考常规公司注册费用。

小贷公司是国内最典型的非存款类放贷组织，在中国金融体系中，是民营准金融机构的重要组成部分。在《非存款类放贷组织条例（征求意见稿）》公布之前，小贷公司的生存比较艰难，《条例》允许小贷公司等非存款类放贷组织通过发行债券、向股东或银行业金融机构借款、资产证券化 3 种新途径来融资，拓宽了资金来源的渠道，降低了注册小贷公司的门槛。

与银行相比，小额贷款公司更为便捷、迅速，适合中小企业、个体工商户的资金需求；与民间借贷相比，小额贷款更加规范、贷款利息可以双方协商。

根据《2016 年政府工作报告》，“启动投贷联动试点”，发展民营银行是 2016 年深化金融体制改革重点工作里的一个新动作，这也是小贷公司未来转型的一个方向。一旦监管机构的细则发布实施，小贷公司可能成为很多企业进入金融领域的一个途径。

小贷公司业务开展流程

069

小贷公司业务开展流程是指小额贷款公司开展业务的流程。

有关小贷公司业务开展的更多信息，可参阅《中国金融生态圈》一书。

一、关键点解析

流程图中红色标注的是核心环节，除此之外还有一些需要特别注意的关键环节，用序号标注，下面对这些环节进行详细的解析：

（1）贷款审核

信贷人员对材料清单、申请表、借款申请书、调查报告、贷款审批表等资料进行审查，对客户的基本情况、资产与负债状况、经营状况、生产现场、担保措施等方面做详细实地调查。

（2）签订合同

信贷部应按照要求分别与借款人、抵（质）押人、保证人签订借款合同、抵（质）押合同、保证合同。

（3）贷款额度规定

应坚持“小额、分散”的原则。提高贷款覆盖面，防止贷款过度集中。小额贷款公司对同一借款人的贷款余额不得超过小额贷款公司资本净额的5%，对单一集团企业客户的授信余额不得超过资本净额的15%。

（4）贷后管理

贷款行按照贷款管理的有关规定对借款人的收入状况、贷款的使用情况等进行监督检查，检查结果要有书面记录，并归档保存。

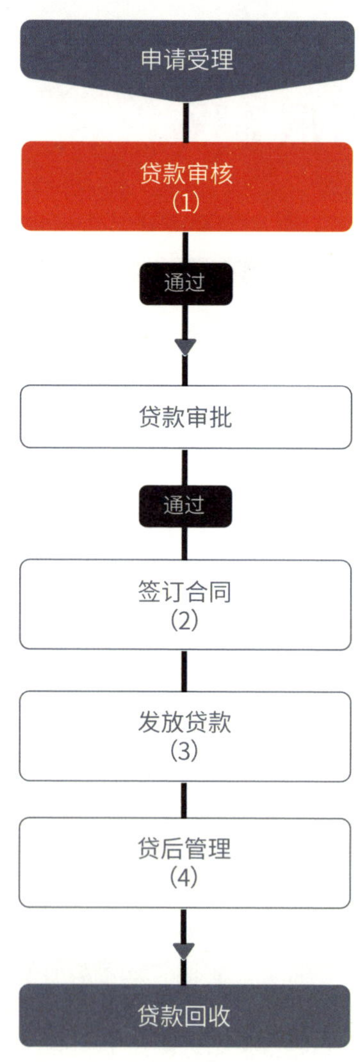

二、普华商学院提示

（1）操作周期

1 ～ 30 天。

（2）操作费用

小贷公司的贷款利率上限不得超过司法部门规定的上限，下限为中国人民银行公布的贷款基准利率的 0.9 倍。

根据《最高人民法院关于审理民间借贷案件适用法律若干问题的规定》，借贷双方约定的年利率超过 36%，超过部分的利息约定无效。借款人请求出借人返还已支付的年利率超过 36% 部分的利息，人民法院应予支持。

小贷公司的资金来源主要为股本金投资，也可以向银行申请不高于净资产 50% 的贷款。

小贷公司应当主要运用自有资金从事放贷业务，也可以通过发行债券、向股东或银行业金融机构借款、资产证券化等方式融入资金从事放贷业务。

非存款类放贷组织取得经营放贷业务许可证后，可依法在省、自治区、直辖市内经营。跨省、自治区、直辖市经营放贷业务的，应当经拟开展业务的省、自治区、直辖市人民政府监督管理部门批准，并接受业务发生地监督管理部门的监督管理。新政策实施后，小贷公司经过批准后可以跨地区进行放贷业务。

融资性担保公司的设立流程 070

担保公司分为融资性担保公司和非融资性担保公司，非融资性担保公司业务与金融无关，这里不再介绍。

融资性担保公司是指依法设立经营融资性担保业务的有限责任公司或股份有限公司。融资性担保是指担保人与银行业金融机构等债权人约定，当被担保人不履行对债权人负有的融资性债务时，由担保人依法承担合同约定的担保责任的行为。此处讲解的是融资性担保公司的设立流程。

有关融资性担保公司的更多信息，可参阅《中国金融生态圈》一书。

一、关键点解析

流程图中红色标注的是核心环节，除此之外还有一些需要特别注意的关键环节，用序号标注，下面对这些环节进行详细的解析：

（1）申请条件包括：

①有符合《中华人民共和国公司法》规定的章程；

②有具备持续出资能力的股东；

③有符合本办法规定的注册资本；

融资性担保公司注册资本的最低限额由各省、自治区、直辖市监管部门根据当地实际情况确定，但不得低于人民币 500 万元，注册资本为实缴货币资本。从事再担保业务的融资性担保公司注册资本应当不低于人民币 1 亿元，并连续营业两年以上。

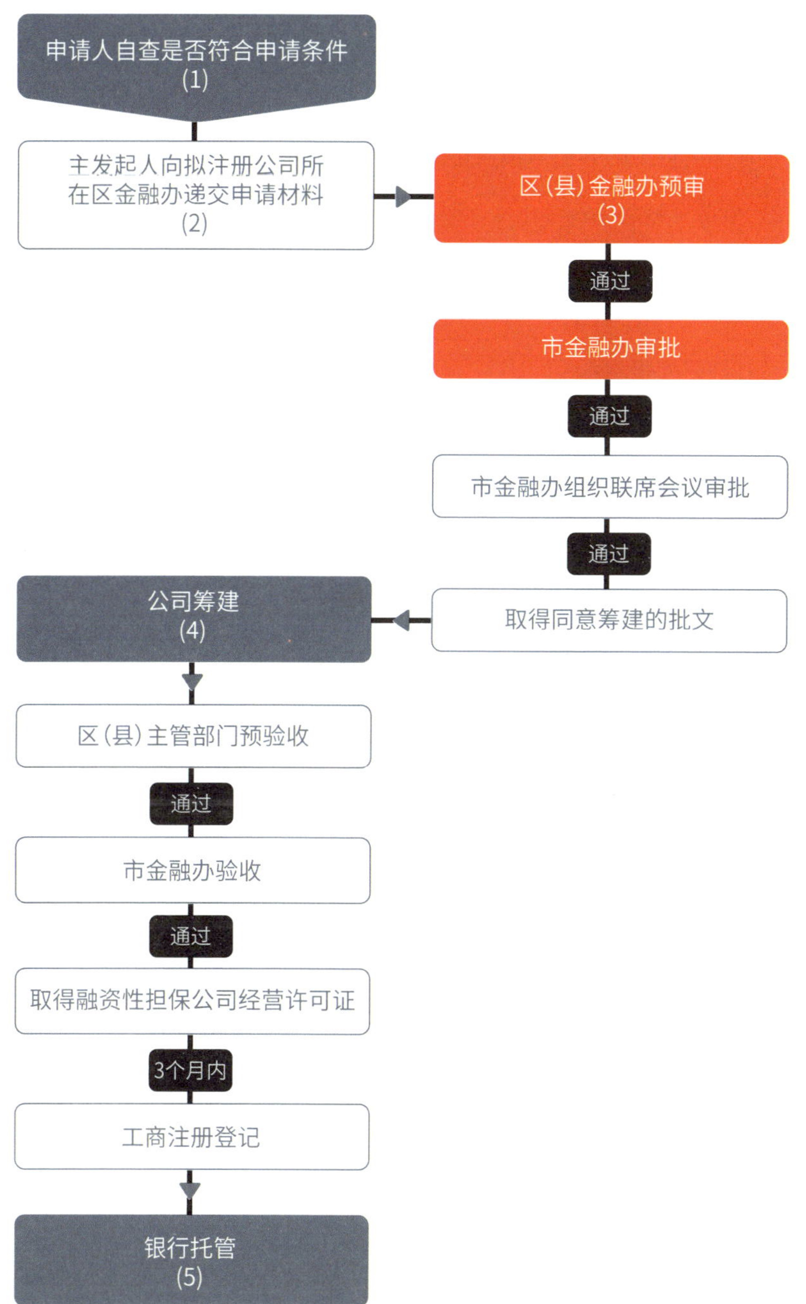
申请人自查是否符合申请条件
(1)
主发起人向拟注册公司所
在区金融办递交申请材料
(2)
区(县)金融办预审
(3)
通过
市金融办审批
通过
市金融办组织联席会议审批
通过
取得同意筹建的批文
公司筹建
(4)
区(县)主管部门预验收
通过
市金融办验收
通过
取得融资性担保公司经营许可证
3个月内
工商注册登记
银行托管
(5)

④有符合任职资格的董事、监事以及高级管理人员与合格的从业人员；

⑤有健全的组织机构、内部控制和风险管理制度；

⑥有符合要求的营业场所；

⑦监管部门规定的其他审慎性条件。

（2）申请资料包括：

①申请书，应当载明拟设立的融资性担保公司名称、住所、注册资本和经营范围等事项；

②可行性研究报告；

③章程草案；

④股东名册及其出资额、股权结构；

⑤股东出资的验资证明、持有注册资本5%以上股东的资信证明和有关资料；

⑥拟任董事、监事、高级管理人员的资格证明；

⑦经营发展战略和规划；

⑧营业场所证明材料；

⑨监管机构要求提交的其他文件、资料。

（3）监管部门

若该区县设有金融办，则接收材料的主管部门为金融办，未设金融办的则是该区县政府指定的金融管理部门。

（4）公司筹建

申请人应当在取得市金融办同意其筹建文件之日起6个月内，完成筹建工作。在规定期限内未完成筹建工作的，应当说明理由，经拟注册所在区县主管部门审核，并报经市金融办同意后，可适当延长。在延长期内仍未完成筹建工作的，市金融办出具的原同意筹建文件自动失效。

（5）银行托管

融资性担保公司需按一定比例（大部分地区为40%）将公司的注册资本或分公司运营资金存放在协议银行的专户，进行银行托管。

二、普华商学院提示

（1）操作周期

设立审批周期一般为 3 ～ 6 个月。

（2）操作费用

参考常规公司注册费用。

融资性担保公司具有独特的优势，可以向金融机构提供不超过其净资产 10 倍的担保额，这等于变相帮助被担保人达成融资。比如一家融资性担保公司注册资金 1 亿元，按照法律规定，该担保公司可以为被担保人向金融机构申请额度为 10 亿元的贷款进行担保。所以此类公司被称为融资性担保公司。

纯民营的担保公司目前是中国民营金融机构中死亡率最高的群体之一。民营担保公司是否能够承担担保 10 倍额度，完全是由银行决定的。当银行安排民营担保公司为其推荐企业提供担保时，不管这些企业的真实资产状况如何，民营担保公司都必须为其提供担保。否则就意味着，该民营担保公司将不再受到银行的认可，这一类企业往往是死亡率最高的群体。

融资性担保公司业务开展流程 071

融资性担保公司业务开展流程是指融资性担保公司开展融资担保业务的流程。

有关融资性担保公司的更多信息，可参阅《中国金融生态圈》一书。

一、关键点解析

流程图中红色标注的是核心环节，除此之外还有一些需要特别注意的关键环节，用序号标注，下面对这些环节进行详细的解析：

（1）融资性担保公司的业务范围主要包括：

①贷款担保；

主要是为各类机构获取银行的贷款提供还款担保；

②票据承兑担保；

为各种类型的票据承诺兑换成现金提供资金担保；

③贸易融资担保；

为贸易机构完成贸易订单进行的融资提供还款担保；

④项目融资担保；

为指定的项目进行必要的融资提供还款担保；

⑤信用证担保；

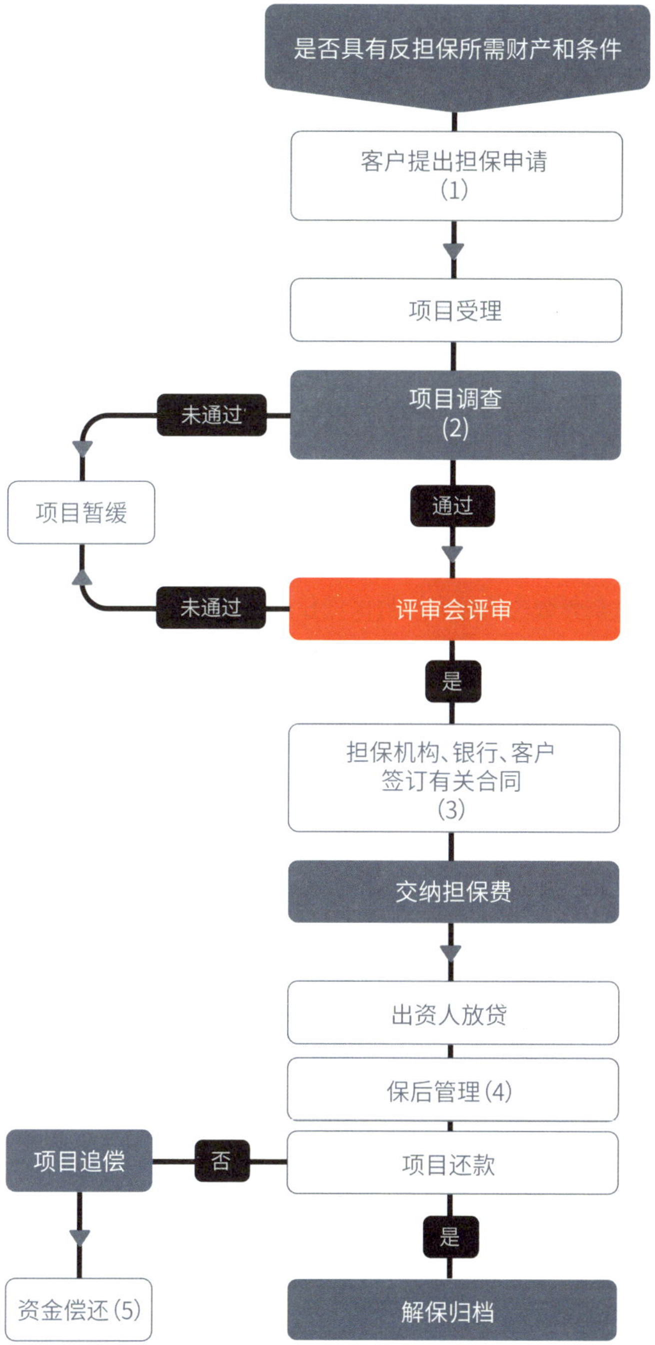

是否具有反担保所需财产和条件

客户提出担保申请
(1)

项目受理

项目调查
(2)

未通过

项目暂缓

通过

评审会评审

未通过

是

担保机构、银行、客户
签订有关合同
(3)

交纳担保费

出资人放贷

保后管理(4)

项目还款

否

项目追偿

资金偿还(5)

是

解保归档

为银行开具信用证提供信用证到期兑现担保；

⑥诉讼保全担保；

在法律诉讼期间为资金或资产的安全提供担保；

⑦投标担保、预付款担保、工程履约担保、尾付款如约偿付担保等履约担保业务；

在项目投标、预付款、工程履行约定或尾款支付等业务过程中提供资金担保；

⑧为其他融资性的业务提供担保；

⑨与担保业务有关的融资咨询、财务顾问等中介服务；

⑩担保公司可以用自有资金进行投资获利；

⑪监管部门规定的其他业务。

（2）项目调查首先要和银行沟通申请人是否通过银行审批。

（3）融资性担保公司的融资性担保责任余额不得超过其净资产的 10 倍。

融资性担保公司对单个被担保人提供的融资性担保责任余额不得超过净资产的 10%，对单个被担保人及其关联方提供的融资性担保责任余额不得超过净资产的 15%，对单个被担保人债券发行提供的担保责任余额不得超过净资产的 30%。

（4）融资性担保公司以自有资金进行投资，限于国债、金融债券及大型企业债务融资工具等信用等级较高的固定收益类金融产品，且总额不高于净资产 20%。

（5）不论是否可以追偿成功，担保公司到期需把资金归还给金融机构，如是用自有资金偿还的，便收取反担保的资产。

二、普华商学院提示

（1）操作周期

如果具备反担保需要的条件，操作周期比较快，一般当下办理，一周放款。

（2）操作费用

现在新成立担保公司的注册金通常不低于 5000 万元，部分地区注册金不低于 1 亿元。

虽然融资性担保公司的注册资本金最低额度是 500 万元，但在实际操作中，融资性担保公司的注册资金远远高于这个额度，否则无法正常开展融资性担保业务。

融资性担保公司是向银监会申请，专门从事担保业务的机构，需要经过特定的审批。相对来讲，其安全可靠性要比一般的民营投资公司、小贷公司和典当公司高。所以由担保公司提供的担保，要比其他机构提供的担保可靠多，信用程度也高很多。但是，担保公司也并不意味着百分百的安全可靠。

担保公司一般注册为有限责任公司或者股份有限公司，也就是说担保公司的责任也是在自身注册资本金额度内的有限承担，担保公司的股东在担保公司破产的时候并不对其担保的金额承担注册资本金以外的赔偿责任。很多人认为，有了担保公司提供担保，他的投资和借款就没风险，这种观点十分危险。

保理公司的设立流程

072

保理公司是指专门从事保理业务的非银行法人企业。保理业务即客户将应收款的合同（到期、未到期均可）的收款权卖给从事保理业务的公司，换取现金的过程。此处主要讲解的是非银行机构设立保理公司的流程。

有关保理公司的更多信息，可参阅《中国金融生态圈》一书。

一、关键点解析

流程图中红色标注的是核心环节，除此之外还有一些需要特别注意的关键环节，用序号标注，下面对这些环节进行详细的解析：

（1）保理公司申请成立的条件包括：

①注册资本应不低于 5000 万元人民币（各个商业保理试点的规定不同，最明显的是注册实收资本比例。深圳注册商业保理公司的实收资本比例是 10%，其他试点地区除了上海、吉林、江苏，实收资本比例都是 100%。）；

②拥有 2 名以上具有金融领域管理经验且无不良信用记录的高级管理人员；

③商业保理公司开展业务时风险资产不得超过公司净资产的 10 倍；

④商业保理公司应在中国人民银行征信中心的应收账款质押登记公示系统办理应收账款转让登记，将应收账款权属状态予以公示；

（中国人民银行应收账款质押登记公示系统网址：

Http://www.zhongdengwang.org.cn/zhongdeng/index.shtml）

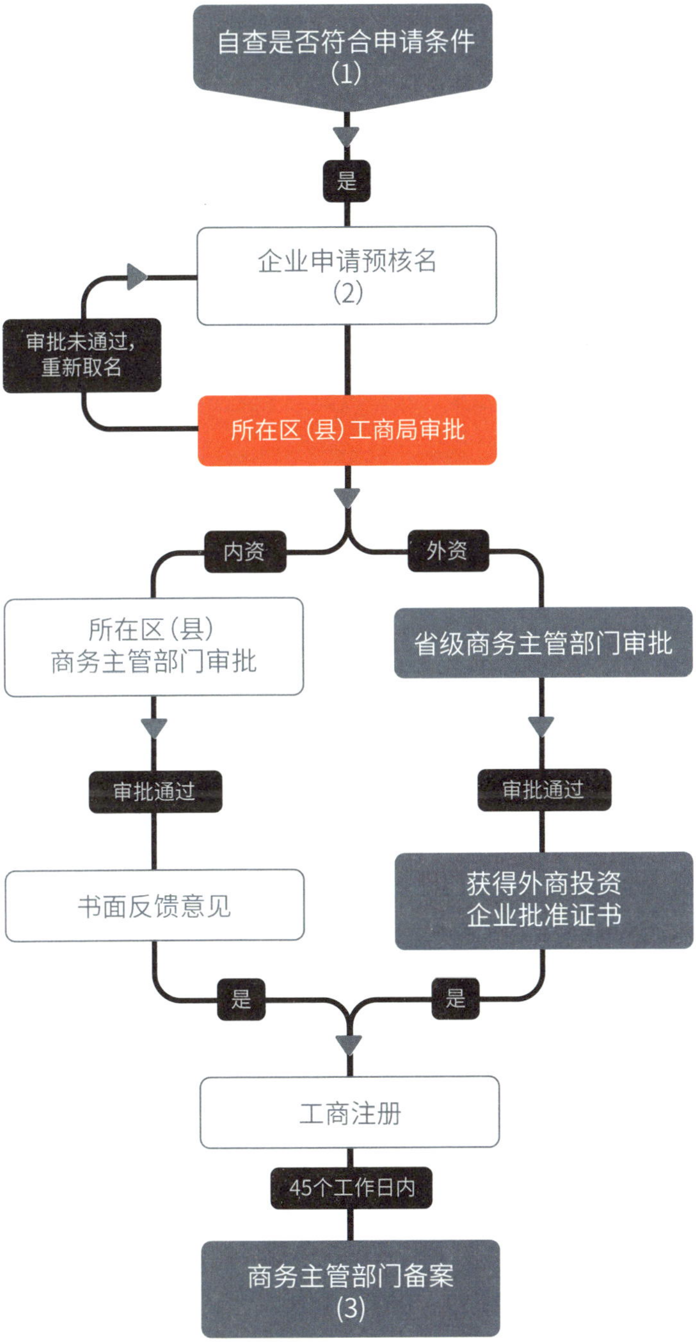

自查是否符合申请条件（1）

是

企业申请预核名（2）

审批未通过，重新取名

所在区（县）工商局审批

内资

所在区（县）商务主管部门审批

审批通过

书面反馈意见

是

外资

省级商务主管部门审批

审批通过

获得外商投资企业批准证书

是

工商注册

45个工作日内

商务主管部门备案（3）

⑤法律规定的其他条件。

设立外商投资商业保理公司应符合以下条件：

①实缴资本不低于5000万元，主出资人申请前一年总资产不低于5000万元，投资者及关联实体无违法违规记录；②经营期限一般不超过30年，在中西部地区设立的企业经营期限一般不超过40年。

（2）商业保理公司名称中应标明“商业保理”字样。

（3）备案要求：商业保理公司应在设立之日起45个工作日内向备案机关备案。

①规模商业保理公司。融资保理业务余额超过1亿元（含）的商业保理公司，应向工商登记注册地省、自治区、直辖市商务主管部门申请规模商业保理公司备案。

②再保理公司。主营业务为再保理业务，且融资保理业务余额在40亿元以上的商业保理公司，可向工商登记注册地省、自治区、直辖市人民政府商务主管部门申请再保理公司备案。

③其他商业保理公司。除规模商业保理公司和再保理公司以外的商业保理公司，应向工商登记注册地设区的市人民政府商务主管部门申请其他商业保理公司备案。

二、普华商学院提示

（1）操作周期

1～3个月。

（2）操作费用

参考常规公司注册费用。

目前市场上，从事保理业务的机构，既有民营的保理公司，也有商业银行。在业务开展过程中，商业银行具有明显的优势，因此占有更大的市场份额，拥有更高的利润空间。

理论上，保理公司向企业购买应收账款的合同之后，抵押给金融机构，可以为自己提供不超过其注册资本金 10 倍的融资。但实际上，没有金融机构真的会为这些抵押合同付款。而银行在购买了应收账款的合同之后，可以用自己的权利，对欠款方企业的账户实行资金的托收。例如，某企业将一份 5000 万元的欠款合同以 4500 万元的价格卖给银行，到期之后如果欠款方不进行偿还，银行可以直接将其账户中的 4500 万元冻结并划走。

而保理公司接收的保理业务如果出现不还款的情况，只能向法院提请诉讼，要求欠款方偿还。这种追偿方式，在追偿的过程中存在着很大的问题，也就直接导致了保理公司会有严重的坏账、死账。正是由于这种劣势，保理公司在市场上的生存空间远比想象中要小得多，盈利难度也比较大。

保理公司的设立具有很强的司法执行能力和较好的企业客户关系，否则即使拿到了应收账款的合同，在具体业务实施过程中索回资金也会有很大难度。

金融租赁公司的设立流程 073

金融租赁公司是指经中国银行业监督管理委员会批准，以经营融资租赁业务为主的非银行金融机构。此处讲解的是金融租赁公司的设立流程。

有关金融租赁公司的更多信息，可参阅《中国金融生态圈》一书。

一、关键点解析

流程图中红色标注的是核心环节，除此之外还有一些需要特别注意的关键环节，用序号标注，下面对这些环节进行详细的解析：

（1）金融租赁公司设立的申请条件包括：

①注册资本为一次性实缴货币资本，最低限额为 1 亿元人民币或等值的可自由兑换货币；

②金融租赁公司的发起人包括在中国境内外注册的具有独立法人资格的商业银行，在中国境内注册、主营业务为制造适合融资租赁交易产品的大型企业，在中国境外注册的融资租赁公司以及银监会认可的其他发起人。金融租赁公司至少应当有一名符合上述规定的发起人，且其出资比例不低于拟设金融租赁公司全部股本的 30%；

③在中国境内外注册的具有独立法人资格的商业银行作为金融租赁公司发起人，最近一年年末总资产不低于 800 亿元人民币或等值的可自由兑换货币；

④在中国境内注册、主营业务为制造适合融资租赁交易产品的大型企业作为

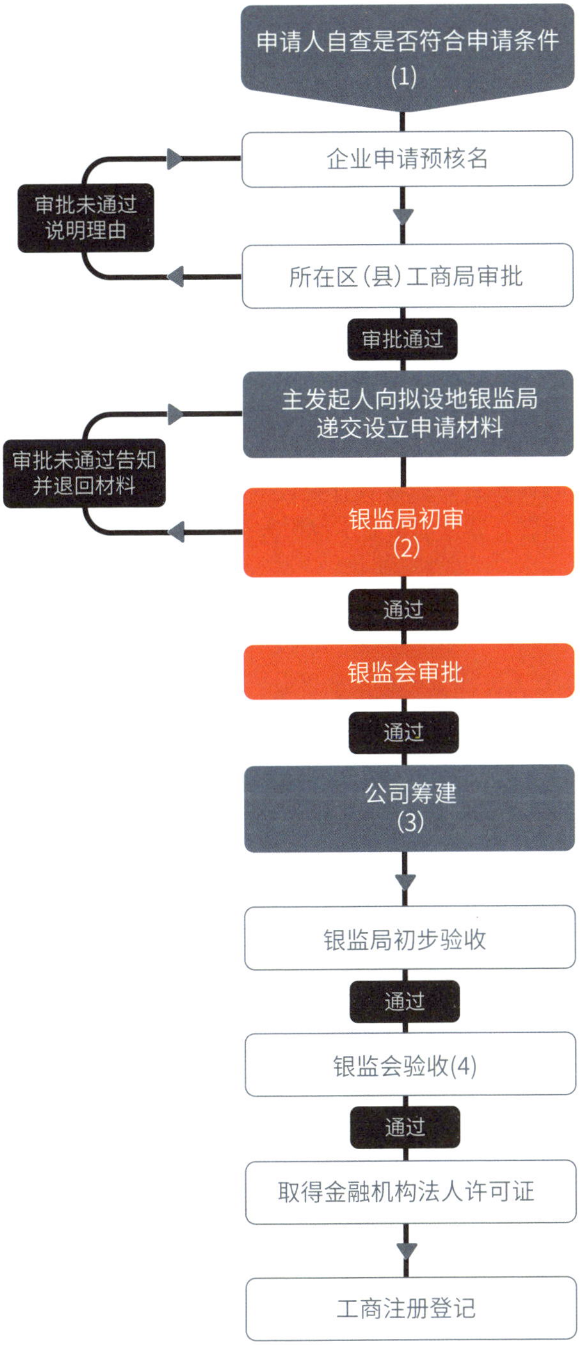

申请人自查是否符合申请条件
(1)
企业申请预核名
审批未通过
说明理由
所在区(县)工商局审批
审批通过
主发起人向拟设地银监局
递交设立申请材料
审批未通过告知
并退回材料
银监局初审
(2)
通过
银监会审批
通过
公司筹建
(3)
银监局初步验收
通过
银监会验收(4)
通过
取得金融机构法人许可证
工商注册登记

金融租赁公司发起人，最近1年的营业收入不低于50亿元人民币或等值的可自由兑换货币；最近一年年末净资产不低于总资产的30%；最近一年主营业务销售收入占全部营业收入的80%以上；

⑤在中国境外注册的具有独立法人资格的融资租赁公司作为金融租赁公司发起人，最近一年年末总资产不低于100亿元人民币或等值的可自由兑换货币；

⑥其他境内法人机构为非金融机构的发起人，最近一年年末净资产不得低于总资产的30%；

⑦其他境外金融机构作为金融租赁公司发起人，最近一年年末总资产原则上不低于10亿美元或等值的可自由兑换货币；

⑧银监会规定的其他审慎性条件；

⑨核心主业不突出且其经营范围涉及行业过多、关联企业众多、股权关系复杂且不透明、关联交易频繁且异常的企业不得作为金融租赁公司的发起人。

从设立条件可以看出，金融租赁公司的设立门槛很高，目前在国内经营金融租赁业务的公司只有几家。

（2）银监会在4个月内做出是否批准的批复。

（3）银监会批准后，开始筹建公司，筹建期为6个月。

（4）申请文件同样需要当地银监局初审后提交银监会审批，银监会在收到材料后两个月内作出是否准予开业的书面决定。

二、普华商学院提示

（1）操作周期

6～12个月。

（2）操作费用

参考常规公司注册费用。

融资租赁是指出租人根据承租人对租赁物和供货人的选择或认可，将其从供货人处取得的租赁物按合同约定出租给承租人占有、使用，向承租人收取租金的交易活动。在中国，适用于融资租赁交易的租赁物为固定资产，更准确的说是可标准化的设备租赁（包括飞机、火车、轮船等大中型设备），融资租赁在中国的适用范围较窄。

从广义的范围来讲，融资租赁公司包括金融租赁公司，中国的融资租赁公司按照其具体的经营范围和资金的来源划分为三种：金融租赁公司、内资融资租赁公司和外资融资租赁公司。金融租赁公司是很特殊的一种，可采取融资的方式较多，具有金融牌照，业务方式较多，是三种中唯一的金融机构。

金融租赁公司大多为已经购买设备并进行出售回租（设备的所有权卖给金融租赁公司，并租用此设备）的客户服务。当然，由于金融租赁公司具有极高的设立门槛和庞大的融资能力，其在业务开展上也往往遵循高大上的原则，一般的小业务基本不接收。

金融租赁公司利用其具有金融机构的属性来融资，同时利用其作为融资租赁公司的特性，开展融资租赁业务。金融租赁公司跟普通融资租赁公司最大的区别就在于其可以通过金融手段来融资。吸收存款、同业拆借、向金融机构借款、发行债券这几种方式，意味着金融租赁公司几乎可以获得“无限制”的资金支持。

此外，允许资产证券化这一点也值得关注，一旦国家出台关于资产证券化的相关细则，金融租赁公司就将成为最有希望将不动产进行证券化的企业。在境内保税区开展融资租赁业务，这也是其他融资租赁公司难以比拟的优势。

074 融资租赁公司的设立流程

融资租赁公司就是指根据商务部有关规定从事融资租赁业务的企业。融资租赁业务是指出租人根据承租人对出卖人、租赁物的选择，向出卖人购买租赁物，提供给承租人使用，承租人支付租金的交易活动。此处讲解的是融资租赁公司的设立流程。

有关融资租赁公司的更多信息，可参阅《中国金融生态圈》一书。

一、关键点解析

流程图中红色标注的是核心环节，除此之外还有一些需要特别注意的关键环节，用序号标注，下面对这些环节进行详细的解析：

（1）内外资选择

建议有央企或国企背景的企业设立内资融资租赁公司，民营企业可以考虑成立合资或外资融资租赁公司。

（2）成立内资融资租赁公司的条件：

① 2001 年 8 月 31 日（含）前设立的内资租赁企业最低注册资本金应达到 4000 万元，2001 年 9 月 1 日以后，设立内资租赁企业最低注册资本金应达到 1.7 亿元；

②拥有相应的金融、贸易、法律、会计等方面的专业人员，高级管理人员应具有不少于 3 年的租赁业从业经验；

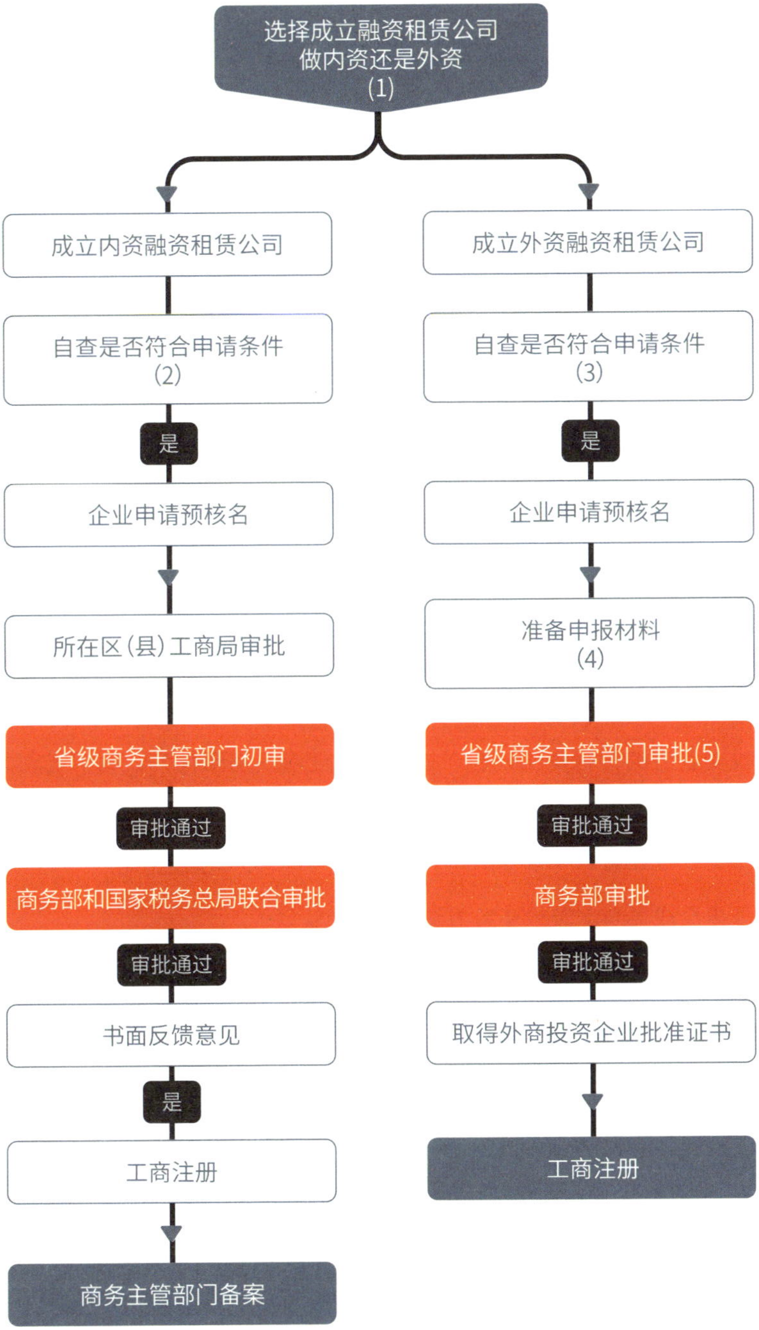

选择成立融资租赁公司
做内资还是外资
(1)

成立内资融资租赁公司
自查是否符合申请条件
(2)
是
企业申请预核名
所在区(县)工商局审批
省级商务主管部门初审
审批通过
商务部和国家税务总局联合审批
审批通过
书面反馈意见
是
工商注册
商务主管部门备案

成立外资融资租赁公司
自查是否符合申请条件
(3)
是
企业申请预核名
准备申报材料
(4)
省级商务主管部门审批(5)
审批通过
商务部审批
审批通过
取得外商投资企业批准证书
工商注册

③近 2 年经营业绩良好，且具有与所从事融资租赁产品相关联的行业背景；

④法律法规规定的其他条件。

（3）成立外资融资租赁公司的条件：

①注册资本不低于 1000 万美元；

②有限责任公司形式的外商投资融资租赁公司的经营期限一般不超过 30 年；

③拥有相应的专业人员，高级管理人员应具有相应专业资质和不少于 3 年的从业经验；

④外商投资融资租赁公司的国外投资者的总资产不得低于 500 万美元；

⑤设立股份有限公司，公司注册资本的最低限额为人民币 3000 万元，其中外商股东购买并持有的股份应不低于公司注册资本的 25%。

（4）成立外资融资租赁公司的申报资料应该包括：

①申请书；

②投资各方签署的可行性研究报告；

③合同、章程（外资企业只报送章程）；

④投资各方的银行资信证明、注册登记证明（复印件）、法定代表人身份证明（复印件）；

⑤投资各方经会计师事务所审计的最近一年的审计报告；

⑥董事会成员名单及投资各方董事委派书；

⑦高级管理人员的资历证明；

⑧工商行政管理部门出具的企业名称预先核准通知书；

⑨公司 3 年的财务报告及从事融资租赁业务相关的业务清单；

⑩申请成立股份有限公司，还应提交有关规定要求提交的其他材料。

（5）省级商务部门的审批

省级商务主管部门对报送的申请文件进行初审后，自收到全部申请文件之日起，15 个工作日内将申请文件和初审意见上报商务部。商务部应自收到全部申请文件之日起，45 个工作日内做出是否批准的决定。批准设立的，颁发外商投资企

业批准证书，不予批准的，应书面说明原因。

二、普华商学院提示

（1）操作周期

通常需要 1 ～ 6 个月，外资设立周期相对较短。

（2）操作费用

参考常规公司注册费用。

融资租赁指需求方将原本准备借款购买资产或物品的需求转交给第三方，第三方购买该资产或物品，拥有该资产或物品的所有权，然后将使用权出租给需求方，需求方按期支付租金。在租赁合同到期后，第三方可以将该设备以低于市场的价格卖给需求方。

融资租赁公司可分为内资融资租赁公司和外资融资租赁公司，两者根据股东投资的属性划分，渠道少于金融类租赁公司，且不具备金融牌照。融资租赁公司大多为还没有购买相关设备，缺少资金的客户提供服务。

个体网络借贷平台的设立流程 075

个体网络借贷平台（P2P 平台）是指个体在互联网产生的为小额借贷交易提供服务的中介平台。此处讲解的是个体网络借贷平台（P2P 平台）的设立流程。

有关 P2P 平台的更多信息，可参阅《中国金融生态圈》一书。

一、关键点解析

流程图中红色标注的是核心环节，除此之外还有一些需要特别注意的关键环节，用序号标注，下面对这些环节进行详细的解析：

（1）平台名称需要符合相关规定

《网络借贷信息中介机构业务活动管理暂行办法》规定，开展 P2P 业务的平台名称中应当包含“网络借贷信息中介”字样。

（2）向通信管理部门申请 ICP 经营许可证

通信管理部门是指各省通信管理局、市通信管理局、市通信行业管理办公室。

申请 ICP 经营许可证应具备的条件包括：

①经营者为依法设立、注册资金大于等于 100 万元的内资公司；

②有与开发经营活动相适应的资金和专业人员；

③有为用户提供长期服务的信誉或者能力；

④有业务发展计划及相关技术方案；

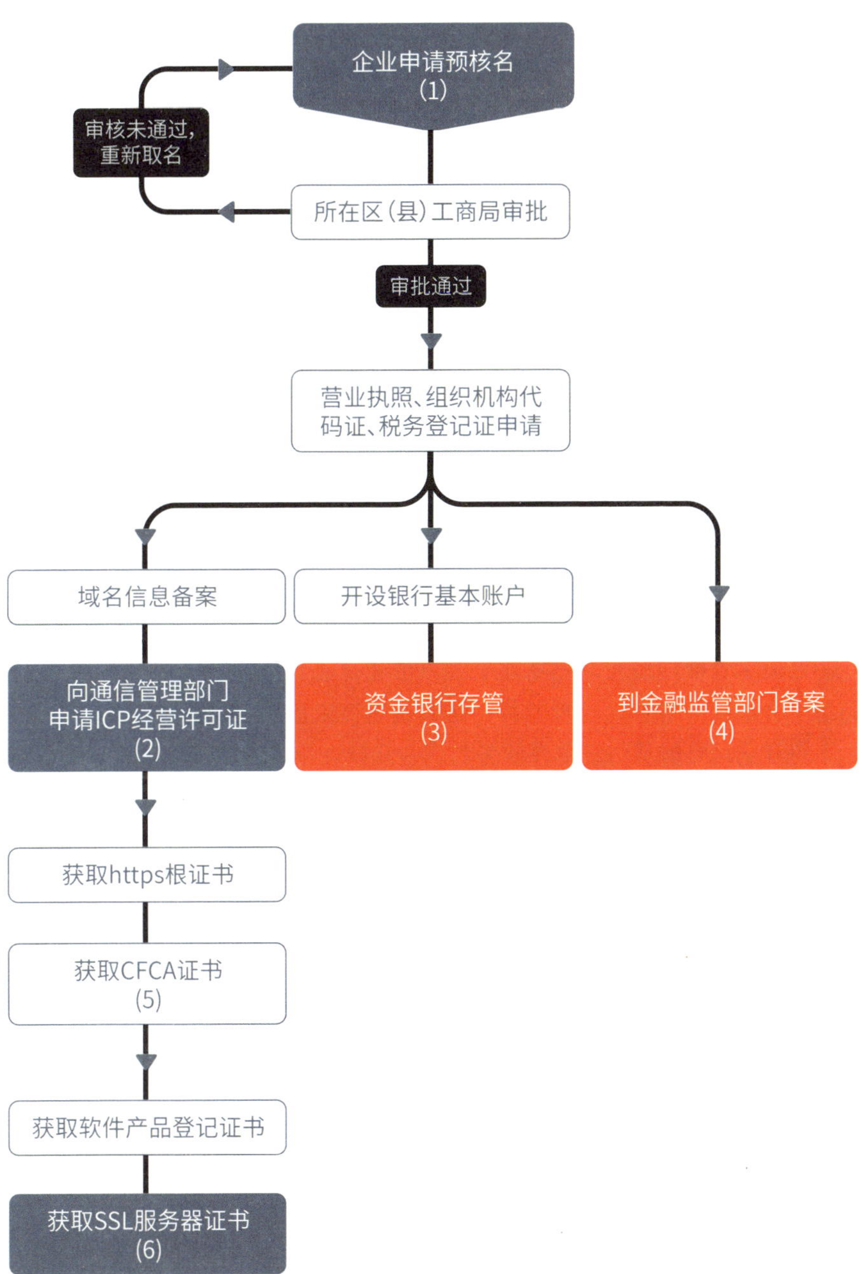
企业申请预核名
(1)
审核未通过，
重新取名
所在区（县）工商局审批
审批通过
营业执照、组织机构代
码证、税务登记证申请
域名信息备案
开设银行基本账户
向通信管理部门
申请ICP经营许可证
(2)
资金银行存管
(3)
到金融监管部门备案
(4)
获取https根证书
获取CFCA证书
(5)
获取软件产品登记证书
获取SSL服务器证书
(6)

⑤健全的网络与信息安全保障措施，包括网站安全保障措施、信息安全保密管理制度、用户信息安全管理制度；

⑥涉及 ICP 管理办法中规定须要前置审批的信息服务内容，需要先取得有关主管部门同意的文件；

⑦国家规定的其他条件。

涉及经营性电信业务，应当按照通信主管部门的相关规定申请相应的电信业务经营许可。

（3）网络借贷信息中介机构应当实行自身资金与出借人和借款人资金的隔离管理，选择符合条件的银行业金融机构作为出借人与借款人的资金存管机构。

（4）P2P 平台在领取营业执照后，需要向两个监管部门进行备案：

①地方金融监管部门备案登记，《网络借贷信息中介机构业务活动管理暂行办法》规定“地方金融监管部门有权根据本办法和相关监管规则对备案后的机构进行评估分类，并及时将备案信息及分类结果在官方网站上公示”。备案登记不构成对机构经营能力、合规程度、资信状况的认可和评价。

②通信主管部门履行网站备案手续，也就是需要平台申请 ICP 证，《网络借贷信息中介机构业务活动管理暂行办法》规定“未按规定申请电信业务经营许可的，不得开展网络借贷信息中介业务”。

（5）P2P 平台需要获取 CFCA 证书

中国金融认证中心（China Financial Certification Authority，简称 CFCA）是经中国人民银行和国家信息安全管理机构批准成立的国家级权威安全认证机构，是国家重要的金融信息安全基础设施之一。在《中华人民共和国电子签名法》颁布后，CFCA 成为首批获得电子认证服务许可的电子认证服务机构。P2P 平台需到 CFCA 办理相应证书。

（6）P2P 平台需要获取 SSL 证书

SSL 证书是数字证书的一种，类似于驾驶证、护照和营业执照的电子副本。因为配置在服务器上，也称为 SSL 服务器证书。

SSL 证书就是遵守 SSL 协议，由受信任的数字证书颁发机构 CA（如 GlobalSign，wosign），在验证服务器身份后颁发，具有服务器身份验证和数据传输加密功能。

二、普华商学院提示

（1）操作周期

一般在 1 个月左右。

（2）操作费用

参考常规公司注册费用。

个体网络借贷平台（P2P 平台）这一新生事物，自产生以来便接连出事。非法吸收公众存款、集资诈骗经常与其一同出现。

2016 年 8 月 24 日，银监会会同工业和信息化部、公安部、国家互联网信息办公室等部门，正式发布《网络借贷信息中介机构业务活动管理暂行办法》，有望从根本上改变网络借贷平台缺乏准入门槛、监管规则和体制机制不健全的状态。

监管部门将严格监管 P2P 平台，行业洗牌在即，如果想要设立 P2P 平台一定要谨慎、小心。对普通投资者而言，重要的是要有一双慧眼，清醒看待 P2P 平台，防范非法集资和庞氏骗局。

基金管理公司的设立流程 076

基金管理公司在中国是指对基金的发起、募集、基金份额的申购和赎回、基金财产的投资、收益分配等基金运作活动进行管理的公司。此处讲解的是基金管理公司的设立流程。

有关基金管理公司以及基金的更多信息，可参阅《中国金融生态圈》一书。

一、关键点解析

流程图中红色标注的是核心环节，除此之外还有一些需要特别注意的关键环节，用序号标注，下面对这些环节进行详细的解析：

（1）申请设立基金管理公司的条件包括：

①有符合《证券投资基金法》《公司法》以及中国证监会规定的章程；

②注册资本不低于 1 亿元人民币，且股东必须以货币资金实缴，境外股东应当以可自由兑换货币出资；

③主要股东应当具有经营金融业务或者管理金融机构的良好业绩、良好的财务状况和社会信誉，资产规模达到国务院规定的标准，最近 3 年没有违法记录；

④取得基金从业资格的人员达到法定人数；

⑤董事、监事、高级管理人员具备相应的任职条件；

⑥有符合要求的营业场所、安全防范设施和与业务有关的其他设施；

⑦有良好的内部治理结构、完善的内部稽核监控制度、风险控制制度；

⑧经国务院批准的中国证监会规定的其他条件。

申请设立基金管理公司，出资或者持有股份占基金管理公司注册资本的比例在 5% 以上的股东，应当具备下列条件：

①注册资本、净资产不低于 1 亿元人民币，资产质量良好；

②持续经营 3 个以上完整的会计年度，公司治理健全，内部监控制度完善；

③最近 3 年没有因违法违规行为受到行政处罚或者刑事处罚；

④没有挪用客户资产等损害客户利益的行为；

⑤没有因违法违规行为正在被监管机构调查，或者正处于整改期间；

⑥具有良好的社会信誉，最近3年在金融监管、税务、工商等行政机关，以及自律管理、商业银行等机构无不良记录。

持有基金管理公司股权比例最高且不低于25%的股东还应当具备下列条件：

①从事证券经营、证券投资咨询、信托资产管理或者其他金融资产管理业务；

②注册资本不低于3亿元人民币；

③具有较好的经营业绩，资产质量良好。

（2）需要编写的申请材料包括：

①承诺函；

②确认书；

③申请报告；

④商业计划书；

⑤股东情况；

⑥发起协议、合资合同；

⑦设立准备情况说明材料；

⑧公司章程（草案）；

⑨内部机构设置及职能；

⑩内部管理制度；

⑪拟任从业人员资格申请材料；

⑫拟开展特定客户资产管理业务的，还须根据相关规定提交有关材料；

⑬法律意见书；

⑭中国证监会规定的其他材料。

（3）国务院证券监督管理机构应当自受理基金管理公司设立申请之日起6个月内依照《证券投资基金法》第十三条规定的条件和审慎监管原则进行审查，作出批准或者不予批准的决定，并通知申请人；不予批准的，应当说明理由。

（4）获准筹建的基金管理公司应当在 12 个月内完成筹建工作。

（5）中国证监会批准设立基金管理公司的，申请人应当自收到批准文件之日起 30 日内向工商行政管理机关办理注册登记手续；凭工商行政管理机关核发的企业法人营业执照向中国证监会领取基金管理资格证书。

二、普华商学院提示

（1）操作周期

3 ～ 12 个月。

（2）操作费用

参考常规公司注册费用。

基金一般由三种不同的法律主体来运营：

第一种是非商业法人主体，该类基金大多用于公益或慈善用途，往往是以基金会或基金会下属基金的名称出现，如红十字基金会就是我们常说的基金会，一般是在民政部门注册。

第二种是商业非法人主体性质的基金，大多以有限合伙形式存在，常见的有股权私募基金。

第三种是商业法人主体，基金公司和基金管理公司。

基金管理公司，可以是公司，也可以是有限合伙企业。其募集资金可以通过公开募集方式，也可以通过非公开募集方式，他的基金则只限于投资于证券市场。

在实际操作过程中，基金管理公司可能会接受基金公司或者私募基金的委托，协助其对基金进行管理，有些基金管理公司还会发起私募基金，也有的私募基金在募集了资本金之后又成立了基金管理公司。

基金管理公司业务开展流程 077

基金管理公司业务开展流程其实就是证券投资基金开展业务的流程。

有关基金管理公司以及基金的更多信息，可参阅《中国金融生态圈》一书。

一、关键点解析

流程图中红色标注的是核心环节，除此之外还有一些需要特别注意的关键环节，用序号标注，下面对这些环节进行详细的解析：

（1）方案

基金方案需要对基金名称、投向、托管方、操盘团队、管理团队等做出说明。

（2）基金托管人

基金托管人在证券投资基金运作中承担资产保管、交易监督、信息披露、资产清算与会计核算等相应职责的当事人。基金托管人由依法设立的商业银行或者其他金融机构担任。

（3）基金设立流程

有关基金设立流程的更多信息可参阅本书基金设立流程。

（4）基金运作

运行过程中触及到投资人设定的清盘指标时，净值过低时可以强制清盘。

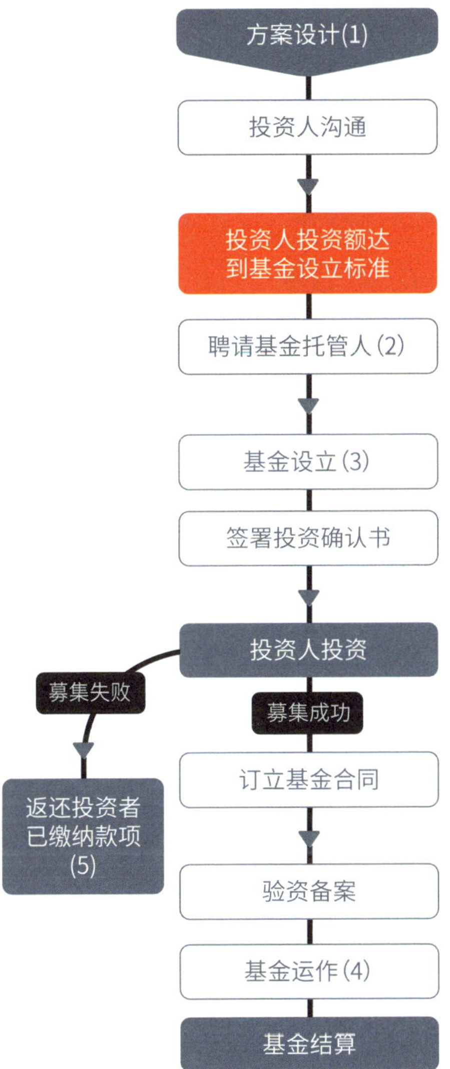

（5）募集失败

基金募集失败，基金管理人以其固有财产承担因募集行为而产生的债务和费用，在基金募集期限届满后 30 日内返还投资人已缴纳的款项，并加计银行同期存款利息。

二、普华商学院提示

（1）操作周期

视具体业务而定，没有固定的操作周期。

（2）操作费用

①基金管理费

基金管理费通常按照每个估值日基金净资产的一定比率（年率）逐日计提，累计至每月月底，按月支付。

我国股票基金大部分按照 1.5% 的比例计提基金管理费，债券基金的管理费率一般低于 1%，货币市场基金的管理费率为 0.33%。

②基金托管费

目前，我国封闭式基金按照 0.25% 的比例计提基金托管费；开放式基金根据基金合同的规定比例计提，通常低于 0.25%。

基金管理公司的主要业务有：证券投资基金业务（基金的募集与销售、基金的投资管理、基金运营服务）；特定客户资产管理业务；投资咨询业务；QDII 业务和企业年金管理等。

基金管理公司管理的基金属于证券投资类基金，只拥有管理权，所有权属于基金份额持有人，资金由托管人托管。在发起基金之前就要在基金合同中注明投资方向和用途以及盈利模式等，在基金合同期限内，不能擅自改变基金的投资方向和用途。

此类公司管理的基金其获益权属于基金份额持有人，公司只收取管理费用。公司对其管理的基金在投资经营过程中产生的赔偿不承担责任，赔偿责任由基金承担。

078 公募基金的设立流程

公募基金是指中国证监会约定的可以面向社会公众公开发售的基金，这里专指证券投资基金。此处讲解的是公募基金的设立流程。

基金的概念在日常使用中经常被混淆，基金、基金会、基金公司、基金管理公司、股权私募基金的概念不同，更多信息可参阅《中国金融生态圈》一书。

一、关键点解析

流程图中红色标注的是核心环节，除此之外还有一些需要特别注意的关键环节，用序号标注，下面对这些环节进行详细的解析：

（1）申请募集基金、拟任基金管理人、基金托管人应当具备下列条件：

①拟任基金管理人为依法设立的基金管理公司或者经中国证监会核准的其他机构，拟任基金托管人为具有基金托管资格的商业银行或者经中国证监会核准的其他金融机构；

②有符合中国证监会规定的、与管理和托管拟募集基金相适应的基金经理等业务人员；

③最近一年内没有因重大违法违规行为、重大失信行为受到行政处罚或者刑事处罚；

④没有因违法违规行为、失信行为正在被监管机构立案调查、司法机关立案侦察，或者正处于整改期间；

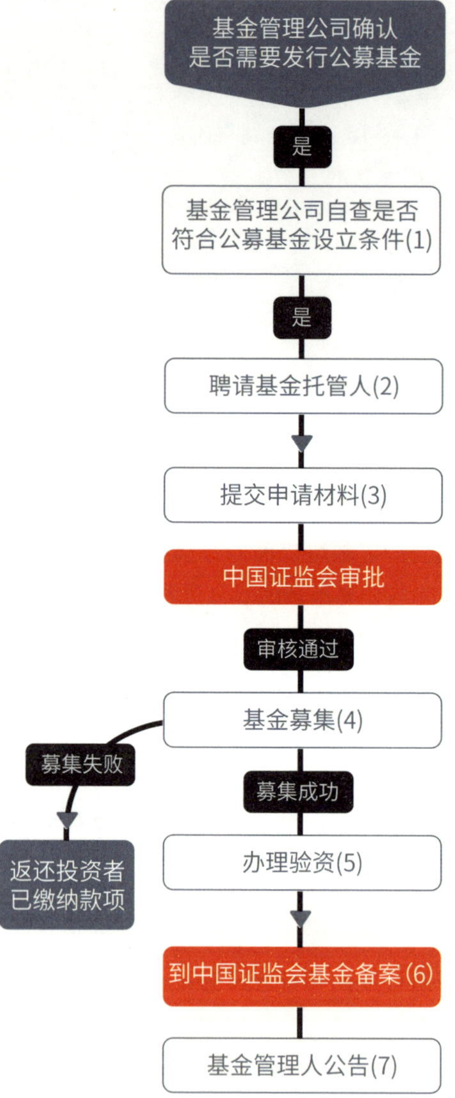

⑤最近一年内向中国证监会提交的注册基金申请材料不存在虚假记载、误导性陈述或者重大遗漏；

⑥不存在对基金运作已经造成或者可能造成不良影响的重大变更事项，或者诉讼、仲裁等其他重大事项；

⑦不存在治理结构不健全、经营管理混乱、内部控制和风险管理制度无法得

到有效执行、财务状况恶化等重大经营风险；

⑧中国证监会根据审慎监管原则规定的其他条件。

申请募集基金，拟募集的基金应当具备下列条件：

①有明确、合法的投资方向；

②有明确的基金运作方式；

③符合中国证监会关于基金品种的规定；

④基金合同、招募说明书等法律文件草案符合法律、行政法规和中国证监会的规定；

⑤基金名称表明基金的类别和投资特征，不存在损害国家利益、社会公共利益，欺诈、误导投资者，或者其他侵犯他人合法权益的内容；

⑥招募说明书真实、准确、完整地披露了投资者做出投资决策所需的重要信息，不存在虚假记载、误导性陈述或者重大遗漏，语言简明、易懂、实用，符合投资者的理解能力；

⑦有符合基金特征的投资者适当性管理制度，有明确的投资者定位、识别和评估等落实投资者适当性安排的方法，有清晰的风险警示内容；

⑧基金的投资管理、销售、登记和估值等业务环节制度健全，行为规范，技术系统准备充分，不存在影响基金正常运作、损害或者可能损害基金份额持有人合法权益、可能引发系统性风险的情形；

⑨中国证监会规定的其他条件。

（2）按相关规定聘请基金托管人。

基金托管人在证券投资基金运作中承担资产保管、交易监督、信息披露、资产清算与会计核算等相应职责的当事人。基金托管人由依法设立的商业银行或者其他金融机构担任。

（3）申请公募基金需要提交的申请材料包括：

①申请报告；

②基金合同草案；

③基金托管协议草案；

④招募说明书草案；

⑤律师事务所出具的法律文件；

⑥中国证券会规定提交的其他文件。

（4）基金募集期限自基金份额发售之日起不得超过 3 个月。基金募集份额不少于 2 亿份，基金募集金额不少于 2 亿元人民币。

根据《证券投资基金法》的规定，基金份额持有人不少于 1000 人。根据《公开募集证券投资基金运作管理办法》的规定，基金份额持有人数不少于 200 人。法律的属性高于办法，但某些情况下办法的规定也有效，因此具体基金发行人数根据发行情况单独确认。

（5）基金管理人应当自募集期限届满之日起 10 日内聘请法定验资机构验资，自收到验资报告之日起 10 日内，向中国证监会提交验资报告，办理备案手续。

（6）中国证监会自收到基金管理人验资报告和基金备案材料之日起 3 个工作日内予以书面确认；自中国证监会书面确认之日起，基金备案手续办理完毕，基金合同生效。

（7）基金管理人应当在收到中国证监会确认文件的次日予以公告。

二、普华商学院提示

（1）操作周期

3 ～ 6 个月。

（2）操作费用

参考常规公司注册费用。

公募基金募集的对象不固定，基金份额的投资要求较低，适合中小投资者参与，公募基金必须遵守有关法律法规，接受中国证监会监管并定期公开相关信息。

079 公募基金业务开展流程

公募基金业务开展流程是指基金的运作流程。此处所讲的基金专指证券投资基金。

有关公募基金业务的更多信息，可参阅《中国金融生态圈》一书。

一、关键点解析

流程图中红色标注的是核心环节，除此之外还有一些需要特别注意的关键环节，用序号标注，下面对这些环节进行详细的解析：

（1）投资管理：

基金合同应当约定基金的运作方式。基金发行成功后，基金管理人依据基金合同对基金进行投资管理。

基金可以投资于上市交易的股票、债券、国务院证监会规定的其他证券品种。

基金的运作方式可以采用封闭式、开放式或者其他方式。采用封闭式运作方式的基金（以下简称封闭式基金），是指基金份额总额在基金合同期限内固定不变，基金份额持有人不得申请赎回的基金；采用开放式运作方式的基金（以下简称开放式基金），是指基金份额总额不固定，基金份额可以在基金合同约定的时间和场所申购或者赎回的基金。

（2）运营保障：

基金运营过程中，基金份额持有人、基金管理公司、基金托管人可以视情况召开基金份额持有人大会。

基金管理人应按照要求对基金信息进行披露。

（3）收益分配：

基金收益分配应当采用现金方式，中国证监会规定的特殊基金品种除外。开放式基金的基金份额持有人可以事先选择将所获分配的现金收益，按照基金合同有关基金份额申购的约定转为基金份额；基金份额持有人事先未做出选择，基金管理人应当支付现金。封闭式基金的收益分配，每年不得少于一次，封闭式基金年度收益分配比例不得低于基金年度可供分配利润的90%。

（4）有下列情形之一的，基金合同终止。

①基金合同期限届满而未延期；

②基金份额持有人大会决定终止；

③基金管理人、基金托管人职责终止，在6个月内没有新基金管理人、新基金托管人承接；

④基金合同约定的其他情形。

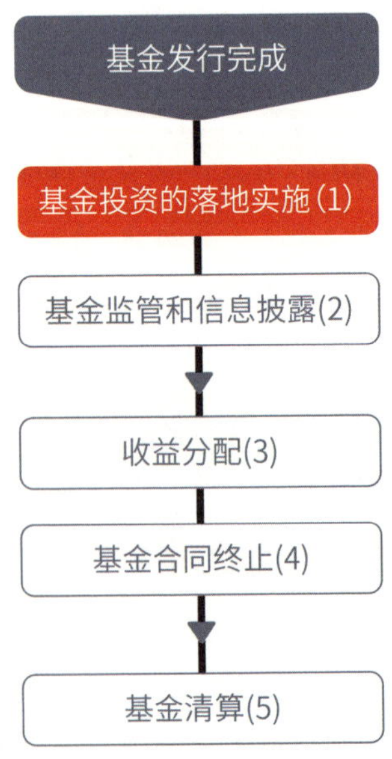

开放式基金在基金终止前可以自由退出；封闭式基金只能等到基金合同终止才可以退出。

（5）基金清算：

基金合同终止时，基金管理人应当组织清算组对基金财产进行清算。清算组由基金管理人、基金托管人以及相关的中介服务机构组成。清算组做出的清算报告经会计师事务所审计，律师事务所出具法律意见书后，报国务院证券监督管理机构备案并公告。清算后的剩余基金财产，应当按照基金份额持有人所持份额比例进行分配。

二、普华商学院提示

（1）操作周期

视具体业务而定，没有固定的操作周期。

（2）操作费用

①基金管理费。基金管理费通常按照每个估值日基金净资产的一定比率（年率）逐日计提，累计至每月月底，按月支付。

我国股票基金大部分按照 1.5% 的比例计提基金管理费，债券基金的管理费率一般低于 1%，货币市场基金的管理费率为 0.33%。

②基金托管费。目前，我国封闭式基金按照 0.25% 的比例计提基金托管费；开放式基金根据基金合同的规定比例计提，通常低于 0.25%。

公募基金稳定性高，收益有一定保障，由于公募基金投向不一样，收益也不同，投资者在选择公募基金时，要先了解基金投向然后再进行投资。

基金收益为盈利净值减去相关费用（如管理费、托管费等），一般投资者在经济环境好时会购买股票型基金，经济环境不好时购买债券型基金。

080 财务公司的设立流程

这里说的财务公司即企业集团财务公司，也就是行业内常说的企业内部银行，是由企业集团内部集资组建的非银行金融机构。设立财务公司的目的是为了加强资金集中管理、提高资金使用效率。此处讲解的是财务公司的设立流程。

有关财务公司的更多信息，可参阅《中国金融生态圈》一书。

一、关键点解析

流程图中红色标注的是核心环节，除此之外还有一些需要特别注意的关键环节，用序号标注，下面对这些环节进行详细的解析：

（1）申请设立财务公司的企业集团（母公司），应具备以下条件：

①申请前一年，母公司的注册资本金不低于 8 亿元人民币；

②申请前一年，按规定并表核算的成员单位资产总额不低于 50 亿元人民币，净资产率不低于 30%;

③申请前连续两年，按规定并表核算的成员单位营业收入总额每年不低于 40 亿元人民币，税前利润总额每年不低于 2 亿元人民币；

④外资投资性公司除适用上述规定外，申请前一年其净资产应不低于 20 亿元人民币，申请前连续两年每年税前利润总额不低于 2 亿元人民币；

⑤银监会规定的其他审慎性条件。

设立财务公司，应当具备下列条件：

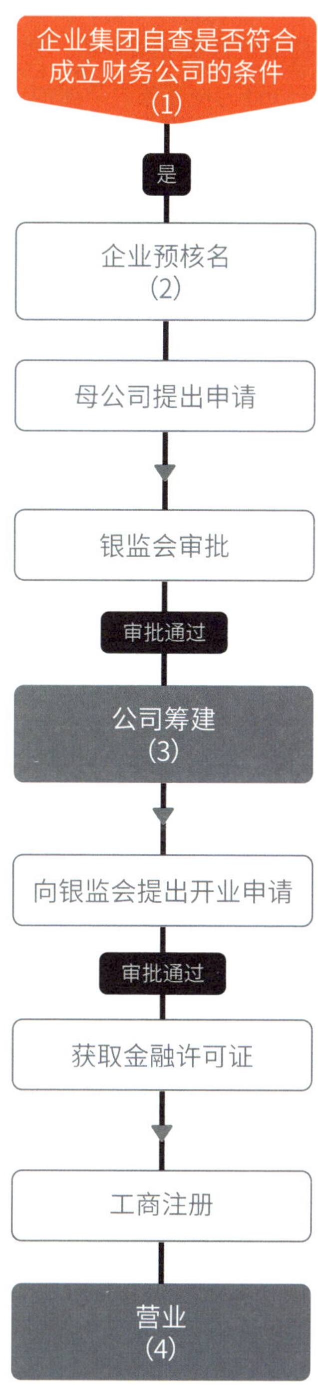
企业集团自查是否符合成立财务公司的条件
(1)
是
企业预核名
(2)
母公司提出申请
银监会审批
审批通过
公司筹建
(3)
向银监会提出开业申请
审批通过
获取金融许可证
工商注册
营业
(4)

①设立财务公司的注册资本金最低为 1 亿元人民币。财务公司的注册资本金应当是实缴的人民币或者等值的可自由兑换货币。经营外汇业务的财务公司，其注册资本金中应当包括不低于 500 万美元或者等值的可自由兑换货币；

②财务公司的注册资本金应当主要从成员单位中募集，并可以吸收成员单位以外的合格机构投资者的股份；

③财务公司从业人员中从事金融或财务工作 3 年以上的人员应当不低于总人数的三分之二，其中从事金融或者财务工作 5 年以上人员应当不低于总人数的三分之一；

④银监会规定的其他审慎性条件。

财务公司申请设立分公司，应当符合下列条件：

①财务公司设立 2 年以上，且注册资本金不低于 3 亿元人民币，资本充足率不低于 10%；

②拟设立分公司所服务的成员单位不少于 10 家，且上述成员单位资产合计不低于 10 亿元人民币，或成员单位不足 10 家，但成员单位资产合计不低于 20 亿元人民币；

③财务公司分公司的营运资金不得少于 5000 万元人民币。财务公司拨付各分公司的营运资金总计不得超过其注册资本金的 50%；

④银监会规定的其他审慎性条件。

（2）财务公司的名称需要符合相应的规定。

财务公司名称应当经工商登记机关核准，并标明“财务有限公司”或“财务有限责任公司”字样，名称中应包含其所属企业集团的全称或者简称。未经中国银行业监督管理委员会批准，任何单位不得在其名称中使用“财务公司”字样。

（3）财务公司的筹建申请，经中国银行业监督管理委员会审批同意后，申请人应当自收到批准筹建文件起 3 个月内完成财务公司的筹建工作，并向中国银行业监督管理委员会提出开业申请。

（4）经批准设立的财务公司及其分公司自领取营业执照之日起，无正当理由 6 个月不开业或者开业后无正当理由连续停业 6 个月以上的，由中国银行业监督管理委员会吊销其金融许可证，并予以公告。

二、普华商学院提示

（1）操作周期

3～6个月。

（2）操作费用

参考常规公司注册费用。

改革开放之初，民营企业大多不具备设立企业集团财务公司的基本条件，所以民营企业很少关注这种方式。随着经济的飞速发展，民营企业逐渐发展壮大，很多民营企业已经具备设立财务公司的条件。

财务公司是中国金融行业内常说的企业内部银行，其在企业内部扮演的角色具备银行的大多数业务功能，能为集团内部所有成员企业提供最直接最优化的金融服务。我们建议符合申请条件的民营企业，可以按照法规的要求设立财务公司。

股权众筹平台的设立流程 081

依照国家相关法律法规的规定，设立一个可以开展股权众筹业务的平台，这个过程即为本词条要讲的股权众筹业务平台的设立流程。

有关股权众筹平台更多的信息，可参阅《中国金融生态圈》一书。

一、关键点解析

流程图中红色标注的是核心环节，除此之外还有一些需要特别注意的关键环节，用序号标注，下面对这些环节进行详细的解析：

（1）股权众筹平台的设立标准：

①在中华人民共和国境内依法设立的公司或合伙企业；

②公司或合伙企业的净资产不低于500万元人民币；

③具有与开展私募股权众筹融资相适应的专业人员，至少2名具有3年以上金融或者信息技术行业从业经历的高级管理人员；

④有合法的互联网平台及其他技术设施；

⑤有完善的业务管理制度；

⑥证券业协会规定的其他条件；

⑦平台成立5个工作日内，向中国证券业协会申请备案；

（2）备案所需材料：

①股权众筹平台备案申请表；

②营业执照复印件；

③最近一期经审计的财务报告或验资报告；

④互联网平台的 ICP 备案证明复印件；

⑤股权众筹平台的组织架构、人员配置及专业人员资质证明；

⑥股权众筹平台的业务管理制度；

⑦股权众筹平台关于投资者保护、资金监督、信息安全、防范欺诈和利益冲突、风险管理及投资者纠纷处理等内部控制制度；

⑧证券业协会要求的其他材料。

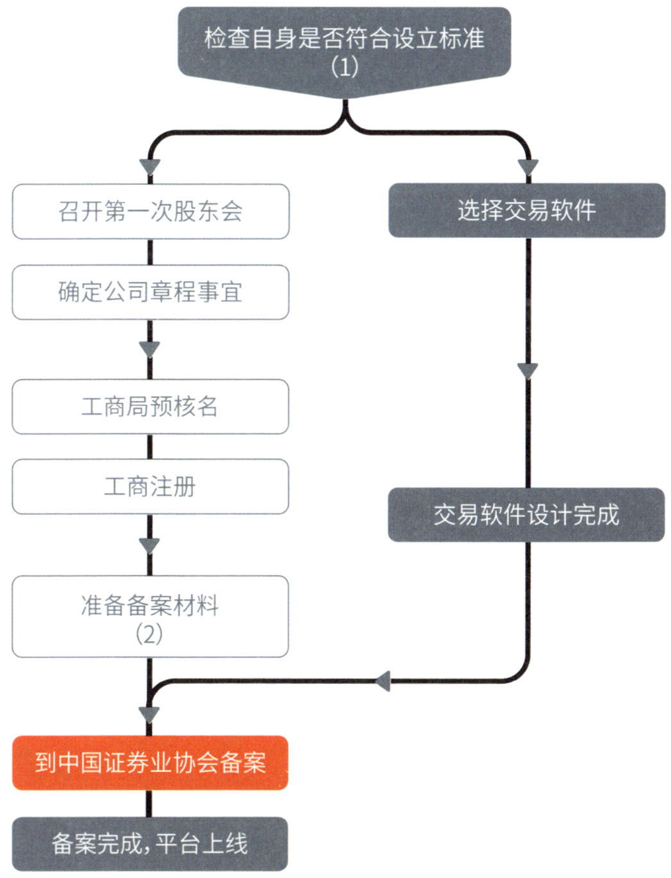

二、普华商学院提示

（1）操作周期

通常需要 3 个月。

（2）操作费用

股权众筹平台成立所需费用：大约 100 万元。

证券业协会会费：注册资本金在 3000 万元以上的企业每年需要交纳 2 万元的会费；注册资本金在 3000 万元以下的企业每年需要交纳 1 万元的会费。

相关法律法规规定，企业在没有获得金融牌照之前，不能开展股权众筹业务。企业只有通过法律认可的正规平台，才能以过股权众筹的方式公开募集资金。

股权众筹平台的设立需要经过中国证监会严格审批。在本书出版之前，经国家官方认可有经营牌照的股权众筹平台只有三家，分别是京东旗下的京东金融、阿里旗下的蚂蚁金服、平安旗下的平安众筹。

股权众筹平台业务开展流程 082

股权众筹平台业务流程是指合法设立的股权众筹业务平台，在开展股权众筹业务时的流程。

有关股权众筹更多的信息，可参阅《中国金融生态圈》一书。

一、关键点解析

操作流程中有一些关键环节需要特别注意，下面将对每个关键点进行详细的解析：

（1）合格投资人审核标准：

个人：

①最近三年内个人年均收入不低于 30 万元人民币；

②金融资产不低于 100 万元人民币；此处所指的金融资产包括银行存款、股票、债券、基金份额、资产管理计划、银行理财产品、信托计划、保险产品、期货权益等。

单位：

①投资单个融资项目的最低金额不低于 10 万元人民币；

②社会保障基金、企业年金等养老基金，慈善基金等社会公益基金，以及按照金融监管部门要求设立或备案的投资计划，前述投资者按豁免穿透核查和合并计算投资者总人数。

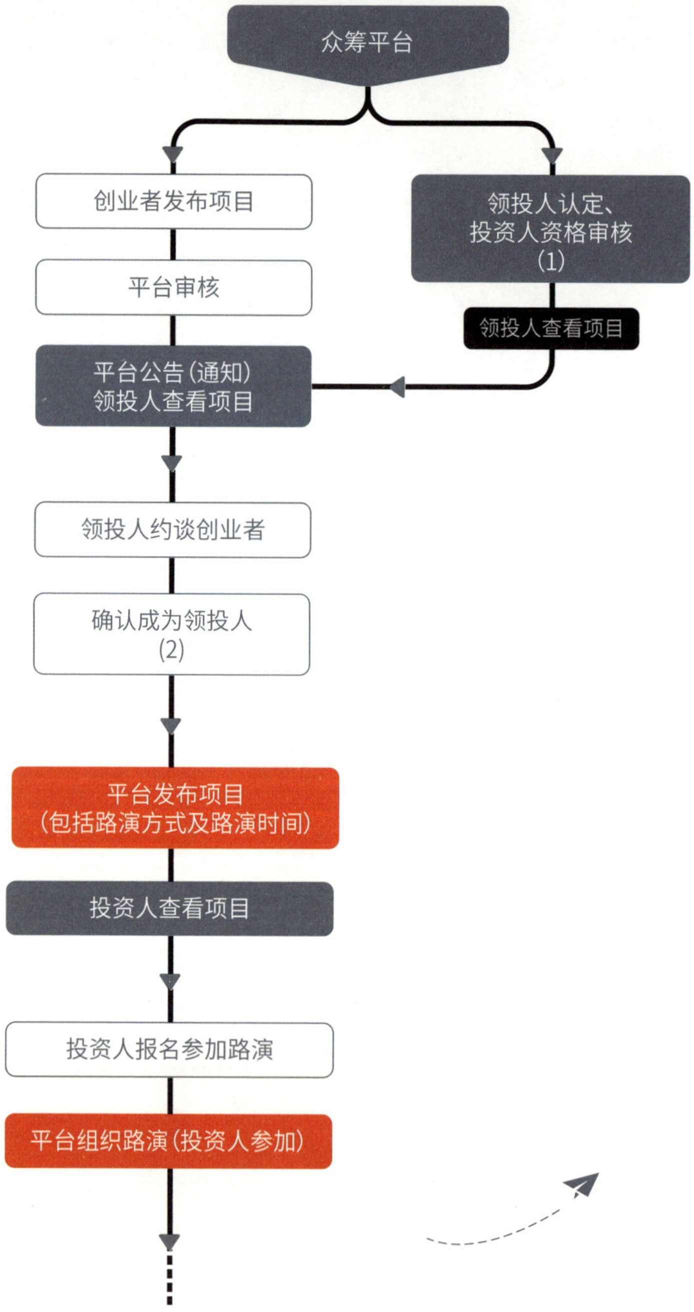

众筹平台

创业者发布项目

平台审核

领投人认定、
投资人资格审核
(1)

领投人查看项目

平台公告(通知)
领投人查看项目

领投人约谈创业者

确认成为领投人
(2)

平台发布项目
(包括路演方式及路演时间)

投资人查看项目

投资人报名参加路演

平台组织路演(投资人参加)

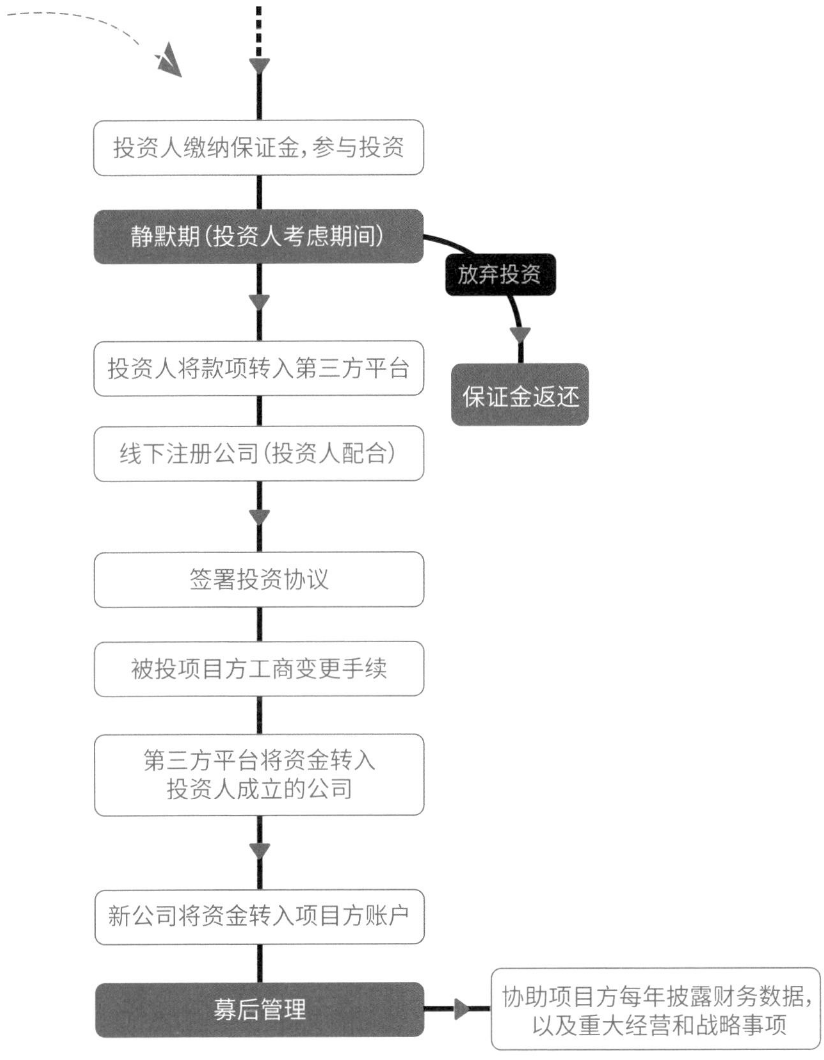

投资人缴纳保证金，参与投资

静默期（投资人考虑期间）

放弃投资

保证金返还

投资人将款项转入第三方平台

线下注册公司（投资人配合）

签署投资协议

被投项目方工商变更手续

第三方平台将资金转入投资人成立的公司

新公司将资金转入项目方账户

募后管理

协助项目方每年披露财务数据，以及重大经营和战略事项

领投人审核标准：

①应充分认同平台的发展原则及方向；

②在某个行业或领域有丰富的经验，独立的判断力，丰富的行业资源和影响力，很强的风险承受能力；

③具有投资管理能力以及投后管理能力；

④领投人至少有一个过往非上市股权投资项目已退出，或领投人具有自主成功创业的经验。

（2）一般领投人认投金额不少于项目总额的 30%，不高于项目总额的 80%。领投人负责投后管理，以及作为有限合伙企业的普通合伙人，可享受跟投人投资回报的 20%。

领投人有 3 天时间考虑是否投资，如果确认为领投人，则应向平台提交《投资意向书》《投资协议》、打款证明或其他能说明投资意向的有效证明文件。

领投人职责：

①确认领投后，协助融资项目完善《融资项目商业计划书》、确定投后估值、投资条款和融资额，协助项目路演和完成本轮对跟投人的融资；

②领投人应对融资项目以及项目公司进行尽职调查，并将尽职调查报告提供给平台。尽管有前述约定，平台仍有权就领投人的资质以及融资项目进行调查。

③能够协助融资人按照《融资人信息披露规则》完成融资项目的信息披露；

④领投人应接受跟投人的委托，对融资项目进行管理。

二、普华商学院提示

（1）操作周期

通常需要 3 ～ 5 个月。

（2）操作费用

平台收取的费用为融资额的 5% 左右。

股权众筹平台设立后，在开展业务的过程中要注意，股权众筹平台不得有下列行为：

①通过本机构互联网平台为自身或关联方融资；

②对众筹项目提供对外担保或进行股权代持；

③提供股权或其他形式的有价证券的转让服务；

④利用平台自身优势获取投资机会或误导投资者；

⑤向非实名注册用户宣传或推介融资项目；

⑥从事证券承销、投资顾问、资产管理等证券经营机构业务，具有相关业务资格的证券经营机构除外；

⑦兼营个体网络借贷（即 P2P 网络借贷）或网络小额贷款业务；

⑧采用恶意诋毁、贬损同行等不正当竞争手段；

⑨法律法规和证券业协会规定禁止的其他行为。

083 资产证券化流程

资产证券化流程是指将资产所属的某种权益以证券形式进行买卖或交割的流程。

一、关键点解析

流程图中红色标注的是核心环节，除此之外还有一些需要特别注意的关键环节，用序号标注，下面对这些环节进行详细的解析：

（1）可进行资产证券化的资产是合法的，且权属明确，是可以产生独立、可预测的现金流且可特定化的财产权利或者财产。

基础资产可以是单项财产权利或者财产，也可以是多项财产权利或者财产构成的资产组合。

资产可以是企业应收款、租赁债权、信贷资产、信托受益权等财产权利以及中国证监会认可的其他财产或财产权利。

（2）完成将基础债权资产转移或者出售给交易场所或指定交易机构，实现资产的权属让渡。发起人的债权人将不得追索该资产，债权人也不得追索发起人的其他资产，从而实现风险隔离。

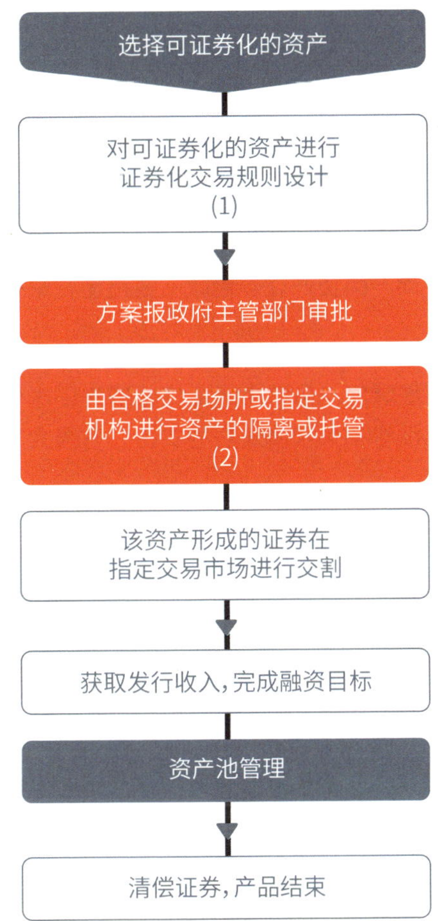

二、普华商学院提示

（1）操作周期

根据标的物决定，无确定期限。

（2）操作费用

总成本的 2% ～ 5%。

从目前的实际情况来看，国内的资产证券化多为动产的证券化，而且需要在中国证监会或相关部门限定的范围内进行，而不动产的证券化则几乎没有。从国内的金融环境来看，不动产的资产证券化政策或措施在未来的 3 ～ 5 年之内都不会实施。

所以，普华商学院提醒您，目前市场上打着资产证券化旗号的产品或者相关活动，都有较大风险，没有相关法律法规的支持，有很大的欺诈嫌疑，需要谨慎行事。

第五篇

其他金融业务操盘流程

084 交易所的设立流程

本文所说的交易所设立流程是指各种物权、知识产权、所有权、经营权、合作经营权等交易所（平台）的设立流程。

有关各类交易所的更多信息，可参阅《中国金融生态圈》一书。

一、关键点解析

流程图中红色标注的是核心环节，除此之外还有一些需要特别注意的关键环节，用序号标注，下面对这些环节进行详细的解析：

（1）可行性研究报告编写的内容包括：项目可行性方案分析、资金筹资计划、收益分析等。交易系统方案编写包括拟进行的交易产品、交易方式、会员管理、投资者适当性管理、登记结算、信息发布等制度安排等。

（2）当地各级主管部门沟通洽谈会邀请当地人民政府、金融办、工商局、发改委、商务部、公安等相关部门人员参加。

（3）三方支付通软件制作，银行、交易所、交易商三方对接，协议签订、保证金户开设。

（4）当地主管单位汇报沟通会请当地人民政府、金融办、工商局、发改委、商务部、公安等相关领导及相关人员参加。

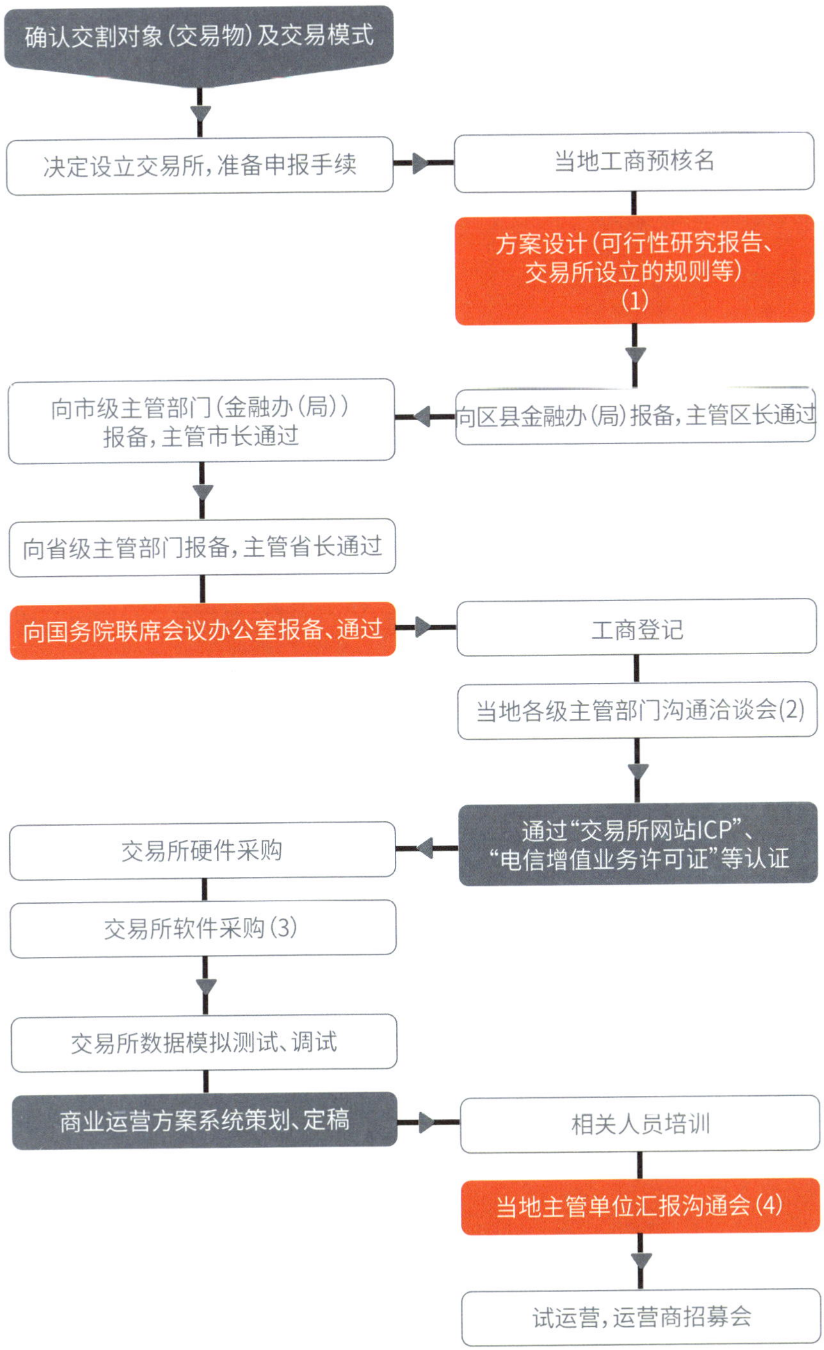

确认交割对象（交易物）及交易模式

决定设立交易所，准备申报手续

当地工商预核名

方案设计（可行性研究报告、交易所设立的规则等）（1）

向区县金融办（局）报备，主管区长通过

向市级主管部门（金融办（局））报备，主管市长通过

向省级主管部门报备，主管省长通过

向国务院联席会议办公室报备、通过

工商登记

当地各级主管部门沟通洽谈会(2)

通过“交易所网站ICP”、“电信增值业务许可证”等认证

交易所硬件采购

交易所软件采购（3）

交易所数据模拟测试、调试

商业运营方案系统策划、定稿

相关人员培训

当地主管单位汇报沟通会（4）

试运营，运营商招募会

二、普华商学院提示

（1）操作周期

18 个月左右。

（2）操作费用

1000 万～ 2000 万元。

交易所模式作为互联网金融时代的典型金融交易体系，将随着互联网发展得到更加广泛和多样化的使用，但交易所交易的产品仅限于标准化产品，所有打算使用交易所交易的物品，最大的难题是标准化，一旦标准化后，就可以发挥互联网平台的最大优越性。

085

购买信托产品的流程

购买信托产品的流程指个人或机构通过购买信托产品达到投资理财目的的流程。

有关信托的更多信息，可参阅《中国金融生态圈》一书。

一、关键点解析

流程图中红色标注的是核心环节，此外，还需提醒您注意，具备国家相关资质的出售信托产品的机构通常有金融机构柜台和信托公司两类。

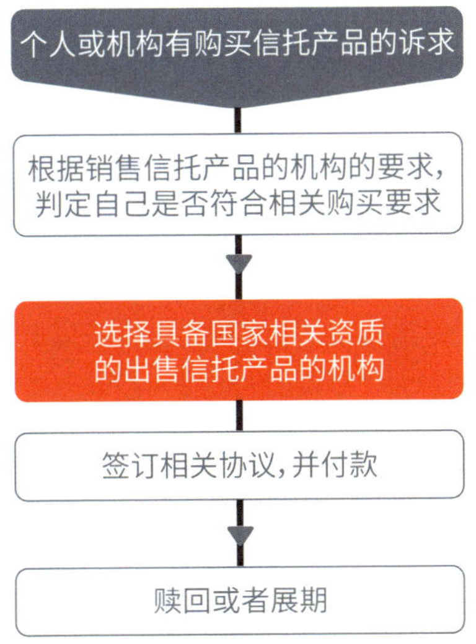

二、普华商学院提示

（1）操作周期

不同的信托计划，所需时间不同，一般为 1 年、2 年、3 年、5 年或更长时间。

（2）操作费用

渠道不同，手续费的收取标准不同。通过银行购买信托产品（通常为理财产品方式），手续费通常 3‰，不高于 6‰。通过信托公司购买相关产品，一般没有手续费，但购买门槛相对较高（100 万元以上）。通过基金购买信托产品，手续费（可选前端付费或者后端付费）跨度较大，在 3‰至 5% 不等。具体情况需参考协议约定。

信托产品在发行之前会经过严格的审核，属于刚性兑付的稳定收益产品，收益率较高，风险较低，只是购买门槛较高。

086 通过商品、服务众筹平台融资的流程

通过商品、服务众筹平台融资的流程指用众筹的方式对商品、服务进行预售融资的流程。

有关商品、服务众筹更多的信息，可参阅《中国金融生态圈》一书。

一、关键点解析

流程图中红色标注的是核心环节，除此之外还有一些需要特别注意的关键环节，用序号标注，下面对这些环节进行详细的解析：

（1）按照选定渠道的相关要求，制定众筹发布方案。

（2）签订众筹发布协议。

（3）按照协议，发布众筹公告。

（4）客户将产品资金转入指定账户。

（5）众筹方将产品订单或服务契约传递给客户。

（6）众筹方按照订单约定，寄送产品或完成服务。

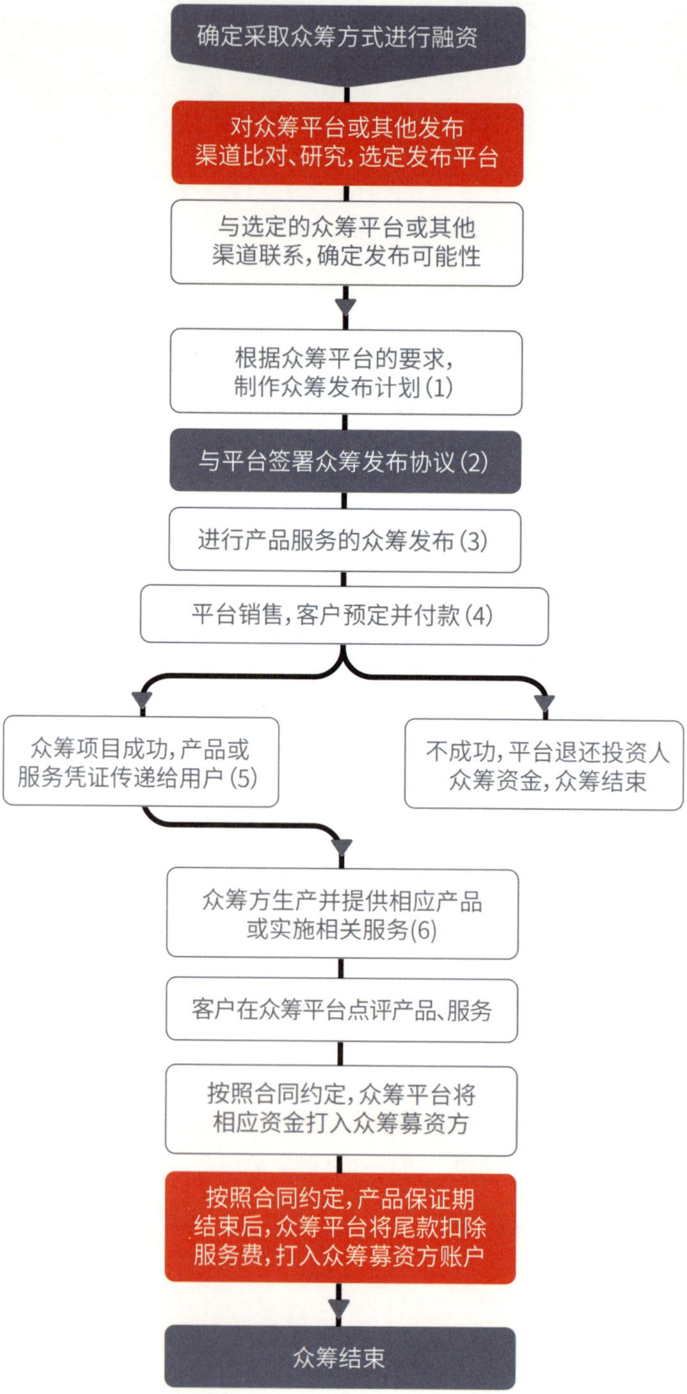

确定采取众筹方式进行融资

对众筹平台或其他发布渠道比对、研究，选定发布平台

与选定的众筹平台或其他渠道联系，确定发布可能性

根据众筹平台的要求，制作众筹发布计划（1）

与平台签署众筹发布协议（2）

进行产品服务的众筹发布（3）

平台销售，客户预定并付款（4）

众筹项目成功，产品或服务凭证传递给用户（5）

不成功，平台退还投资人众筹资金，众筹结束

众筹方生产并提供相应产品或实施相关服务(6)

客户在众筹平台点评产品、服务

按照合同约定，众筹平台将相应资金打入众筹募资方

按照合同约定，产品保证期结束后，众筹平台将尾款扣除服务费，打入众筹募资方账户

众筹结束

二、普华商学院提示

（1）操作周期

通常情况下不超过 3 个月。

（2）操作费用

不同的渠道收取的费用一般不同，通常在 1% ～ 3% 不等。

产品、服务众筹是销售行为，非理财行为，产品服务发布方在没有取得金融牌照前，不得采用变相方式对产品服务进行加价回购。

087 企业并购重组的流程

并购重组是指企业通过买卖股权或资产来达到“1+1 ＞ 2”的效果或其他特定目的的金融行为。实施这种行为的流程就是并购重组流程。

一、关键点解析

流程图中红色标注的是核心环节，除此之外还有一些需要特别注意的关键环节，用序号标注，下面对这些环节进行详细的解析：

（1）根据并购目的，确定并购目标公司的标准和范围。

（2）大范围筛查，可借助中介机构现有数据库。

（3）针对拟并购对象做个案分析，最终确定并购意向公司，并制定谈判计划。

（4）与实际控制人直接接触、签保密协议。

（5）根据并购目标企业类型不同、流程不同，大致可以分为上市、非上市、民企和国企。

（6）所有和国有资产相关的评估、并购项目，都需要事前经相应级别的国有资产主管部门（国资委）审批通过。

（7）财务顾问需要具备证监会上市公司并购重组牌照，以备走法律流程。同时，并购经验不足的企业需要聘请相应资历经验丰富的人员，充当总协调人，以全盘维护并购方利益。

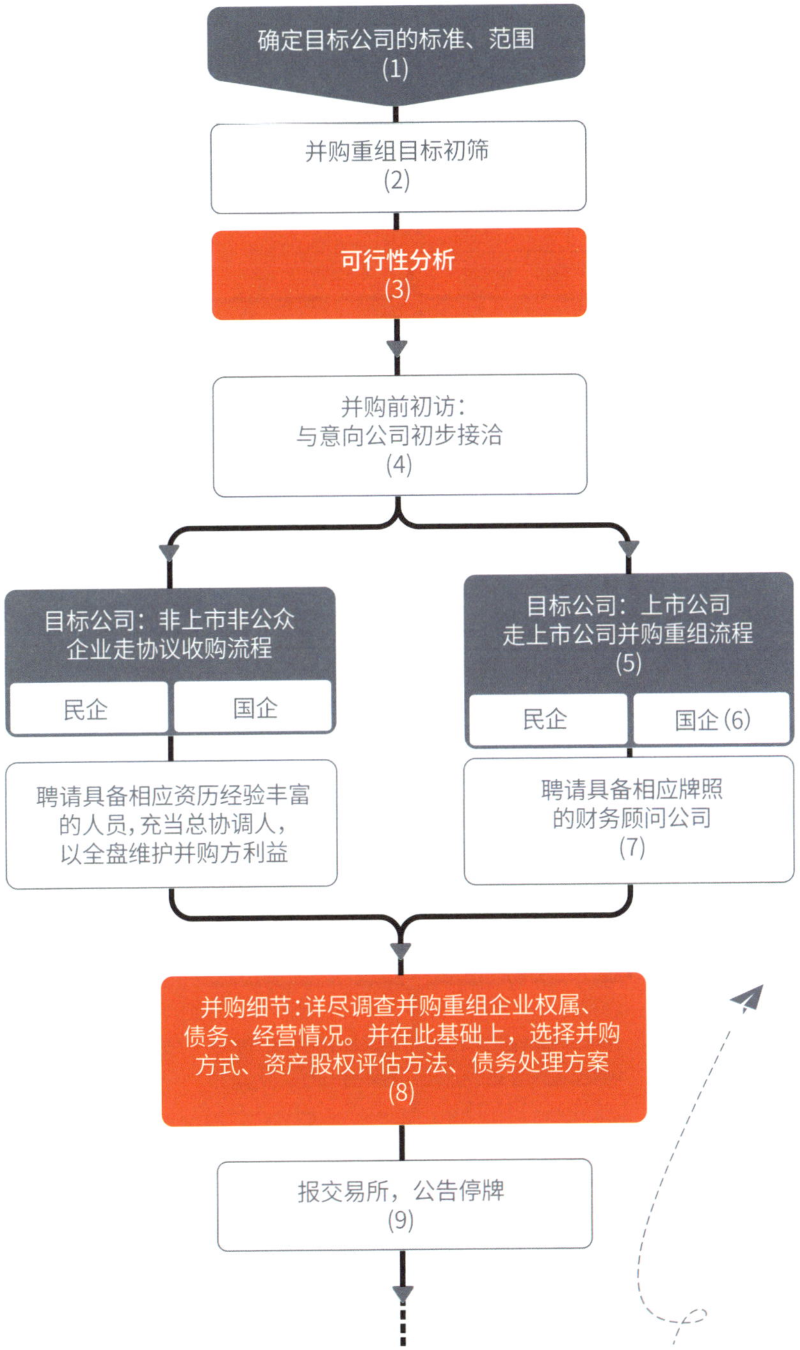

确定目标公司的标准、范围
(1)

并购重组目标初筛
(2)

可行性分析
(3)

并购前初访：
与意向公司初步接洽
(4)

目标公司：非上市非公众企业走协议收购流程

民企	国企

聘请具备相应资历经验丰富的人员，充当总协调人，以全盘维护并购方利益

目标公司：上市公司
走上市公司并购重组流程
(5)

民企	国企(6)

聘请具备相应牌照的财务顾问公司
(7)

并购细节：详尽调查并购重组企业权属、债务、经营情况。并在此基础上，选择并购方式、资产股权评估方法、债务处理方案
(8)

报交易所，公告停牌
(9)

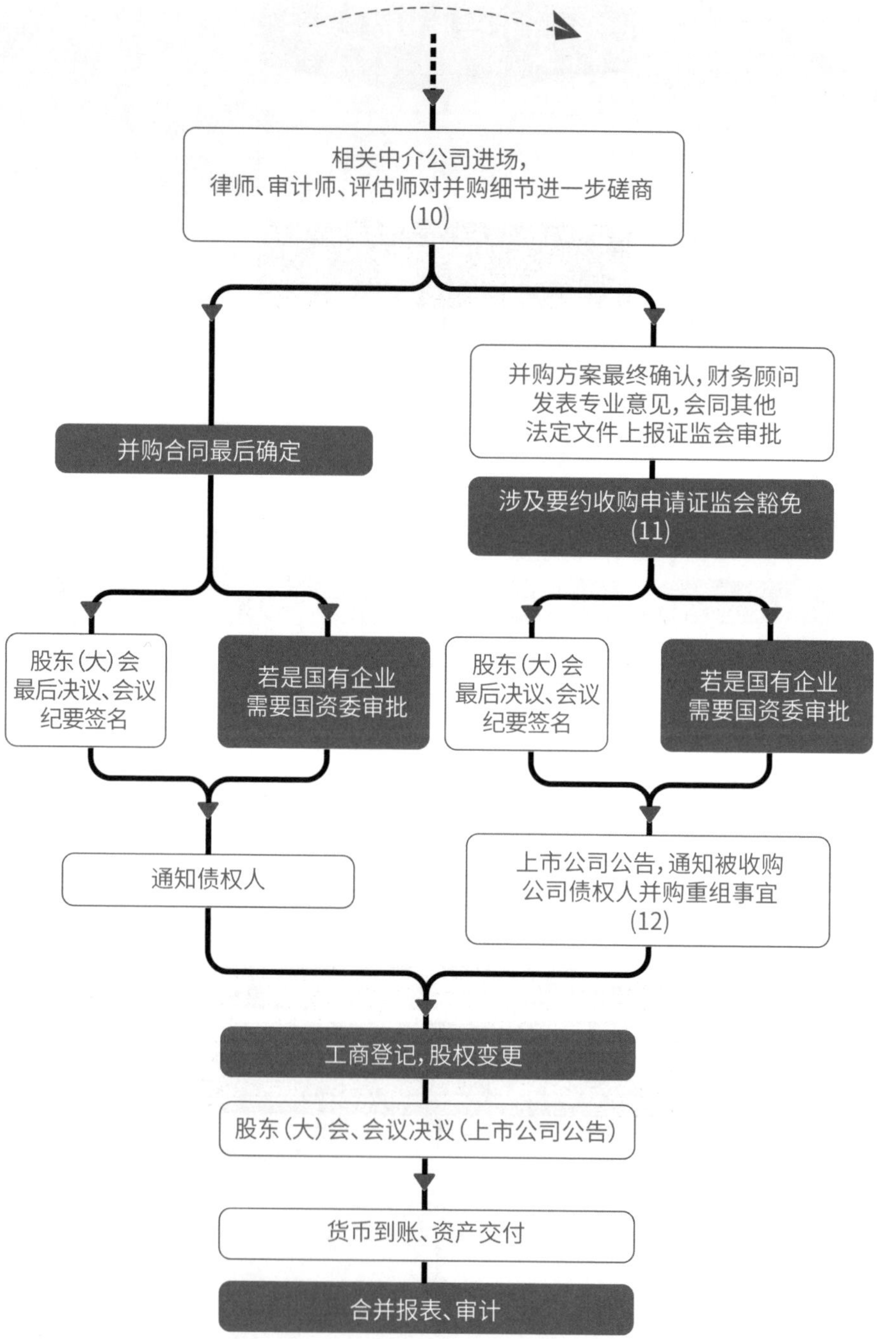

相关中介公司进场，
律师、审计师、评估师对并购细节进一步磋商
(10)

并购合同最后确定

股东(大)会
最后决议、会议
纪要签名

若是国有企业
需要国资委审批

通知债权人

并购方案最终确认，财务顾问
发表专业意见，会同其他
法定文件上报证监会审批

涉及要约收购申请证监会豁免
(11)

股东(大)会
最后决议、会议
纪要签名

若是国有企业
需要国资委审批

上市公司公告，通知被收购
公司债权人并购重组事宜
(12)

工商登记，股权变更

股东(大)会、会议决议(上市公司公告)

货币到账、资产交付

合并报表、审计

（8）尽职调查的基础上，对并购细节磋商，兼顾目的的前提下，做到多方利益最大化。

（9）对于确定并购计划的企业，越早停牌越好，通常一旦有并购重组信息，会导致公司股价飞涨，给并购价格的确定造成不利影响。

（10）上市公司需要选择具备证监会牌照的中介机构。涉及国有资产的上市公司需要聘请国资委认可的资产评估机构。

（11）豁免全面收购要约。

（12）通知被收购公司债权人并购重组的法定流程，以备债权权属变更等相关事宜。

二、普华商学院提示

（1）操作周期

并购前期准备时间通常很长，短则半年，长则数年。一旦并购方案确定开始执行后，周期就比较固定，通常在 3 个月内，偶尔也有例外的情况产生，不在本书讨论之列。

（2）操作费用

并购费用大都通过协商议价决定。

上市公司进行并购重组，受到法律法规的严格约束。履行上市公司信息披露的义务，需要聘请专业团队进行操盘。非上市公司进行并购重组，由于所受监管不严，存在一定的风险和陷阱，实际操作时，建议咨询具备丰富并购重组经验的人员。

088 杠杆收购的流程

杠杆收购是公司或个人实施的一种特殊收购行为。通过利用被收购资产作为偿债抵押获得收购资金，实质上是通过举债的方式募集资金。此处讲解的是杠杆收购的操作流程。

一、关键点解析

流程图中红色标注的是核心环节，除此之外还有一些需要特别注意的关键环节，用序号标注，下面对这些环节进行详细的解析：

（1）根据收购目的，确定收购目标公司的标准和范围。

（2）初步筛选拟收购目标：大范围筛查，可借助中介机构现有数据库。

（3）可行性分析包括成本分析、融资方式分析，可行方案设计。

（4）与意向公司初步接洽：与实际控制人直接接触、签保密协议。

（5）聘请总协调人：上市公司须聘请具备相关行业许可的财务顾问公司。

（6）在尽职调查的基础上，对并购成本做初步判断，确认资金确实不足，准备下步引入融资方。

（7）三方磋商后，签备忘录，以记录并购重组中可能出现的问题的解决方案和原则。

（8）选择相关中介公司：上市公司，需要选择具备证监会牌照的中介机构。资产评估机构的选择，如果涉及国有资产，需要聘请国资委认可的机构。

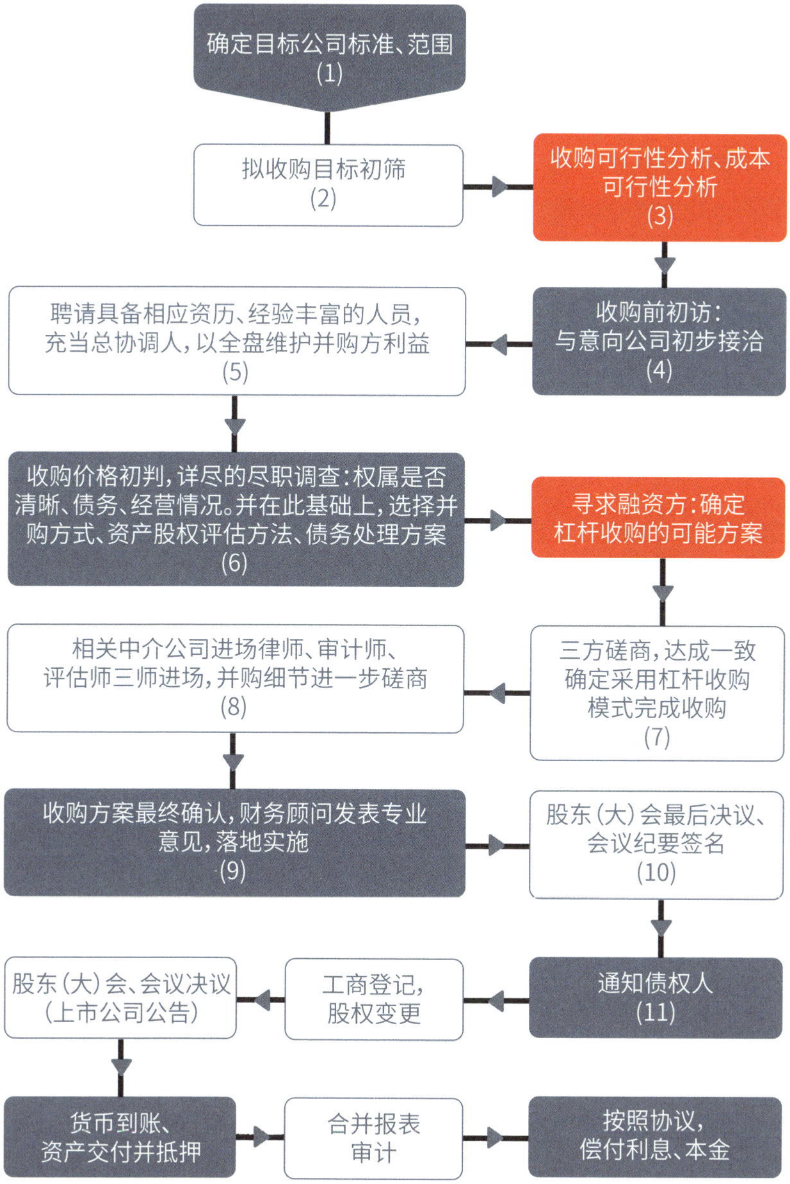

确定目标公司标准、范围
(1)

拟收购目标初筛
(2)

收购可行性分析、成本可行性分析
(3)

收购前初访:
与意向公司初步接洽
(4)

聘请具备相应资历、经验丰富的人员,充当总协调人,以全盘维护并购方利益
(5)

收购价格初判,详尽的尽职调查:权属是否清晰、债务、经营情况。并在此基础上,选择并购方式、资产股权评估方法、债务处理方案
(6)

寻求融资方:确定杠杆收购的可能方案

三方磋商,达成一致确定采用杠杆收购模式完成收购
(7)

相关中介公司进场律师、审计师、评估师三师进场,并购细节进一步磋商
(8)

收购方案最终确认,财务顾问发表专业意见,落地实施
(9)

股东(大)会最后决议、会议纪要签名
(10)

通知债权人
(11)

工商登记,
股权变更

股东(大)会、会议决议
(上市公司公告)

货币到账、
资产交付并抵押

合并报表
审计

按照协议,
偿付利息、本金

（9）收购方案确认：上市公司，会同其他法定文件上报证监会审批。

（10）股东（大）会最后决议：涉及国有资产，须经国资委审批。

（11）上市公司公告，通知债权人，公告并购重组事宜。

二、普华商学院提示

（1）操作周期

杠杆收购周期通常较短。

（2）操作费用

收购费用大都议价，需协商解决，资金成本，因资金来源不同，差异较大。

杠杆收购的本质，通俗来讲就是借用资金收购他人的企业。杠杆收购的最大特点是，收购方只投入少量的资金，其余的收购资金则以抵押收购对象的资产方式获得。杠杆收购的过程中存在一定的风险，发起杠杆收购的企业有可能陷入泥潭无法抽身，所以发起杠杆收购一定要谨慎。

债券市场投资的流程 089

债券市场投资流程，就是通过在债券市场投资获得收益的流程。通常该类投资方式风险较低，适合低风险承受能力的投资人士。

债券市场投资的产品包括国库券、国债、地方债、公司债，企业债、中期票据、短期融资券、中小企业私募债、中小企业集合票据、中小企业集合债等。此处讲解的是债券市场投资的流程。

一、关键点解析

流程图中红色标注的是核心环节，除此之外还有一些需要特别注意的关键环节，用序号标注，下面对这些环节进行详细的解析：

（1）投资场所和产品：不同的投资人能够投资的场所和参与投资的产品都不同。

（2）具备正规第三方担保，确保收益风险降到可接受范围。

（3）定期跟踪：出现不可预期风险，及时变现，将风险降至最低。

（4）收回本金和利息，不能刚性兑付的，可以展期。

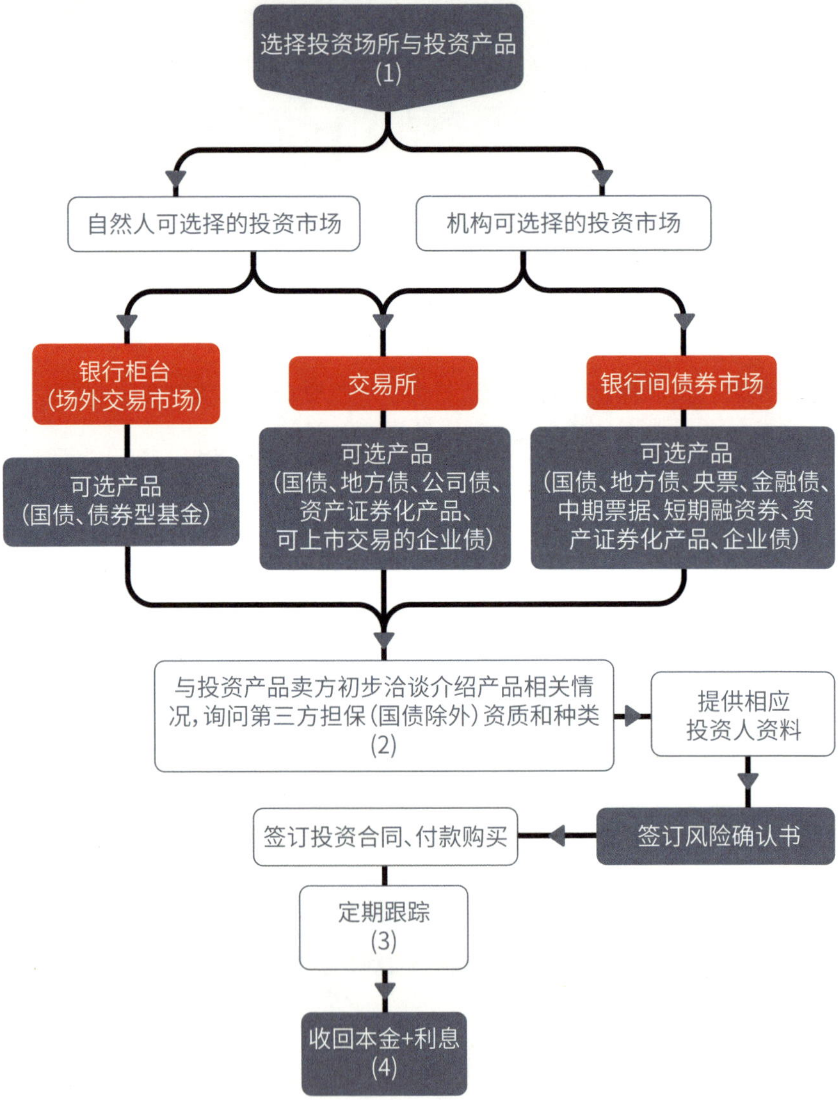

选择投资场所与投资产品
(1)

自然人可选择的投资市场

机构可选择的投资市场

银行柜台
(场外交易市场)

可选产品
(国债、债券型基金)

交易所

可选产品
(国债、地方债、公司债、资产证券化产品、可上市交易的企业债)

银行间债券市场

可选产品
(国债、地方债、央票、金融债、中期票据、短期融资券、资产证券化产品、企业债)

与投资产品卖方初步洽谈介绍产品相关情况,询问第三方担保(国债除外)资质和种类
(2)

提供相应投资人资料

签订风险确认书

签订投资合同、付款购买

定期跟踪
(3)

收回本金+利息
(4)

二、普华商学院提示

（1）操作周期

购买手续简单，但存续时间差异较大。

（2）操作费用

各个渠道手续费不同，主要为开户、登记相关费用。

对债券市场投资和股权市场投资的选择，通常是相悖的，当经济环境好的时候，投资人多会选股权投资，但经济环境差时会选择债券市场投资。

大多数债券投资都有收益稳定的特点。对于资金实力较强的投资人，债券投资收益稳定风险较小；对中小散户而言，通常门槛较高。

090

股权投资的流程

股权投资，就是通过购买股权然后在合适的时候卖出获利的投资方式。该类投资相对于债权方式，可以获得更多的收益，但也要承担更多的风险。按照被投资企业的成长阶段划分，股权投资可以分为天使、创投、风险投资、拟上市公司和已上市投资等不同类型，但其基本的投资原理和流程都类似。此处讲解的是股权投资的流程。

一、关键点解析

流程图中红色标注的是核心环节，除此之外还有一些需要特别注意的关键环节，用序号标注，下面对这些环节进行详细的解析：

（1）股权投资目的分析。要确认投资的目的是为了获得财务收益，还是为了获得某个市场、行业地位、或者是某项稀缺资源。根据投资目的可以将投资人分为战略投资人和财务投资人。其中财务投资人又包括：天使投资人、创业投资人、风险投资人、拟上市 PE 投资人等。

（2）分析企业发展周期、潜力主要包括行业分析和市场分析。

天使投资人重点考察创意；创业投资人重点考察团队能力；风险投资人重点考察现金流、团队管理能力；拟上市 PE 投资人重点考察价格预估升值空间；已上市重点考察股价、未来预期。

（3）投资双方或多方谈判主要包括战略谈判和投资谈判。

战略谈判：同天使投资人的谈判主要围绕产品、服务核心竞争力；同创业投

资人的谈判主要是关于必要资源是否具备；同风险投资人、拟上市 PE 投资人的战略谈判实际上就是一种对赌，已上市的战略谈判就是一个定增流程。

投资谈判：须请专业机构的专业人员，如资产评估师、会计师、律师，对公司的资产价值、经营状况、盈利能力、现金流量、法律风险、合规情况做专业鉴证，以备双方多方进一步磋商价格和投资细节条款。但不同的投资主体，所关注的侧重点各不相同。

（4）签订相应合同，按合同规定进行投资。

开股东（大）会→会议决议→工商变更登记→股东名册更新（上市公司要走上市公司重大资产重组流程）。

（5）退出方式主要包括择机获得控制权、择机买卖股票方式退出、买卖股票或上市退出、上市退出、二级市场退出等方式。

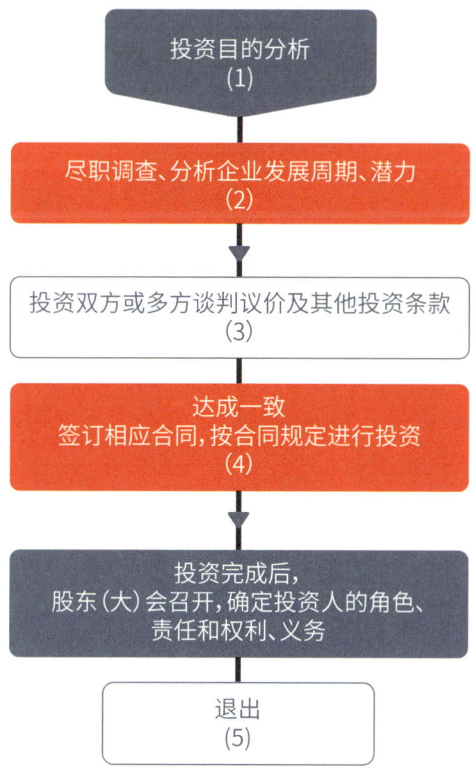

二、普华商学院提示

（1）操作周期

股权投资流程周期较长，要具体项目具体分析。

（2）操作费用

费用通常需要协商而定。

债权投资的本质是利用资金的使用权，而股权方式投资则是所有权变更，以谋求在未来被投资企业良性发展后出让股权或利用股权获得收益。所以股权投资与债权投资相反，经济环境好的时候，投资人大多数会选股权投资，这样可以保障更稳定的收益。

091 配资业务的标准流程

配资是指为某项资产管理计划组织配套资金。该项资管计划里的资产会按照收益分配顺序分成两类：一类为优先，按照合同约定，优先获得固定收益；一类为劣后，收益顺序位于优先之后，但拥有优先之外的所有收益。此处讲解的是配资业务的标准流程。

一、关键点解析

流程图中红色标注的是核心环节，除此之外还有一些需要特别注意的关键环节，用序号标注，下面对这些环节进行详细的解析：

（1）合适的投资标的一般为股票、期货或者项目定增。

（2）止损点设计是配资风险控制的重要环节。

二、普华商学院提示

（1）操作周期

没有固定的操作周期。

（2）操作费用

操作费用不固定，视具体项目而定。

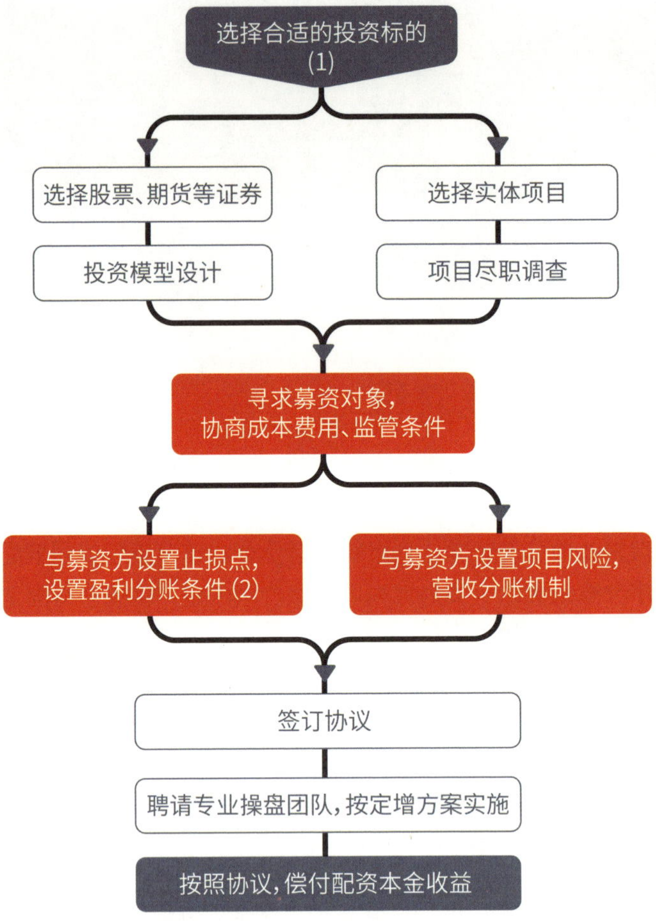

配资的设置是为了适应不同投资机构之间不同的风险承受能力与收益期望，配资既能满足趋向低风险低收益用户的要求，又能满足趋向高风险高收益用户的要求。当然，配资之后收益放大的同时，风险也放大了，如果盲目放大杠杆，风险也会成倍增长。

092 内保外贷业务的办理流程

内保外贷业务是指境内银行为境内企业在境外（含港、澳、台及海外关联机构）注册的附属企业或参股投资企业提供担保，由境外银行给境外投资企业发放相应贷款的一种方式。该业务的办理流程即为内保外贷业务的办理流程。

一、关键点解析

流程图中红色标注的是核心环节，除此之外还有一些需要特别注意的关键环节，用序号标注，下面对这些环节进行详细的解析：

（1）申请人需具备的基本要求：境外的借款人（申请人）须为境内投资境外的子公司、参股公司，或境内上下游关系（卖货、买货）的关联企业（业务往来两年以上）。

（2）要提供的资料包括：保函或备用信用证原稿副本及中文翻译件。

二、普华商学院提示

（1）操作周期

内保外贷业务中的融资期限最长不超过 5 年（能提供担保风险系数为零的反担保的除外），担保期限不应超过融资协议履行期满后的 6 个月，反担保期限须在担保到期日后 6 个月以上。

（2）操作费用

境内：保函及备用信用证费用约为贷款总额度的 0.25%/ 季；

境外：根据当地货币贷款利率计算。

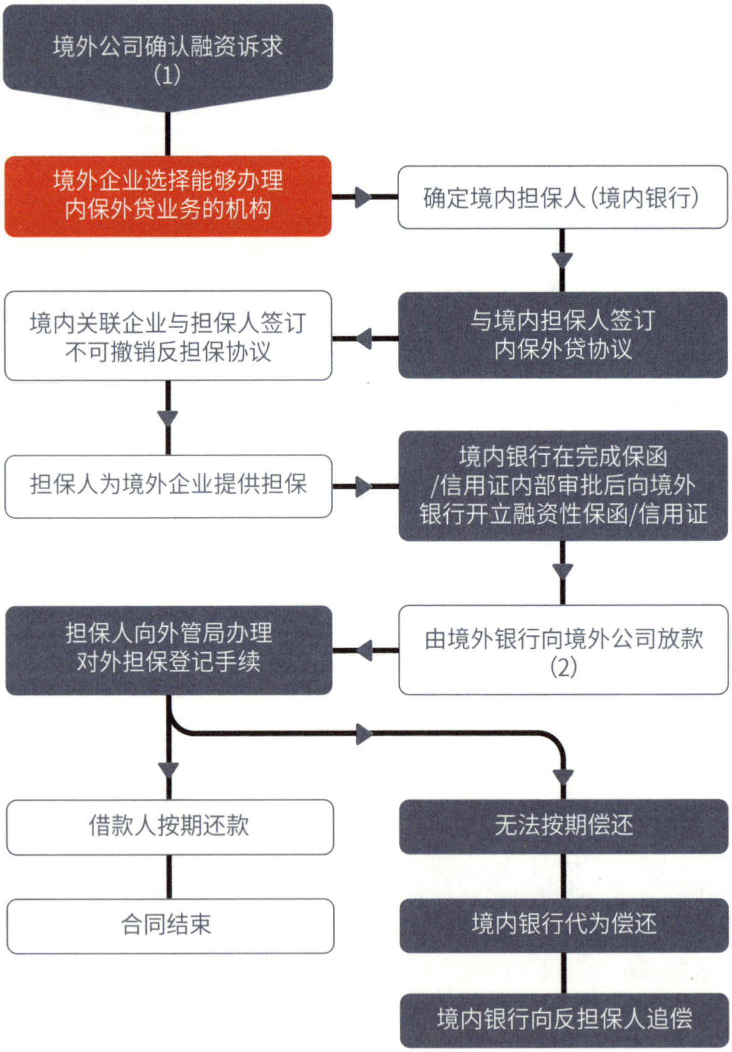

境外公司确认融资诉求（1）

境外企业选择能够办理内保外贷业务的机构

确定境内担保人（境内银行）

与境内担保人签订内保外贷协议

境内关联企业与担保人签订不可撤销反担保协议

担保人为境外企业提供担保

境内银行在完成保函/信用证内部审批后向境外银行开立融资性保函/信用证

由境外银行向境外公司放款（2）

担保人向外管局办理对外担保登记手续

借款人按期还款

合同结束

无法按期偿还

境内银行代为偿还

境内银行向反担保人追偿

内保外贷是境内企业变向将境内资金转移到境外使用的一种方式，是国家在人民币不能自由兑换外币的现状下采用的一种变通手段。但该手段需要经过央行的审批，每家内保外贷银行对此类项目的要求也都非常严格。在实际操作过程中，相关标准、流程细节，以各银行自行确认的为准。目前在国内运行内保外贷业务较多的银行为渣打银行、汇丰银行、东亚银行等外资银行。

除此之外，还需要特别注意的是，内保外贷项下资金用途有一定的限制：

（1）仅用于债务人正常经营范围内的相关支出，不得用于支持债务人从事正常业务范围以外的相关交易；

（2）不得虚构贸易背景进行套利，或进行其他形式的投机性交易；

（3）未经外汇局批准，债务人不得通过向境内进行借贷、股权投资或证券投资等方式将担保项下资金直接或间接调回境内使用；

（4）不得用于境外机构或个人向境内机构以及个人进行直接或间接的股权、债权投资。

093 证券交易市场的开户流程

证券交易市场的开户流程即用户在有合格资质牌照的正规证券交易所开户的流程。

有关证券交易所的更多信息，可参阅《中国金融生态圈》一书。

一、关键点解析

流程图中红色标注的是核心环节，除此之外还有一些需要特别注意的关键环节，用序号标注，下面对这些环节进行详细的解析：

（1）证券交易现场开户流程关键点解析：

①在开立证券公司指定银行资金账户的过程中，若已经开通相关资金账户的用户可跳过此步骤，需要新办银行卡的用户可在办理第三方存管业务时一并在银行办理；

②填写相关资料表格，自然人交易商需要提供的资料包括：二代有效身份证（B股境外投资者凭护照等身份证件）。机构交易商需要提供的资料包括：法人营业执照及复印件、法定代表人证明书、证券账户卡原件及复印件、法人授权委托书和被授权人身份证原件及复印件、单位预留印鉴；

B股开户还需提供境外商业登记证书及董事证明文件，若是代理人，还需与委托人同时临柜签署《授权委托书》并提供代理人的身份证原件和复印件。

③办理银行账号与交易账号第三方存管业务，需要携带营业部出具的表单。

证券交易所现场开户流程图

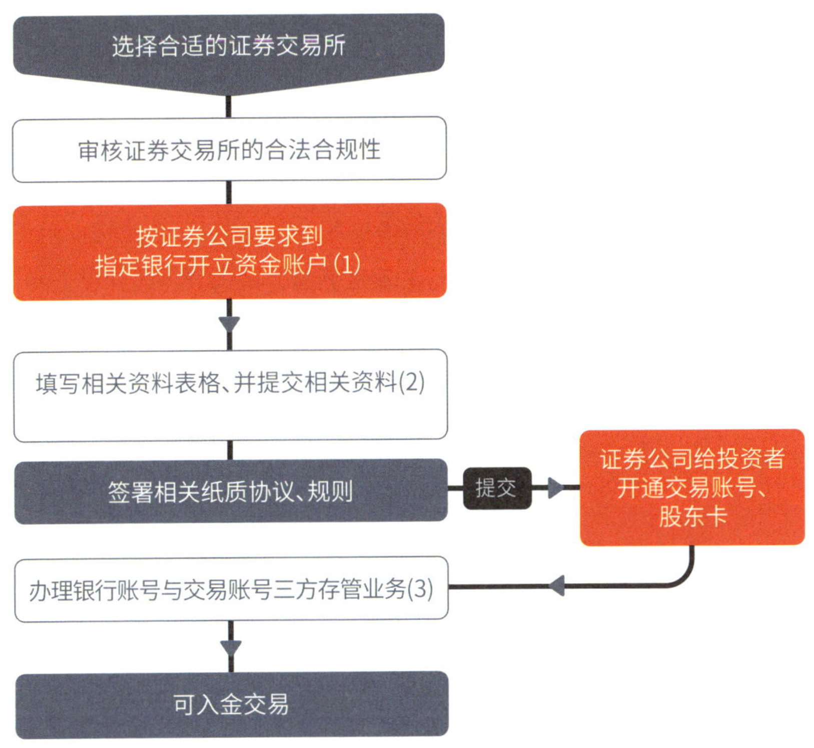

证券公司营业部可以一站式办理部分银行账号的第三方存管业务。

（2）网上开户流程关键点解析：

①网上开户流程需要准备的相关资料有：本人身份证原件、本人银行卡、正常使用的手机、配备有摄像头且能上网的电脑（暂不支持通过代理上网）；

②在开户网站上传（或直接对摄像头拍摄）身份证正、反面图像，并拍摄本人头像照，上传的头像和身份证照片必须清晰可读。为确保投资者资产安全，根据监管机构安排，投资者申请开户还必须和公司网上开户见证人员通过网上视频进行实时视频见证，见证过程中见证人员将对投资者上传的证件资料和视频内容进行审核，并对见证视频进行录像。视频见证必须由投资者本人亲自办理，申请时需准备好身份证原件；

③视频见证通过后，每位投资者均可申请一份包含本人身份信息的专属数字

证书。申请后数字证书将安装到投资者电脑上，且投资者后续开户操作必须在安装了本人数字证书的电脑上完成。另外，该数字证书将作为投资者在后续开户操作中的身份认证工具；

④开立资金账户需要填写并提交申请表，阅读相关协议，确认通过后投资者可立即获得申请开立的资金账户，并收到相应的短信通知；

⑤在办理人民币资金第三方存管业务时，投资者可选择已开设借记卡的银行，按照页面提示输入该银行的账号等相关信息；

⑥投资者本人的资金账号开通银证转账关系后，可选择在线开设上海 A 股股东账户、深圳 A 股股东账户和基金账户，经审核确认合格后，会给投资者办理开立股东账户等相关手续；

网上开户流程图

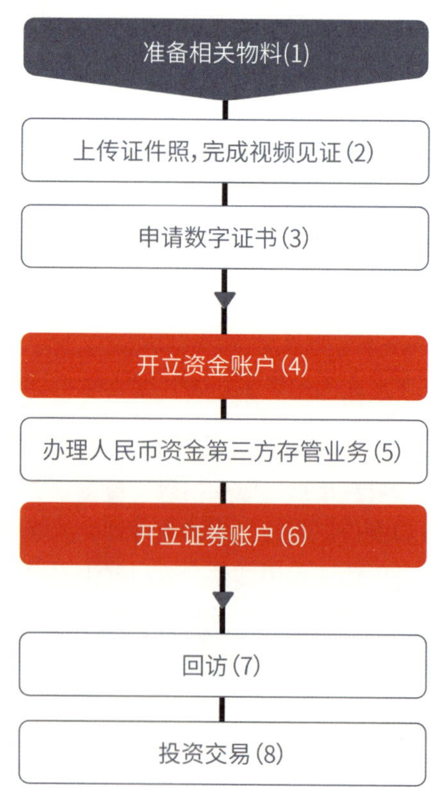

⑦根据网上开户规则，资金账户和证券账户开立完成后，并不能马上使用，必须由证券公司对投资者进行回访，回访一般安排在开户成功后2个工作日内，通常以电话方式进行；

⑧回访完成后，投资者即可使用账户开始交易。

二、普华商学院提示

（1）操作周期

证券交易开户流程一般1个工作日内即可办理完成。

（2）操作费用

①开户费：目前不需要费用。

②交易手续费：一般在0.3‰～1.8‰之间，包含印花税、经手费、监管费、过户费等。由于投资者资质和实力不同，且存在地域差异，投资者可以和证券公司人员协商收取交易手续费。

证券交易开户者就是打算拿钱在证券交易所里买卖股票的用户。在证券交易所里的称呼为投资者，此处所指的证券交易所其实也是指股票交易所。投资者分为自然人投资者和机构投资者。机构投资者主要有政府机构、金融机构、企业和事业法人及各类基金公司等。

证券交易开户流程中的证券公司，仅指证券经纪公司，即可以帮助投资者开立证券交易所账户的证券机构。该证券公司接受投资人委托、代为买卖证券，并收取一定的手续费，即佣金。

（1）证券交易开户流程重点解析及注意事项：

①A股一般在交易时间（上午09:30-11:30；下午13:00-15:00）开户，部

分营业部为了方便投资者开户，一般会安排员工在中午、周末等非交易时间加班，但由于非交易时间存在不确定性，投资者去之前需提前沟通确认；

B股开户时间通常为工作日。

②证券投资基金、保险公司开设账户卡则需到深圳证券交易所直接办理；

③自2015年4月13日起，A股市场允许自然人投资者根据实际需要最多可开立20个沪、深A股账户及场内封闭式基金账户。但作为总账户的“一码通”仍实行一人一户的要求。

（2）境内投资者开立B股资金账户前注意事项：

①凭本人有效身份证明文件到本人原外汇存款银行将本人现汇存款和外币现钞存款划入证券商在同城、同行的B股保证金账户。境内商业银行应当向境内居民个人出具进账凭证单，并向证券经营机构出具对账单；

②凭本人有效身份证明和本人进账凭证单到证券经营机构开立B股资金账户，开立B股资金账户的最低金额为等值1000美元；

③凭刚开立的B股资金账户，到该证券经营机构申请开立B股股票账户；

④境内个人投资者办理B股开户必须由本人亲自办理，不得交他人代办，境内法人不允许办理B股开户。境外个人投资者可委托他人代办，且每个投资者只能开立一个账户。

（3）境外投资者开立B股资金账户前注意事项：

①需提交境外居民身份证或护照、其他有效身份证件及复印件；

②境外机构投资者开立B股证券账户须提供的资料包括：商业注册登记证、授权委托书、董事身份证明书及复印件、经办人身份证件及复印件。

大宗商品交易所的开户流程 094

大宗商品交易所的开户流程即用户在具有大宗商品交易牌照的交易所开户进行交易的流程。

有关大宗商品交易所更多的信息，可参阅《中国金融生态圈》一书。

一、关键点解析

流程图中红色标注的是核心环节，除此之外还有一些需要特别注意的关键环节，用序号标注，下面对这些环节进行详细的解析：

（1）交易商必须在交易所授权服务机构指定的银行开户。使用已有相关银行账户的，可跳过此步骤。

（2）自然人交易商需提供二代有效身份证等资料。

企业交易商需提供资料：公章、法人章，组织机构代码、营业执照、税务登记证三证复印件（加盖公章），法人身份证复印件（加盖公章），授权委托人身份证，授权委托书并加盖公章。

（3）个人交易商至银行办理银行账号与交易账号签约工作需携带已签约《开户申请表》、本人身份证、已登记银行卡；

企业交易商至银行办理银行账号与交易账号签约工作需携带已签约《开户申请表》、公章、法人章、经办人身份证。

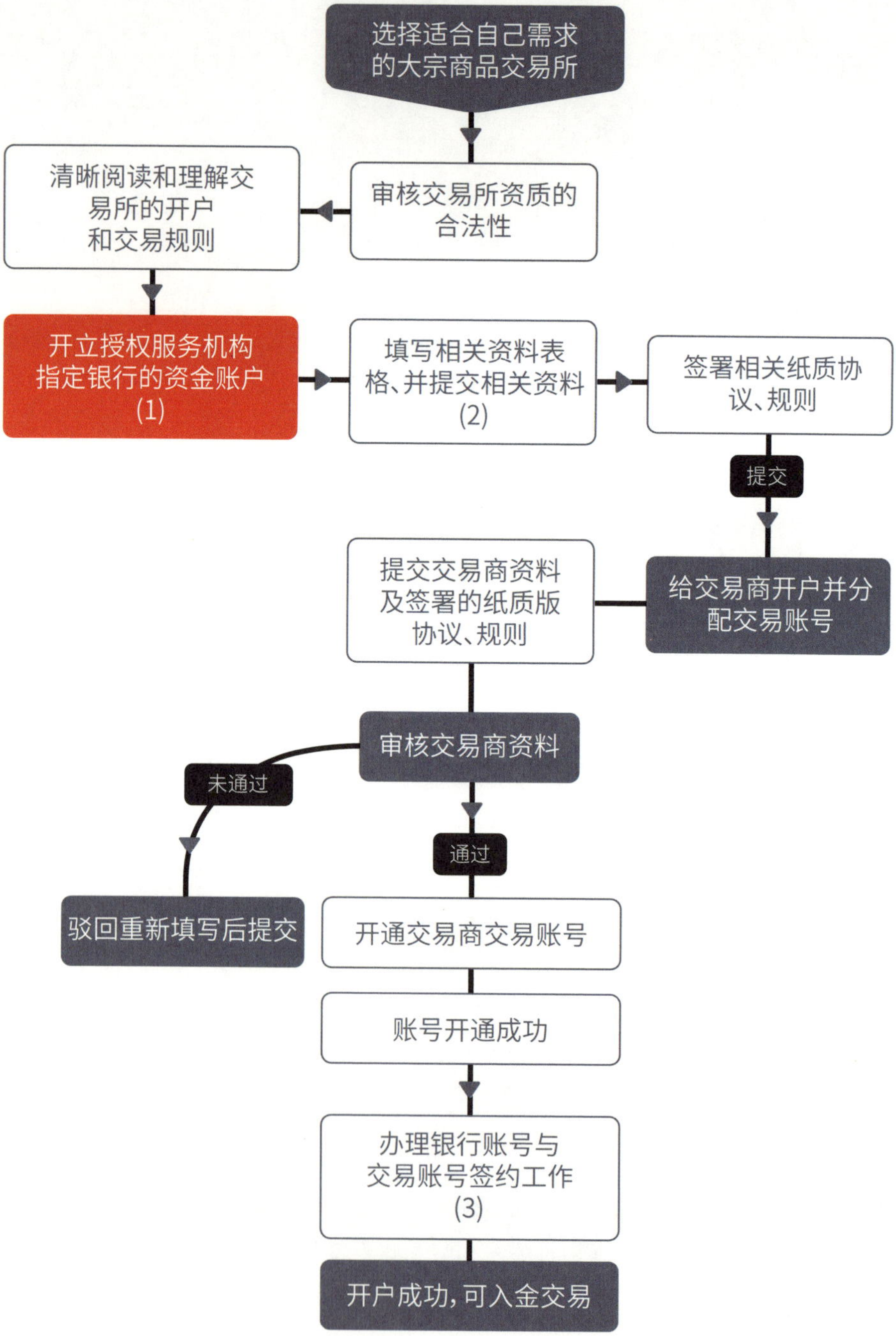

选择适合自己需求的大宗商品交易所

审核交易所资质的合法性

清晰阅读和理解交易所的开户和交易规则

开立授权服务机构指定银行的资金账户(1)

填写相关资料表格、并提交相关资料(2)

签署相关纸质协议、规则

提交

给交易商开户并分配交易账号

提交交易商资料及签署的纸质版协议、规则

审核交易商资料

未通过

驳回重新填写后提交

通过

开通交易商交易账号

账号开通成功

办理银行账号与交易账号签约工作(3)

开户成功，可入金交易

二、普华商学院提示

（1）操作周期

在大宗商品交易所开户，一般一个工作日内即可反馈开户结果，资金账户与交易账户签约手续当天可办理完成。

（2）操作费用

大宗商品交易所开户费用一般包括开户费、交割手续费和税费，其中开户费和税费有些机构不收取，交割手续费的费率一般在交易金额的 0.3‰～ 3% 之间。

大宗商品交易所的交易商是指在大宗商品交易所里买卖现货或递延交易的法人和自然人，他们在交易所里的规范称呼为交易商。

大宗商品交易所的服务机构是指各地区的大宗商品交易所在全国各地都有自己可以授权进行交割的服务机构。得到商品交易所正式授权盖章允许的服务机构，才可以让交易商开户，得到授权的服务机构被称为授权服务机构。

国内允许的大宗商品交易中不包括黄金现货期货交易、石油期货交易、外汇现货期货交易、虚拟货币（含数字货币）交易，所以上述交易均为违法行为。

大宗商品交易所开户流程重要步骤及注意事项：

（1）交易商可以使用已有的相关银行账户。所有交割过程中，交易商会用到两个交易账户，分别为交易所开通的账户和银行账户。交易商可对两个账户分开管理，也可对其同时管理。有的授权服务机构有“代客理财”项目，即把交易所开通的账户交由服务人员代为交易操作，并签署关于“盈利分账”协议。

（2）交易商登陆交易所官网，点击“网上开户”选项，进入网上开户系统或授权服务机构网站链接，按照网站公示的具体操作流程进行操作。自然人交易商在办理网上开户前，需持有所选结算银行对应的同名银行卡，以及居民二代身份证件，且年满 18 周岁。

（3）一个手机号码仅可以注册一个交易账号，成功验证的手机号，在开户过程中无法进行二次修改。

（4）交易商通过交易所交易客户端、结算银行的网银系统、或前往结算银行网点进行相关操作。

095

企业信用评级的流程

企业信用评级的流程即企业由具有信用评级资质的第三方机构对其进行信用评级的流程。

有关企业信用评级更多的信息，可参阅《中国金融生态圈》一书中关于信用评级机构的内容。

一、关键点解析

流程图中红色标注的是核心环节，除此之外还有一些需要特别注意的关键环节，用序号标注，下面对这些环节进行详细的解析：

（1）评估方案具体包括：评估对象、评估目的、评估依据、评估项目负责人、评估工作人员、工作时间安排、拟用评估方法、选用评估标准、准备评估资料和有关工作要求等。

（2）评级机构往往会将资料中不完整、不清楚的地方在访谈提纲中列明，便于在调研时重点了解。这也意味着企业应尽量提交完整、清楚的资料。

（3）实地调研的开始时间应由受评企业与评估小组协商确定，前提是要保证评估小组如期完成调研工作，采集到评级所需的第一手资料。

（4）信用评审委员会对评估小组提交的《信用评级分析报告》进行讨论、质疑、审核，并对信用级别进行表决。评级结果必须经评审委员会 2/3 以上的评审委员同意，方才有效。

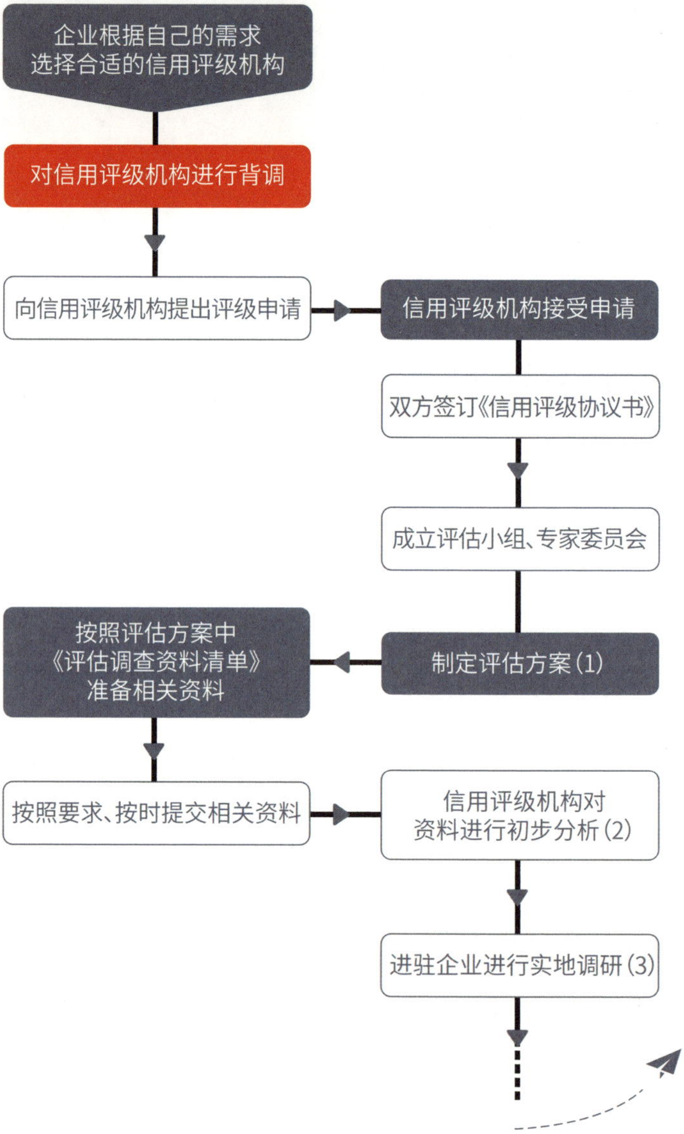

企业根据自己的需求
选择合适的信用评级机构
对信用评级机构进行背调
向信用评级机构提出评级申请
信用评级机构接受申请
双方签订《信用评级协议书》
成立评估小组、专家委员会
制定评估方案(1)
按照评估方案中
《评估调查资料清单》
准备相关资料
按照要求、按时提交相关资料
信用评级机构对
资料进行初步分析(2)
进驻企业进行实地调研(3)

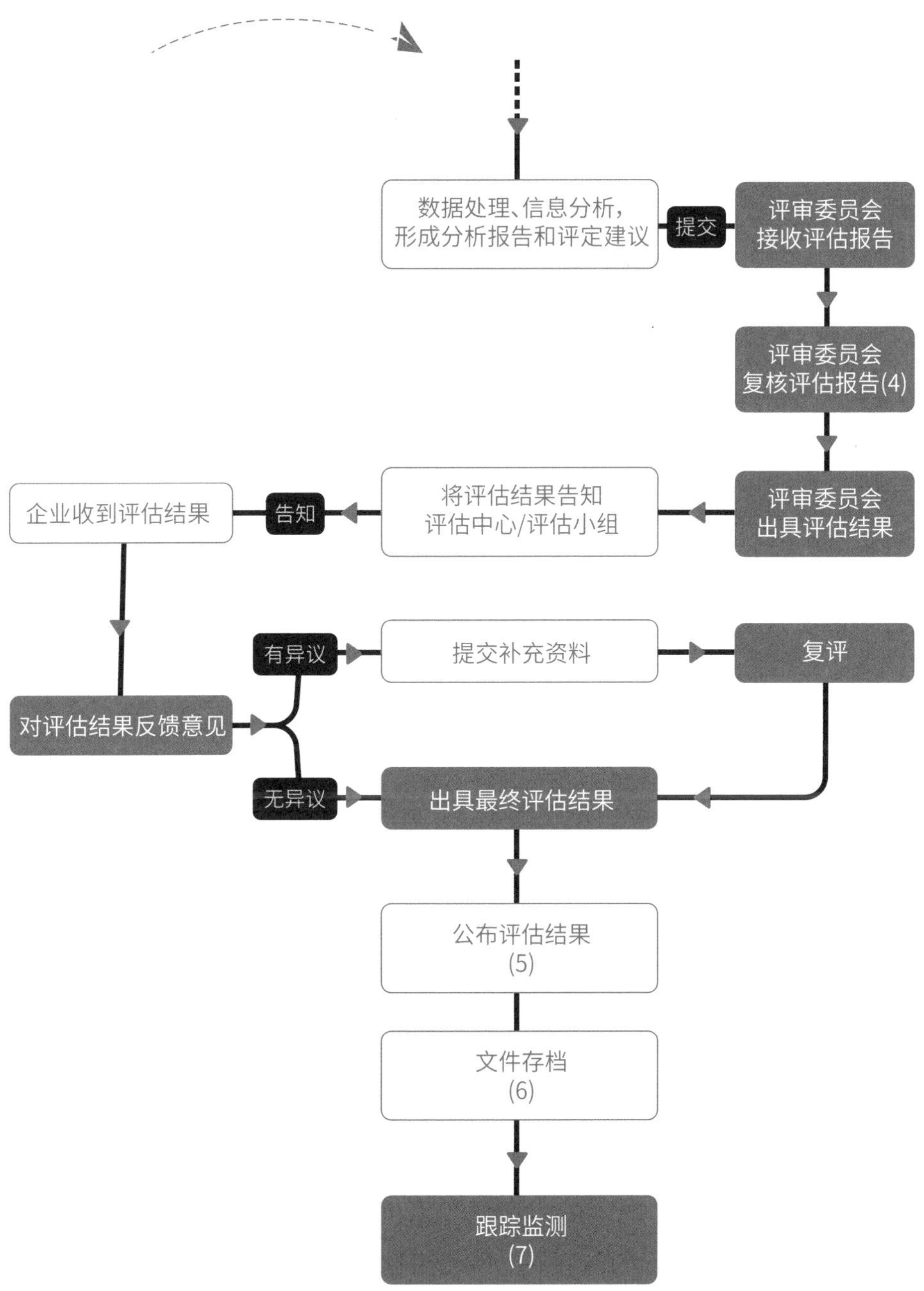
数据处理、信息分析，
形成分析报告和评定建议
提交
评审委员会
接收评估报告
评审委员会
复核评估报告(4)
评审委员会
出具评估结果
将评估结果告知
评估中心/评估小组
告知
企业收到评估结果
对评估结果反馈意见
有异议
提交补充资料
复评
无异议
出具最终评估结果
公布评估结果
(5)
文件存档
(6)
跟踪监测
(7)

（5）评估结果确定以后，不仅要颁发《信用等级证书》。而且信用评级机构还要对被评估企业的评估结果和结论，通过适当媒介向政府部门、金融机构、新闻单位及其他投资者公布（除非被评企业或委托人要求保密）。

（6）评估小组将项目的原始资料、评估过程中的文字资料进行分类整理，作为工作底稿存档备查。评级委托机构提供的全套资料应作为保密级别文件归档。对评级委托机构特别要求保密的文件，应作为公司保密文件单独存档。

（7）在信用等级有效期内，评估小组应指定专人负责跟踪监督受评对象经营上的重大事件、内外环境的变化，及时分析这些变动对受评对象级别的影响。若对受评对象级别有影响，应及时提出受评对象级别调整的意见，报评审委员会审议确定调整级别，并通知评级委托机构。对以公告方式向社会公布受评对象的信用级别调整，应以同样形式将调整后的信用级别向社会公布。

二、普华商学院提示

（1）操作周期

自企业提交所有资料之日起计算，所需时间约为30个工作日。若企业对初评结果有异议并提出复评申请，则时间还需延长。

评级过程中，由于业务的需求，实际上往往是多年度的评级一次性签约，即评级跟踪业务。

（2）操作费用

下表所列价格仅供参考：

企业资产总额	评级费用
5000万元以下	1万元左右
5000万元～1亿元	1.5万元左右
1亿元～2亿元	2万元左右
2亿元～3亿元	2.5万元左右
3亿元～5亿元	3万元左右
5亿元～10亿元	4万元左右
10亿元以上	5万元左右

市场上的评级机构一般可分为两种，一种是独立的评级机构，另一种是金融机构内部自设的评级部门。此处所讲的企业信用评级的流程只适用于寻求第三方机构进行评级的企业。金融机构内部评级部门的相关流程，根据各金融机构内部制度和流程各不相同，本书不做赘述。

信用评级对企业有着很重要的意义。信用评级的结果越好，代表这家公司的可信性越强，未来发展空间越大；反之，信用评级结果越差，代表这家公司的可信性越差，未来发展空间越小。因此，提高企业的信用评级，是企业发展壮大的一个重要手段。

标准普尔公司、穆迪投资者服务公司和惠誉国际信用评级公司被并称为世界三大评级机构。标准普尔公司目前对全球 126 个国家和地区进行主权信用评级。穆迪投资者服务公司的业务范围主要涉及国家主权信用、美国公共金融信用、银行业信用、公司金融信用、保险业信用、基金以及结构性金融工具信用评级等几方面。惠誉国际信用评级公司的业务范围包括金融机构、企业、国家、地方政府等融资评级，为超过 80 个国家和地区的客户提供服务。

信用评级在增强企业信用意识、提高投资透明度、促进证券市场规范发展等方面具有十分重要的作用，但它仅仅是一种专家意见，不能作为决策的唯一依据，仅供参考。

096 企业审计的流程

企业审计的流程即企业聘请有资质的会计师事务所按照企业的具体要求对其进行审计的流程。此处所讲的审计单指外审。

有关企业审计流程更多的信息，可参阅《中国金融生态圈》一书中关于会计师事务所的内容。

一、关键点解析

流程图中红色标注的是核心环节，除此之外还有一些需要特别注意的关键环节，用序号标注，下面对这些环节进行详细的解析：

（1）会计师事务所根据企业情况制定审计方案需要了解以下事项：

①了解被审计企业及其所处环境：主要通过询问、观察等方法，对被审计公司的整体环境，包括内部环境及外部环境进行了解。并评估重大错报风险，包括舞弊风险；

②了解被审计企业的内部控制：主要通过检查、观察、分析、询问及穿行测试等方法，对公司整体层面的内部控制（如：控制环境、风险评估过程、信息系统与沟通及对控制的监督）及业务流程层面的内部控制是否存在、设计是否合理及是否执行等情况进行了解。

（2）如果被审计公司同意改征求意见稿，签字、盖章确认，便可同时签署一系列声明书。

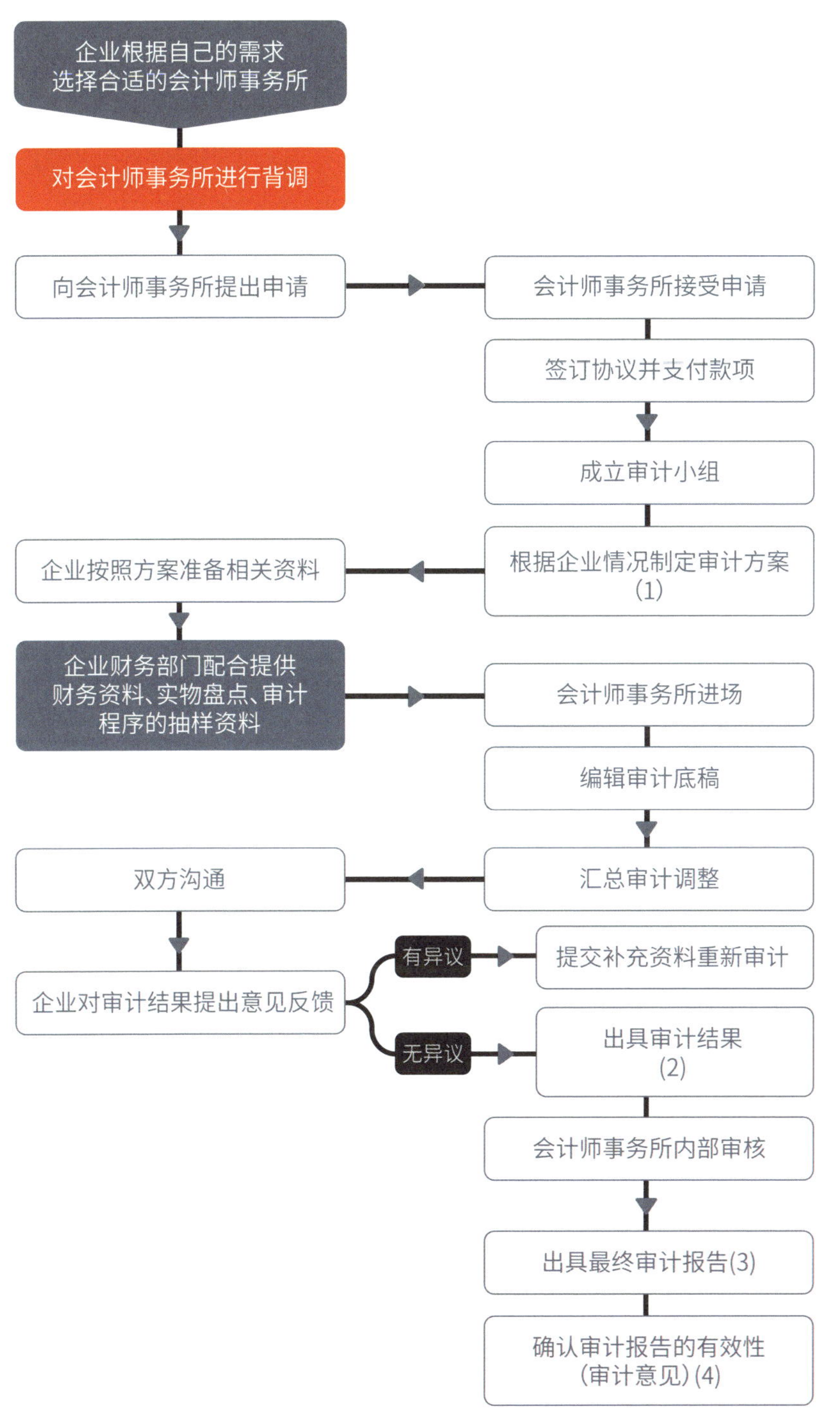
企业根据自己的需求
选择合适的会计师事务所
对会计师事务所进行背调
向会计师事务所提出申请
会计师事务所接受申请
签订协议并支付款项
成立审计小组
根据企业情况制定审计方案
(1)
企业按照方案准备相关资料
企业财务部门配合提供
财务资料、实物盘点、审计
程序的抽样资料
会计师事务所进场
编辑审计底稿
汇总审计调整
双方沟通
企业对审计结果提出意见反馈
有异议
提交补充资料重新审计
无异议
出具审计结果
(2)
会计师事务所内部审核
出具最终审计报告(3)
确认审计报告的有效性
(审计意见)(4)

（3）最终审计报告需盖会计师事务所章、注册会计师签章。会计师事务所需将审计报告在中国注册会计师协会备案。

（4）会计师事务所出具的审计报告一般分为5种类型：

①无保留意见审计报告；

②带强调事项段的无保留意见的审计报告；

③保留意见的审计报告；

④否定意见的审计报告；

⑤无法表示意见的审计报告。

二、普华商学院提示

（1）操作周期

企业审计（外审）所需时间一般为一周到半年。不同企业所需时间一般不相同，主要由以下几个因素决定：客户的委托目的（即审计报告的用途）、企业规模大小、客户对审计所需资料的准备程度及配合程度等。

（2）操作费用

不同会计师事务所业务收费标准不同，根据具体业务面谈。

企业审计在现代商业活动中发挥了越来越重要的作用，在企业的大量商业活动中都会用到。目前市场上难度最大、收费最高的审计主要有四种：并购重组；公司上市（上市前、上市后）；国家金融机构要求做的审计；国有企业更换主要领导人所做的审计。

海外公司的设立流程

097

海外公司的设立流程就是指中国居民在大陆以外的地区设立公司的流程。

一、关键点解析

流程图中红色标注的是核心环节，除此之外还有一些需要特别注意的关键环节，用序号标注，下面对这些环节进行详细的解析：

（1）根据公司业务以及其他目的和需求选择海外注册地，例如贸易、税务筹划、上市等不同目的和需求，会有各自适合的注册地。

（2）在海外注册公司需要注意：

①股东和董事：只需一名年满18周岁的股东或董事，无国籍限制；

②法定注册秘书：需设立一名法定秘书；

③法定注册地址：注册地本土地址；

④公司名称：公司取名较自由，不论注册资金大小，政府通常允许公司名称含有国际、集团、控股、实业、投资、基金、出版社、物流、建筑、旅游、财务、学院、医疗保健、中心、研究所等字眼；公司名称前面还可以加上自己喜欢的地名，如：法国、美国、中国、香港等；香港公司必须有英文名称，中文名称可要可不要，而且公司必须以英文“LIMITED”、中文“有限公司”结尾；

⑤经营范围：与大陆不同，公司的经营范围没有严格的限制，在公司注册中一般只注明“贸易”字眼（中文字及标点符号共30个字以内）；美国、英国不

需要经营范围；

⑥注册资本：以香港为例，有限责任公司最低注册资本为 10000 元港币（政府默认），无须验资，不用资金到位。但必须支付 1/1000 的注册资本厘印税。如：注册资本为 100 万元的公司，必须交付港币 1000 元的一次性税金。日后公司股东人数发生变更、公司增资、减资等相关费用，都是根据公司注册资本金按一定比例收取的。

（3）向注册地相关部门递交的文件包括：

①全新公司需提供一个公司名称（中英文，也可只申请英文名）；

②详细的股份分配状况（各占百分之几股份）；

③现有个人或公司地址，电话号码（方便以后邮寄文件）；

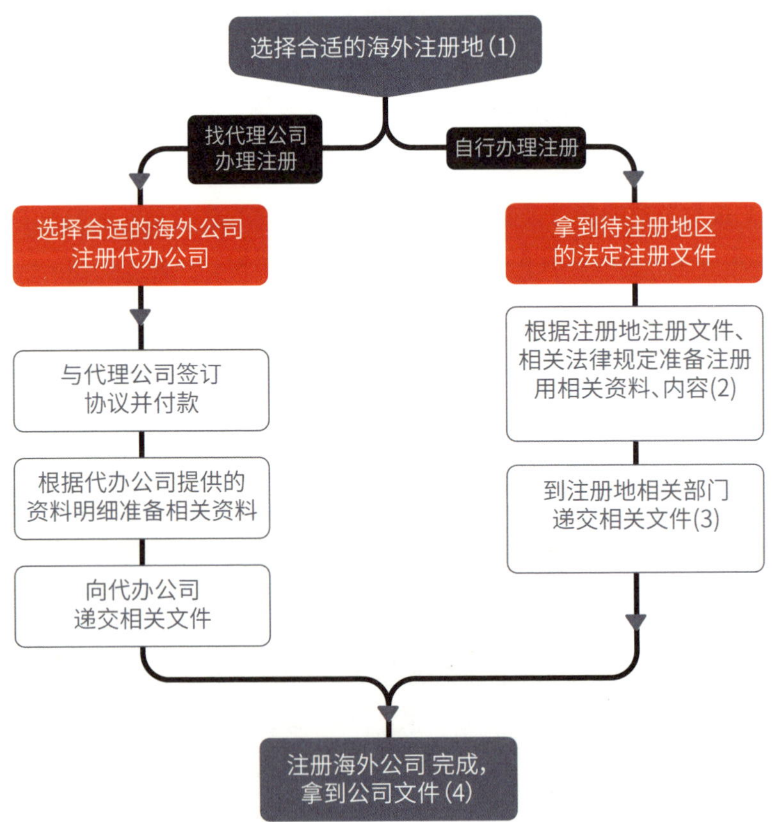

④股东的身份证明（身份证 / 护照都行）。

（4）在海外注册公司成功后可以拿到的文件包括：公司注册证书（营业执照）、税务局商业登记证、公司章程、股票本、钢印、签字原子印、小圆章、董事会议记录本、申请资料影印件 1 套、执业会计师核实开户文件 1 套、公文盒 1 个，共 11 项。

二、普华商学院提示

（1）操作周期

①在香港、英国及其附属的群岛注册公司需要 8 ～ 10 个工作日；

②在美国不同的州注册公司用时不同，一般为 15 ～ 40 个工作日。

（2）操作费用

海外注册公司费用通常需要人民币 2000 ～ 20000 元。

企业在海外设立公司有很多优点，具体包括以下几个方面：

（1）发展跨国业务，提升企业形象。

（2）方便国际贸易，避开关税壁垒。

（3）方便投资融资，海外上市第一步。

（4）避开外汇管理、方便引资。

（5）更好的税务筹划。

（6）简便的公司管理，资产的有效保护。

（7）注册程序便捷，开设成本低廉。

（8）公司注册资料及文件高度保密。

（9）对投资人、股东、董事没有限制。

（10）没有营业范围的限制。

离岸注册地本身没有好坏之分，重点是看在哪里注册离岸公司可以满足自己的需求。根据业务的需求（贸易、上市、避税、投资移民）选择合适的海外注册地。

另外，在海外设立公司还需要注意以下几点：

（1）若海外公司需要办理注销手续，在香港所需费用较英国和美国所需费用低。

（2）岛屿公司注册成本较高、维护费较高。

（3）若海外公司开立公司账户，需要公司全体股东到注册地银行办理手续。

（4）岛屿公司可享受税收全免、股东信息保密的政策待遇。

（5）在海外注册，但在国内管理经营，即不在注册地实地经营的公司，被称为离岸公司。注册地在开曼、维京、百慕大等岛屿的公司，还可以享受税收全免、股东信息保密的待遇。

098 企业背景调查的流程

企业背景调查的流程即对目标企业的背景进行调查的过程。

一、关键点解析

流程图中红色标注的是核心环节，除此之外还有一些需要特别注意的关键环节，用序号标注，下面对这些环节进行详细的解析：

（1）企业背景调查需查询的信息明细包括工商、司法、税务、资产等信息。

（2）在做企业背景调查时需登陆全国企业信用信息公示系统，查看公司信息、年度报告、抵押信息、行政处罚等信息。做企业背景调查时，一定要找到企业实际控制自然人。

企业背景调查过程中若出现以下问题，需谨慎对待：

①公司注册资本金过大，且为“认缴”的；

②新公司（成立 1 年内公司）在“出资方式”处显示“不公示”的；

③股东被列入工商局黑名单的；

④公司实际控制人有被吊销公司记录的；

⑤公司股东大量更换的。

（3）将公司名称以及“企业信用信息公示系统”中查询到的公司法定代表人、股东的姓名，分别输入到以下网站查询：

①中国裁判文书网（http://www.court.gov.cn/zgcpwsw/）（必查）

点击“裁判文书”，用于查询是否涉嫌司法案件；

②全国法院被执行人信息查询（http://shixin.court.gov.cn/）（必查）

用于查询“失信被执行人、法人”。

（4）查询企业其他相关信息（非必查），可以参考以下网站：

①中华人民共和国国家知识产权局网（http://www.sipo.gov.cn/zljsfl/）

②重大税收违法案件信息公布栏（http://hd.chinatax.gov.cn/xxk/main.jsp）

③企业纳税信用等级查（ http://hd.chinatax.gov.cn/fagui/action/InitCredit.do）

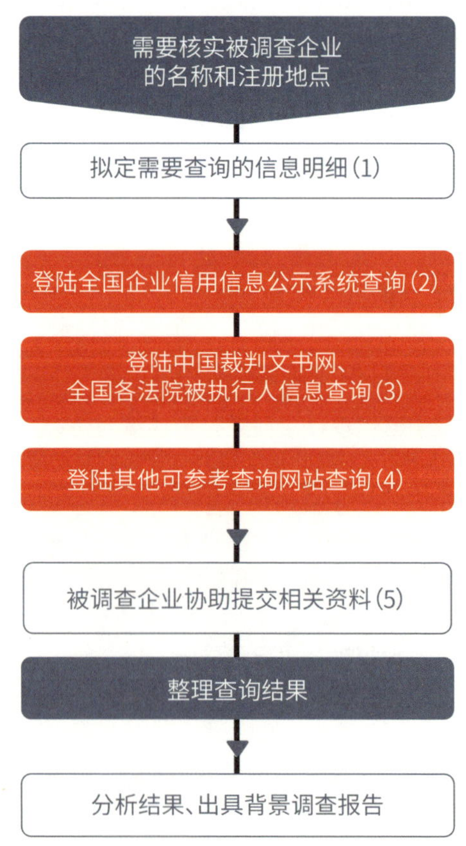

（5）企业背景调查时如果涉及金融公司，可以要求被调查的企业协助出具其他资料：

①涉及投资业务的，需要查询企业是否在证券投资基金业协会备案、企业主要技术人员和高管是否作为基金管理人在证券投资基金业协会备案；

②涉及实际控制人的，可要求其提供个人征信资料。

二、普华商学院提示

（1）操作周期

视具体情况而定，一般 1 ～ 2 个小时即可完成。

（2）操作费用

无。

企业背景调查包括但不限于通过工商、税务、司法等渠道调查企业资信、股东征信、团队资历，以控制买卖交易、项目投资的风险。由于市场日新月异，项目千变万化，加之过度包装之风日盛，很难从基本的宣传资料中，获得真实、完整的信息，企业背景调查显得尤为重要，故在实际操作过程中，背景调查成为风险控制的常规环节。

另外，凡是涉及融资、投资，分立、合并，上市、并购重组等涉及股权变动的情况都要进行尽职调查，以便分析公司、主要股东及实际控制人的情况。

目前所有企业鱼龙混杂，普华商学院建议所有企业在项目合作实施之前一定要对目标企业进行背景调查，然后再决定是否进行业务合作和相关联系，避免遭受损失。

099 金融业务的立项流程

金融业务的立项流程即在公司运作金融项目时立项的流程。

一、关键点解析

流程图中红色标注的是核心环节，除此之外还有一些需要特别注意的关键环节，用序号标注，下面对这些环节进行详细的解析：

（1）其他资料具体指行业资质等资料。

本书前文中已经讲过，客户背景调查的途径主要有以下几种：

①全国企业信用信息公示系统；

②中国裁判文书网；

③全国法院被执行人信息查询；

④其他可供参考查询的网站：重大税收违法案件信息公布栏、企业纳税信用等级查询等。

（2）根据协议制定工作计划，明确阶段目标，制定内部时间倒推表。

（3）根据项目实际情况，确定是否尽职调查。

（4）客户审读项目方案，反馈意见，经确认后签署项目方案。

（5）根据执行情况调整，修订方案，项目组反馈阶段性目标达成情况。

（6）项目执行结果与客户邮件确认，结算尾款。

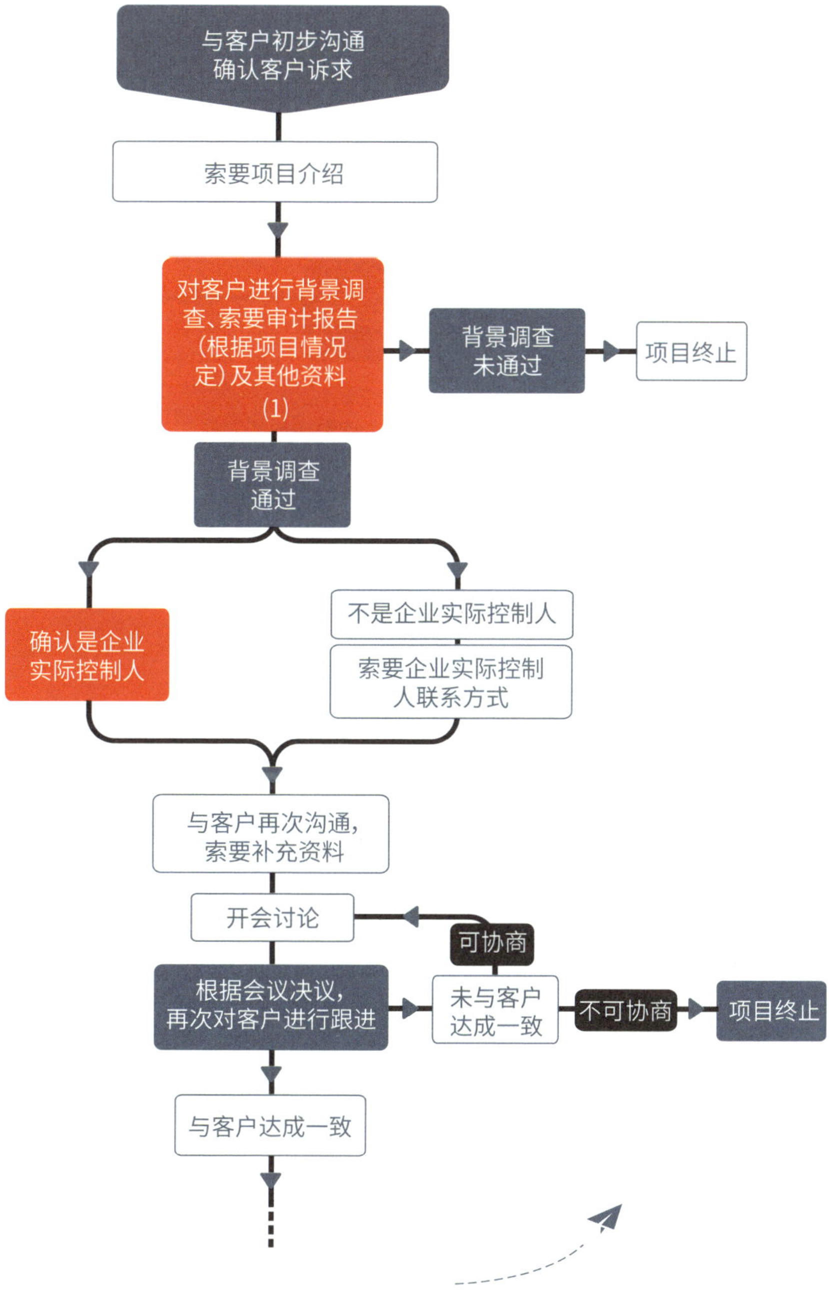

与客户初步沟通
确认客户诉求

索要项目介绍

对客户进行背景调查、索要审计报告（根据项目情况定）及其他资料（1）

背景调查未通过

项目终止

背景调查通过

确认是企业实际控制人

不是企业实际控制人

索要企业实际控制人联系方式

与客户再次沟通，索要补充资料

开会讨论

可协商

根据会议决议，再次对客户进行跟进

未与客户达成一致

不可协商

项目终止

与客户达成一致

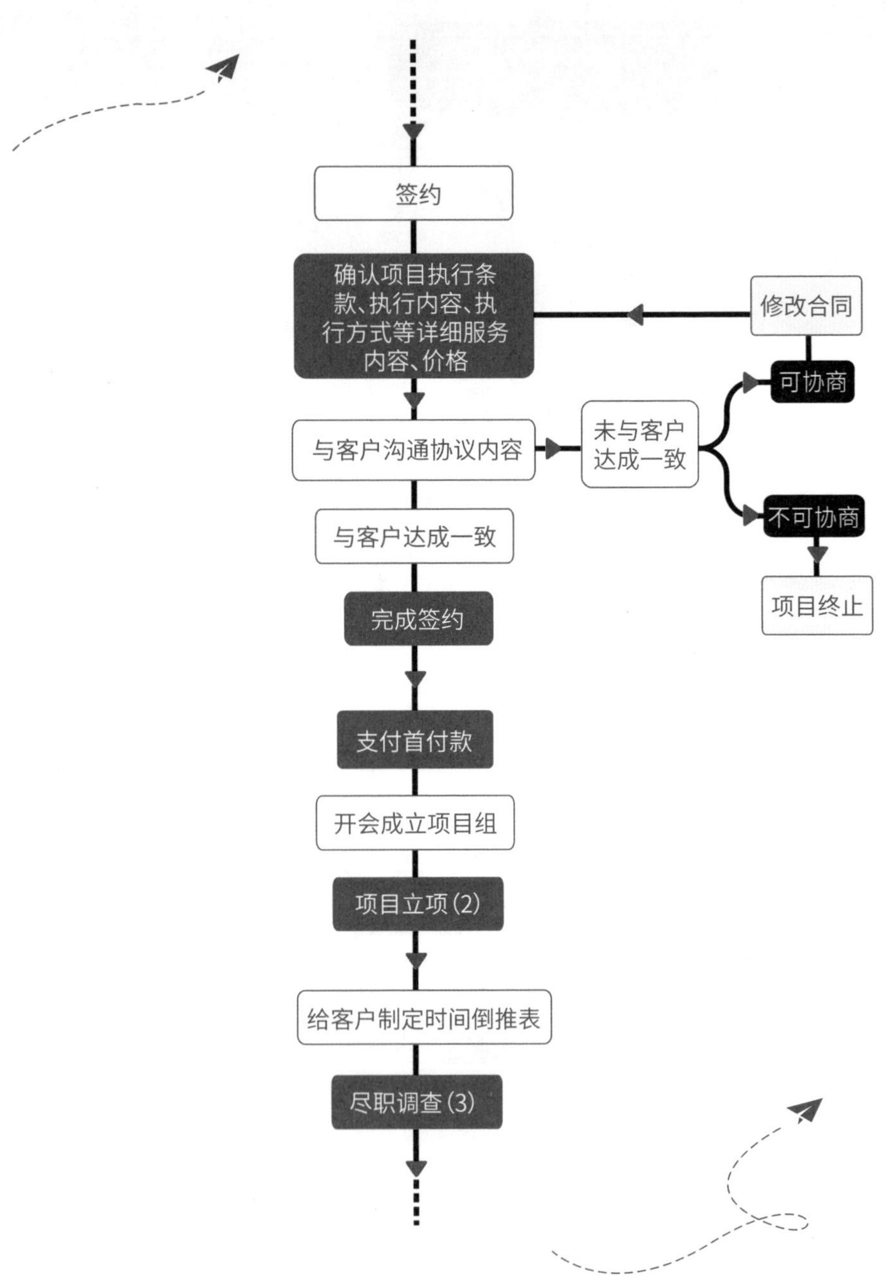
签约
确认项目执行条款、执行内容、执行方式等详细服务内容、价格
修改合同
可协商
与客户沟通协议内容
未与客户达成一致
不可协商
项目终止
与客户达成一致
完成签约
支付首付款
开会成立项目组
项目立项（2）
给客户制定时间倒推表
尽职调查（3）

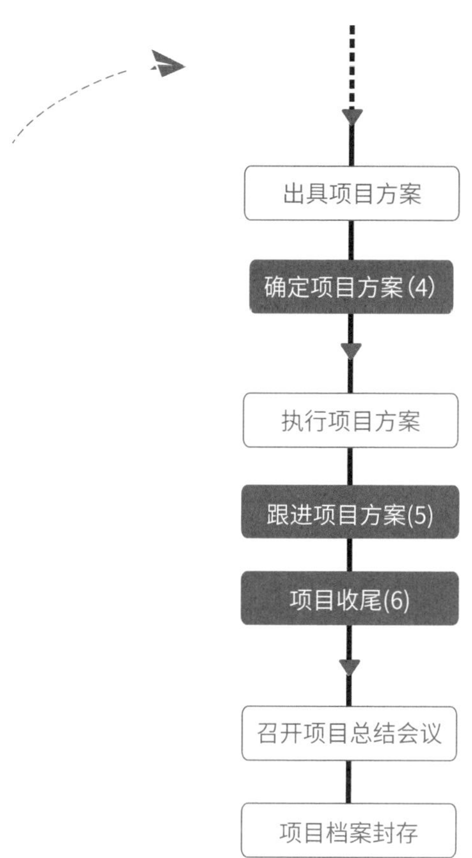

二、普华商学院提示

（1）操作周期

收到资料后一周至一个月内进行立项。

（2）操作费用

无。

金融业务一旦立项，所有配套的立项报告一旦出具，此项目相应的所有支出的费用均按照“成本”进行摊销，可以有效地进行税务筹划。所有的相关收益和收入，也可以按照相关条件分别计入往来款或公司的营收范畴，也可以达到合理的税务标准。项目内部产生的业务和资金流动，可以通过摊折旧和重新评估的方式，实现价值的“增”或“减”，以达到项目实施的利益最大化。

立项报告需要公司领导审批，相关部门要进行统一的登记、存档。

立项报告一般包含但不限于项目名称、项目编号、项目负责人、立项时间、项目概述（项目背景、项目内容、项目目的、项目可行性分析、项目周期）、人员安排、项目分工、项目达成目标（项目所需法律文件、收益目标、资源整合目标、周边延伸目标、品牌外宣目标、其他）、项目倒推表（重要）、项目预算、收益分配、附件明细、领导审批、项目结果评估。

项目中的所有过程性文件，最好要放入立项报告存档，便于项目的整体管理，以及项目过程中细节的体现。

100 中国证券投资基金业协会登记备案流程

中国证券投资基金业协会登记备案流程即企业根据需要在中国证券投资基金业协会进行登记备案的流程。

有关中国证券投资基金业协会更多的信息，可参阅《中国金融生态圈》一书。

一、关键点解析

流程图中红色标注的是核心环节，除此之外还有一些需要特别注意的关键环节，用序号标注，下面对这些环节进行详细的解析：

（1）申请入会的机构应向中国证券投资基金业协会提交以下材料：

①申请书，并承诺拥护协会《章程》；申请入会的机构将加盖公章的入会申请书邮寄到基金业协会；

②按协会要求填写的《会员登记表》；

③经营业务许可证复印件、法人营业执照（或法人登记证）复印件或其他法定资格文件；

④协会要求的其他文件。

（2）在中国证券基金业协会备案所需要的资料清单有：

①公司营业执照、税务登记证以及组织机构代码证的电子扫描件（公司成立后会有）；

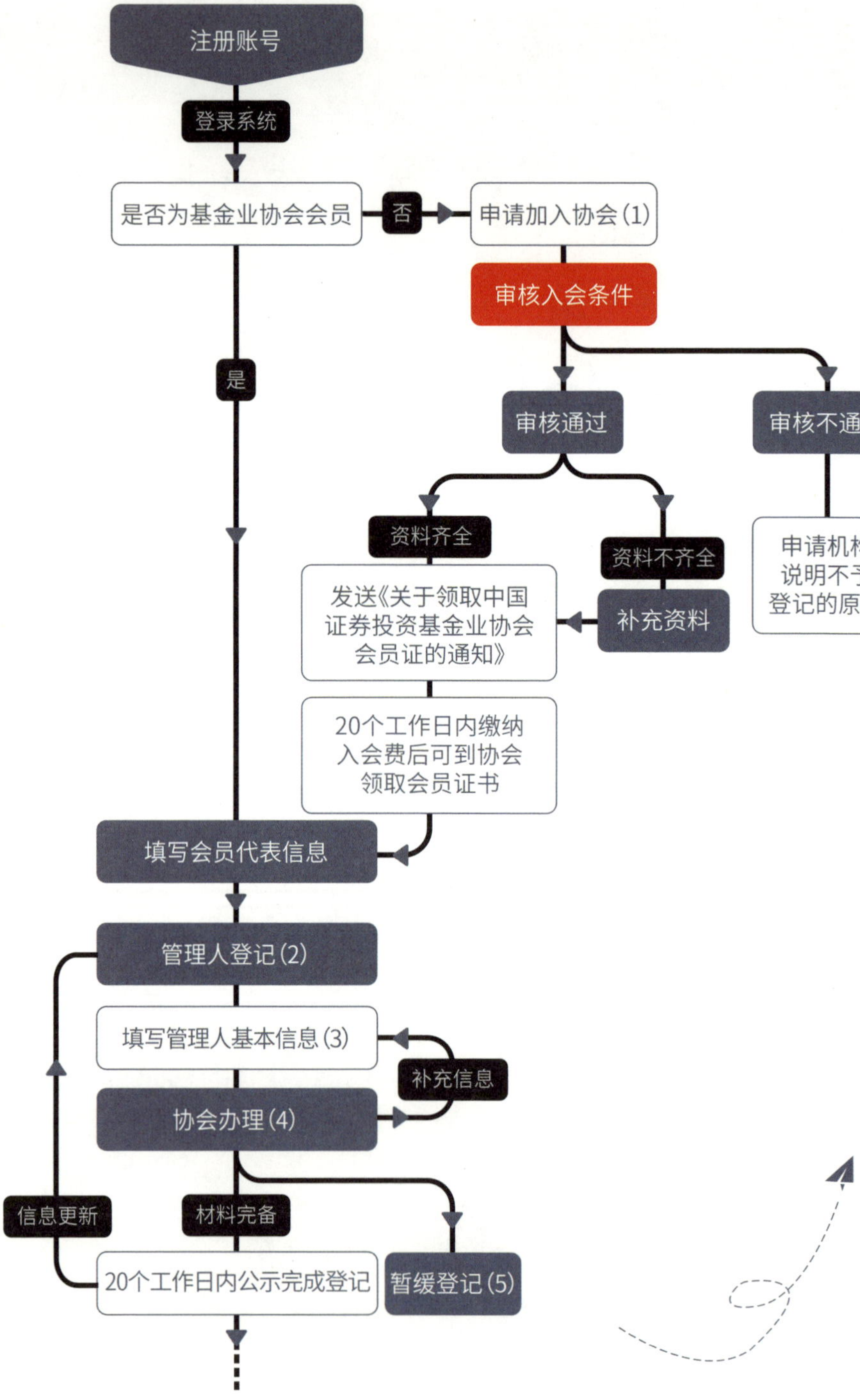

注册账号

登录系统

是否为基金业协会会员

否

申请加入协会（1）

审核入会条件

审核通过

审核不通过

资料齐全

资料不齐全

补充资料

申请机构说明不予登记的原因

发送《关于领取中国证券投资基金业协会会员证的通知》

20个工作日内缴纳入会费后可到协会领取会员证书

是

填写会员代表信息

管理人登记（2）

填写管理人基本信息（3）

补充信息

协会办理（4）

信息更新

材料完备

20个工作日内公示完成登记

暂缓登记（5）

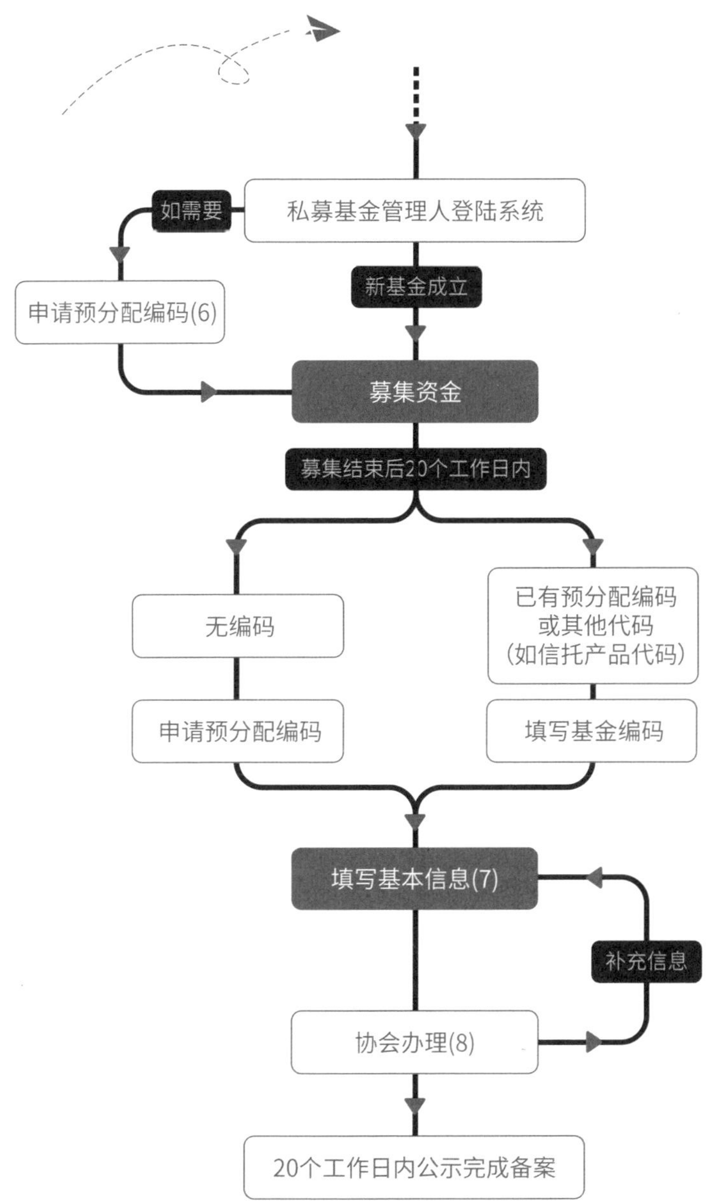
私募基金管理人登陆系统
如需要
申请预分配编码(6)
新基金成立
募集资金
募集结束后20个工作日内
无编码
申请预分配编码
已有预分配编码
或其他代码
(如信托产品代码)
填写基金编码
填写基本信息(7)
补充信息
协会办理(8)
20个工作日内公示完成备案

②所有高管（至少四名）的简历和电子版照片（图片大小不大于 500K）；

③公司会员代表的电子版照片（公司会员代表指主要负责备案事宜的联系人员，可以是上述四名高管中的一名，也可以是其他人员，当协会收到材料后，会以电话的方式向该人员询问公司的大致情况）；

④已发阳光化产品的投顾协议 PDF 版本（若没有的话不需提供）；

⑤企业法人必须要有基金从业资格证书（通过证券基础知识和证券投资基金两门考试），公司其他高管具有证券从业资格并且近三年有相关的金融从业经验（在一行三会监管下的金融机构从业）。

（3）管理人年度信息更新要点：私募基金管理人应当于每年度结束之日起 20 个工作日内，更新基金管理人基本信息；四月底前，更新经审计的财务报告信息。

（4）系统将提示您已成功提交登记材料，请尽快将《私募登记备案承诺函》加盖机构公章邮寄至基金业协会。

（5）如发现申请机构或高管人员存在以下三种情况，中国证券投资基金业协会将暂缓登记和办理入会：

①申请机构的高级管理人员存在《公司法》第 146 条规定的禁止任职情况，此条主要针对高管人员受到刑事处罚的情形。《公司法》第 146 条规定有下列情形之一的，不得担任公司的董事、监事、高级管理人员：“（一）无民事行为能力或者限制民事行为能力；（二）因贪污、贿赂、侵占财产、挪用财产或者破坏社会主义市场经济秩序，被判处刑罚，执行期满未逾五年，或者因犯罪被剥夺政治权利，执行期满未逾五年；（三）担任破产清算的公司、企业的董事或者厂长、经理，对该公司、企业的破产负有个人责任的，自该公司、企业破产清算完结之日起未逾三年；（四）担任因违法被吊销营业执照、责令关闭的公司、企业的法定代表人，并负有个人责任的，自该公司、企业被吊销营业执照之日起未逾三年；（五）个人所负数额较大的债务到期未清偿。”

②申请机构、实际控制人、高级管理人员最近 3 年内受到金融监管机构的行政处罚或正在被立案调查的，最近 3 年内受到工商、税务的重大行政处罚，以及有其他重大失信记录的，或被中国证监会采取市场禁入的；

③申请机构提交的登记信息存在虚假记载、误导性陈述或重大遗漏的。

（6）私募基金募集过程中，如需基金编码，可以提前通过私募基金登记备

案系统，申请该基金的预分配编码。预分配编码采用在线申请方式。私募基金募集完毕后 20 个工作日内，应向基金业协会正式履行备案手续。备案后，该基金的预分配编码将转为私募基金正式编码。

（7）信息更新的内容包括：

①基金月／季度信息更新。私募基金管理人应当在每月结束之日起 5 个工作日内，更新所管理的证券投资基金相关信息；在每季度结束之日起 10 个工作日内，更新所管理的股权投资基金和创业投资基金等相关信息；

②重大事项变更。私募基金管理人发生规定的重大事项的，应当在 10 个工作日内通过本系统向基金业协会报告。基金管理人重大事项包括：私募基金管理人的名称、高级管理人员发生变更；私募基金管理人的控股股东、实际控制人或者执行事务合伙人发生变更；私募基金管理人分立或者合并；私募基金管理人或高级管理人员存在重大违法违规行为；依法解散、被依法撤销或者被依法宣告破产以及可能损害投资者利益的其他重大事项。

基金在运行期间发生重大事项的，私募基金管理人应当在 5 个工作日内通过本系统向基金业协会报告。基金产品重大事项包括：基金合同重大变更（如基金注册地跨城变更、变更持股 5% 以上的投资者、管理费率变更、退出期延长等）；投资者数量超过法律法规规定；基金发生清盘或清算；私募基金管理人、基金托管人发生变更以及对基金持续运行、投资者利益、资产净值产生重大影响的其他事件。

如基金管理人发生变更，请填写变更后的基金管理人名称及变更原因。已变更管理人的私募基金需要由变更后的基金管理人重新备案。重新备案时，新的基金管理人应书面联系协会工作人员。

（8）协会办理不通过，系统将给基金管理人发送邮件，注明拒绝通过备案的原因，基金管理人修正相关信息后可重新提交办理。

提交办理期间和办理通过后，基金信息不能修改。

二、普华商学院提示

（一）操作周期

资料齐全并合格的情况下，在中国证券投资基金业协会备案大约需要 20 个工作日。根据 2015 年 2 月 5 日中国证券投资基金业协会《关于进一步规范私募基金管理人登记若干事项的公告》，需要提交法律意见书，但目前对法律意见书没有明确的固定要求，且目前法律意见书的通过率很低，故法律意见书的通过时间直接影响备案周期。

（二）操作费用

（1）入会费、年会费

该协会会员分为普通会员、联席会员、观察会员、特别会员。

公募基金管理人、基金托管人、符合协会规定条件的私募基金管理人，加入该协会，成为普通会员。

基金服务机构加入该协会，成为联席会员。

不符合普通会员条件的其他私募基金管理人，加入该协会，成为观察会员。

证券期货交易所、登记结算机构、指数公司、经副省级及以上人民政府民政部门登记的各类基金行业协会、境内外其它特定机构投资者等，加入该协会，成为特别会员。

①入会费：

凡加入中国证券投资基金业协会会员的单位，须在入会时一次性缴纳入会费。

普通会员的入会费分为每家 2 万元或 10 万元，具体费用以协会通知的缴费金额为准；

联席会员的入会费为每家 2 万元；

观察会员的入会费为每家 2 万元；

特别会员的入会费以协会具体通知缴费金额为准。

②年会费：

普通会员和联席会员按以下规定每年缴纳年会费：

普通会员年会费按其上年度营业收入的 2‰缴纳，应缴会费不低于 2 万元，不高于 60 万元；

联席会员年会费按照每年 2 万元缴纳；

观察会员年会费按照每年 2 万元缴纳；

特别会员本着自愿原则缴纳会费，不低于 2 万元；

会员入会当年可免交年会费。

③会费缴纳时间：

会员入会费在接到《入会通知》后的 15 个工作日内缴纳；

会员年会费于每年 6 月 30 日前缴纳。

（2）律师意见书出具费用

由于目前律师意见书通过率极低，故凡有通过案例的律师事务所均报价较高，目前 5 万元起。

按照国家的相关法律规定，凡是准备在中国证券市场实施的私募基金，包括但不限于私募证券投资基金、私募股权投资基金和创业投资基金等私募基金的管理人，应当向中国证券投资基金业协会履行管理人登记和备案手续，并申请成为会员。其中私募基金管理人主要针对私募基金公司、投资管理公司、资产管理公司等。

2016 年 2 月 5 日，中国证券投资基金业协会发布的《关于进一步规范私募基金管理人登记若干事项的公告》（以下简称《公告》），基金管理人向中国证券投资基金业协会履行管理人登记和备案手续时应注意以下法律条款：

（1）根据《私募投资基金监督管理暂行办法》和《私募投资基金管理人登记和基金备案办法（试行）》的规定，中国基金业协会以通过协会官方网站公示私募基金管理人基本情况的方式，为私募基金管理人办结登记手续。

私募基金管理人登记备案最新情况，以中国基金业协会网站“私募基金管理人公示平台（ http://gs.amac.org.cn）”和“私募汇”手机 APP 客户端公示的私募基金管理人登记的实时基本情况为准。社会公众和投资者可通过上述两个官方渠道查询相关信息。

（2）私募基金管理人应当依法及时备案私募基金。自《公告》发布之日起，新登记的私募基金管理人在办结登记手续之日起 6 个月内仍未备案首只私募基金产品的，中国基金业协会将注销该私募基金管理人登记；已登记满 12 个月且尚未备案首只私募基金产品的私募基金管理人，在 2016 年 5 月 1 日前仍未备案私募基金产品的，中国基金业协会将注销该私募基金管理人登记；已登记不满 12 个月且尚未备案首只私募基金产品的私募基金管理人，在 2016 年 8 月 1 日前仍未备案私募基金产品的，中国基金业协会将注销该私募基金管理人登记。”

（3）私募基金管理人应当及时履行信息报送义务。未按时履行季度、年度和重大事项信息报送更新义务的，在私募基金管理人完成相应整改要求之前，中国基金业协会将暂停受理该机构的私募基金产品备案申请；私募基金管理人未按时履行季度、年度和重大事项信息报送更新义务累计达 2 次的，中国基金业协会将其列入异常机构名单，并通过私募基金管理人公示平台对外公示。

（4）已登记的私募基金管理人应当按照上述规定，自查相关高管人员取得基金从业资格情况，并于 2016 年 12 月 31 日前通过私募基金登记备案系统提交高管人员资格重大事项变更申请，以完成整改。逾期仍未整改的，中国基金业协会将暂停受理该机构的私募基金产品备案申请及其他重大事项变更申请。

最后，普华商学院提示您：

（1）中国基金业协会地址：北京市西城区金融大街 20 号交通银行大厦 B 座 9 层 中国基金业协会。

（2）中国基金业协会网址：http://www.amac.org.cn/。

（3）境内注册的私募机构需要登记，境外注册的暂不纳入登记。

（4）自然人不可以登记为私募基金管理人。

（5）没有管理过私募基金的机构也可以登记为私募基金管理人。

（6）通过组建内部管理团队实行自我管理的以有限责任公司、股份有限公司形式设立的公司型基金，应当以公司作为私募基金管理人履行登记手续，同时以公司本身作为基金进行备案。

（7）母基金和子基金应分别进行备案；

（8）私募基金管理人申请加入协会，直接登录协会网站首页“私募基金登记备案系统”（http://www.amac.org.cn/login），按照相关说明和指引注册、填写入会和登记的相关信息，无需再寄送会员登记表等资料。

CREDIT
MANAGEMENT

中国诚信企业推荐

北京金汤勺信息科技有限公司

www.dreamtowns.cn

北京金汤勺信息科技有限公司是一家创新型的互联网科技公司，旗下的“金汤勺”平台是中国首家让用户在网上享受生活、打工赚钱的全功能社区。

“金汤勺”平台为社区居民提供能够按天计算且不断累积和增长薪资的超值网络工作机会，坚持每天十分钟就可以赚取高额资金。

“金汤勺”平台致力于打造中国最受关注社区品牌，实现中国所有网民的梦想、解决企业从 0 ～ 1 的难题，带给投资人巨大回报、百倍收益。欢迎您的加入！

辽宁荣正会计师事务所有限公司

www.ln-rz.com

辽宁荣正会计师事务所有限公司，成立于 1993 年 7 月，是全国最早成立的一批会计师事务所之一。拥有大批业务精湛、实战经验丰富的高级专家团队，客户遍及全国，影响力覆盖北上广等一线城市。

荣正会计师事务所能够为客户提供企业上市、投资融资、并购重组、内部控制、各项审计、税务咨询等全方位、全流程的一站式服务。

荣正会计师事务所致力于成为中国最卓越的金融审计机构，“乐道共荣、大中至正”的荣正人期待与来自五湖四海的朋友结伴前行，打造具有中国特色的金融审计服务生态圈！

HONEST
ENTREPRENEUR

中国诚信企业家推荐

邓琪山 院长
普华商学院山西分院
www.puhuajr.com

朱颜铖 副院长
普华商学院山西分院
www.puhuajr.com

张建桥 院长
普华商学院浙江分院
1336236477@qq.com

刘建跃 所长
山西友信会计师事务所
18310676@qq.com

李美莲 监事 经理
东莞市友华网络科技有限公司
13686690008@139.com

罗 勇 董事长
武汉市弃疾医院管理有限公司
59927885@qq.com

周 英 所长
辽宁荣正会计师事务所有限公司
www.ln-rz.com

陈二宝 高级会计师
辽宁荣正会计师事务所有限公司
www.ln-rz.com

黎 志
中国式管理艺术学者
ljz1115@qq.com

杨弘焘 总经理
贵州庆丰年酒业有限公司
www.qingfengnian.cn

于文涛 总经理
北京尼客科技有限公司
tonny@nikekeji.com

常高升 董事长
上海讯雷金融信息服务有限公司
13817468511@126.com

钱红雁
金融修行者
1259460415@qq.com

周青波
金融修行者
835633623@qq.com

陈 罡 律师
北京市北斗鼎铭律师事务所
13601025673@163.com

高 雅 律师
北京市北斗鼎铭律师事务所
meisure1984@163.com

DREAM TEAM

《中国金融操盘百科全书》的梦想团队

感谢这些小伙伴对本书付出的努力！

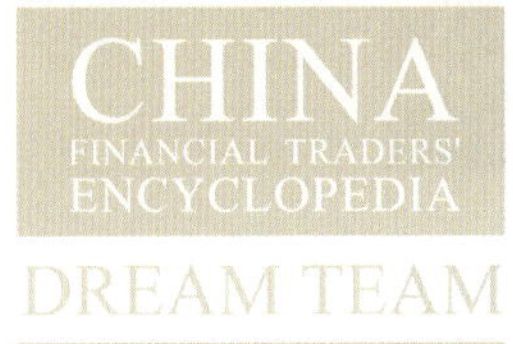

于 允
项目统筹

张 萌
总策划

孔宪富
顾 问

任文心
顾 问

郝明琦
顾 问

李秀文
策 划

马金露
策 划

宫银珊
策 划

李 杰
策 划

李 阳
设计总监

王春瑞
版面设计

郭庆余
市场推广

智 然
市场推广